Weltanschauungskämpfe,
Klimasolidarität und Rettungsstrategien

Brüne Schloen

Weltanschauungskämpfe, Klimasolidarität und Rettungsstrategien

Handlungsorientierungen in Zeiten zivilisationsbedrohender Herausforderungen

Brüne Schloen
Wilstedt, Deutschland

ISBN 978-3-658-44934-6   ISBN 978-3-658-44935-3 (eBook)
https://doi.org/10.1007/978-3-658-44935-3

Die Deutsche Nationalbibliothek verzeichnet diese Publikation in der Deutschen Nationalbibliografie; detaillierte bibliografische Daten sind im Internet über https://portal.dnb.de abrufbar.

© Der/die Herausgeber bzw. der/die Autor(en), exklusiv lizenziert an Springer Fachmedien Wiesbaden GmbH, ein Teil von Springer Nature 2024

Das Werk einschließlich aller seiner Teile ist urheberrechtlich geschützt. Jede Verwertung, die nicht ausdrücklich vom Urheberrechtsgesetz zugelassen ist, bedarf der vorherigen Zustimmung des Verlags. Das gilt insbesondere für Vervielfältigungen, Bearbeitungen, Übersetzungen, Mikroverfilmungen und die Einspeicherung und Verarbeitung in elektronischen Systemen.
Die Wiedergabe von allgemein beschreibenden Bezeichnungen, Marken, Unternehmensnamen etc. in diesem Werk bedeutet nicht, dass diese frei durch jede Person benutzt werden dürfen. Die Berechtigung zur Benutzung unterliegt, auch ohne gesonderten Hinweis hierzu, den Regeln des Markenrechts. Die Rechte des/der jeweiligen Zeicheninhaber*in sind zu beachten.
Der Verlag, die Autor*innen und die Herausgeber*innen gehen davon aus, dass die Angaben und Informationen in diesem Werk zum Zeitpunkt der Veröffentlichung vollständig und korrekt sind. Weder der Verlag noch die Autor*innen oder die Herausgeber*innen übernehmen, ausdrücklich oder implizit, Gewähr für den Inhalt des Werkes, etwaige Fehler oder Äußerungen. Der Verlag bleibt im Hinblick auf geografische Zuordnungen und Gebietsbezeichnungen in veröffentlichten Karten und Institutionsadressen neutral.

Planung/Lektorat: Isabella Hanser
Springer Gabler ist ein Imprint der eingetragenen Gesellschaft Springer Fachmedien Wiesbaden GmbH und ist ein Teil von Springer Nature.
Die Anschrift der Gesellschaft ist: Abraham-Lincoln-Str. 46, 65189 Wiesbaden, Germany

Wenn Sie dieses Produkt entsorgen, geben Sie das Papier bitte zum Recycling.

Einführung

Dieses Buch soll zum besseren Verständnis der heutigen, zivilisationsbedrohenden Herausforderungen zunächst die Verursachungen, Zielkonflikte wie auch kulturellen Auswirkungen der die Moderne prägenden Weltanschauungskämpfe veranschaulichen. Diese zeigen sich äußerlich sowohl in Form kultureller Wellenbewegungen wie auch in diese unterbrechenden, nicht selten abrupten Gewaltausbrüchen, welche bei genauerem Hinschauen auch auf hintergründig ausgefochtene Geisteskämpfe zurückzuführen sind. Als deren untergründige Entwicklungsgesetzlichkeit erkennen tieferblickende Zeitgenossen eine fortschreitende Individualisierung, die wiederum eine der wesentlichen Voraussetzungen für ein sich immer mehr ausdifferenzierendes Freidenken ist.

Den in solcher Art mit der Moderne beginnenden Epochenwandel nennen wir allgemein säkulares Zeitalter, in dem immer mehr Menschen nicht mehr bereit sind, unreflektiert überkommenen Traditionen zu folgen und Abhängigkeiten zu erdulden. Vielmehr begannen und beginnen in absteigenden sozialen Stufen mehr und mehr Zeitgenossen – zumindest innerhalb von Demokratien –

als eigenständig empfindende Persönlichkeiten ihrem individuellen Gerechtigkeitsempfinden zu folgen. Als Vordenker solcher Prozesse sprachen z. B. in deutschsprachigen Kulturkreisen protestantische Prediger wie Martin Luther erstmals von der Freiheit des Christenmenschen. Das befeuerte sowohl in bürgerlichen Kreisen Europas wie auch den USA das Streben nach ideeller und materieller Freiheit, einschließlich kultureller Teilhaberechte. All das hatte seine Wurzeln in Texten philosophischer Vordenker der Aufklärung und erhielt erste politische Verankerungen durch die Glorious Revolution in England, die Unabhängigkeitserklärung der USA und schließlich als kulturellem Kulminationshöhepunkt durch die Große Französische Revolution. Deren globale Einforderungen von Freiheit, Gleichheit und Brüderlichkeit erhielten mit der parallel dazu erfolgten Ichsetzung des Philosophen J. Gottfried Fichte und den darauf aufbauenden Freidenkungsanstiftungen der deutschen Klassik und Frühromantik eine elektrisierende weltweite Strahlkraft.

So weit kennen die meisten unter uns zumindest das Frühlingshafte wie auch die ersten Blüteerscheinungen der Moderne. Man kann auch sagen: die lichte Seite derselben. Nur gilt eben auch für die Moderne, wie für jede Epoche, die von Goethe seinen Lesern offenbarte Tatsache: „Wo viel Licht ist, da ist auch sehr viel Schatten." Womit Goethe in einprägsamer Sprache tiefgründigen Weltgeheimnissen Ausdruck verleiht. Nämlich dem ständigen Kampf zwischen lichten und eher dunklen Kräften. Genauer gesagt: dem von Geistesmächten über Menschen ausgetragenen, ständigen Kampf zwischen Gut und Böse. Dieser Kampf offenbarte sich natürlich auch, wie könnte es wohl anders sein, überdeutlich in der noch frühlingshaften Aufbruch- und sodann Blütephase der Moderne. So wurde die von lichten Kräften vorangetriebene Epochenwandlung zu Individualisierung, religiöser Selbstbestimmung und Freidenken sehr bald durch schattenhafte Gegenbewegungen in der Gestalt von autokratischer Repression im Osten und sodann extrem restaurativen Freiheitsunterdrückungen in Mitteleuropa und Frankreich konterkariert. Die sich dadurch offenbarenden, dunklen Kräfte bemächtigten sich dafür so willfähriger Personen wie des Autokraten Metternich und seiner Unterstützer, welchen z. B. während der Restaurationsphase eine weitgehende Entfremdung der deutschsprachigen Bevölkerung von deren kulturellen Inspiratoren, nämlich den deutschen Klassikern und Romantikern, gelang. Die längerfristigen Nachwirkungen dieser Entfremdung beförderten fatalerweise gerade bei den Deutschen ein eher egoistisches, nationalistisches Konkurrenzdenken an Stelle von deren eigentlicher Mission, nämlich der Beförderung eines kosmopolitischen Bewusstseins für gesamteuropäische Menschenrechtsverbesserungen.

Solcherart Bewusstseinsmängel sollten insbesondere durch die von Bismarck verfolgte Art der deutschen Reichsgründung zu längerfristig verhängnisvollen Folgewirkungen führen. Denn durch die, wie Nietzsche es ausdrückte, „Exstirpation des deutschen Geistes zugunsten des Deutschen Reiches" fehlte es in Letzterem an genügend freien Bürgern, wie etwa Gruppierungen, die zur Anstiftung eines größeren Verständnisses und wirksamen Ausgleiches zwischen den Völkern Europas willens und befähigt waren. So verfehlte das neue Deutsche Reich eine seiner geografischen Mittellage und somit auch seiner Mission geschuldete, sinnstiftende und konstruktive Mittlerrolle in Europa.

All dies trug laut Kap. 2 zu schicksalhaften Wegverfehlungen nicht nur Deutschlands, sondern der europäisch inspirierten demokratischen Gesellschaften überhaupt bei. Hinter solcherart Fehlleitungen, um nicht zu sagen: Verführungen, standen erkennbar die der Menschheit nicht gerade wohlgesinnten geistigen Mächte. Diese hatten solches bereits ab 1819 mit der Außerkraftsetzung der humboldtschen Bildungsideale vorbereitet. Nicht mehr das Lernen, um eigenständig lernen zu können, war von da an für die in Deutschland Heranwachsenden angesagt. Sondern eher dessen Gegenbild: eine richtlinienüberformte, werteentkernte Wissensvermittlung für Untertanen. Ähnliche Erziehungsmethoden wirkten auch europaweit als Beschleuniger für einen die Philosophie und Theologie wie auch alle anderen Geisteswissenschaften dominierenden und vereinseitigenden Materialismus. Den wiederum verstanden dunkle Mächte für die Befeuerung eines entfesselten Kapitalismus wie auch antidemokratischen Sozialismus weidlich zu nutzen.

Was folgte, war die von dem weltbekannten Historiker Christopher Clark so genannte „Schlafwandler"-Verführung in den Ersten Weltkrieg. Leider bewirkte dessen so desaströses Ergebnis auch im Kreise der Besiegten nur bei wenigen Einzelpersönlichkeiten eine notwendige Katharsis. Letzterer stand fatalerweise schon unmittelbar nach Kriegsende eine doppelt perfide Geschichtsfälschungsstrategie entgegen. Zum einen die von außen im Versailler Friedensdiktat den Deutschen erpresserisch aufgezwungene Akzeptanz einer ihnen völlig tatsachenwidrig unterstellten Alleinschuld am Kriegsausbruch.

Obwohl vollumfänglich wahrheitswidrig, verfing dieses Lügenkonstrukt in weiten Kreisen der Bevölkerung schon deshalb, weil die Tatsache der Annahme des Friedensdiktats dem dafür verantwortlichen Reichspräsidenten Ebert nicht ganz zu Unrecht als unentschuldbare Feigheit angelastet werden konnte.

Zum anderen sollte es in dieser durch diabolische Schachzüge vorbelasteten Lage in Deutschland sehr bald zu einer dessen weiteres Schicksal entscheidenden Auseinandersetzung kommen. Diese erfolgte zwischen reformbereiten Teilen der Betriebsräte- und Dreigliederungsbewegung einerseits und reaktionären Freischärler-Korps der Reichswehr nach Befehlen von Reichspräsident Friedrich Ebert andererseits. Hauptaustragungsort für die zwischen diesen stattfindenden, blutigen Weltanschauungskämpfe wurde schließlich Württemberg, welches bis dahin nach Kriegsende von einem eher abwartenden Bürgertum geprägt war. Vor allem verhielten sich deren Akademiker sowie insbesondere die vom Vorstand der Dreigliederungsbewegung in deren „Aufrufen an das Deutsche Volk und die Kulturwelt" zur Mitwirkung aufgerufenen Professoren und Studenten beschämend passiv. Bei so wenig wirklich freien Bürgern erwies sich dem zur Folge der Kampf Steiners für einen menschenwürdigen und zukunftstragenden Wandel der deutschen Gesellschaft mit seinem aus den Universalien der Großen Französischen Revolution weiterentwickelten Neugestaltungskonzept spätestens zum Herbst 1919 als „Mission Impossible". Mit dessen Bewegungsende hatte es aber mit den schon damals blutig ausgetragenen Weltanschauungskämpfen keinesfalls sein Bewenden. Vielmehr führte das Scheitern der „Dreigliederungsbewegung" durch Schlafwandlertum, universitäre Ignoranz und sozialistische Funktionärsborniertheit, wie sich im heutigen Rückblick erweist, zur entscheidenden Türöffnung für die faschistischen Höllenfahrten Deutschlands ab 1933. Ein Land, das mehrheitlich Geisteskräfte für Menschheitsfortschritte zurückweist, leistet sich eben nicht nur irgendein schwerwiegendes Kulturversagen. Vielmehr provoziert es auch, und dies vor allem für sich, verheerende Schicksalskonsequenzen.

Auf solche Konsequenzen und Zusammenhänge wird in diesem Buch deshalb so ausführlich eingegangen, weil die zuletzt skizzierten Geschehnisse samt deren Entstehungsverursachungen und unmittelbaren Folgewirkungen nicht nur damals wenig Beachtung und Verständnis fanden. Vielmehr führten sie auch bis heute zu so gut wie gar keinem Widerhall im deutschen Geschichtsbewusstsein und blockieren dadurch immer noch Verständnismöglichkeiten für die aktuellen Aufgaben deutscher Politik als einem der einflussreichsten Staaten innerhalb der EU. So sind fatalerweise die eigentlichen Verursachungen für das Scheitern der Weimarer Republik und der dadurch ausgelösten Höllenfahrt Mitteleuropas bis heute selbst bei vielen sich gebildet dünkenden Deutschen, anders als die ihnen eingeübte Erinnerungskultur an die jede Vorstellungswelt übertreffenden Naziverbrechen, weitgehend „terra incognita" geblieben.

Nach der bedingungslosen Kapitulation des Deutschen Reiches gab es in Anbetracht von dessen 12-jährigem antikulturellen Vernichtungsterror keine lebendige, spezifisch mitteleuropäische Kultur mehr. Dennoch konnten sich Keime derselben vor allem über die Eliteuniversitäten der USA weiterentwickeln und vor allem von da aus in Verbindung mit den oben genannten Universalien weltweit verbreiten. Dies wurde unterstützt durch die internationale Diplomatie, insbesondere von New York aus, als Sitz der neu gegründeten Vereinten Nationen (UNO). In deren Gründungscharta lebten ja 1948 nach so vielen leidvollen Kriegsverheerungen die zuvor schon fast in Vergessenheit geratenen Ideale von Menschenwürde in Form einer Verkündung von „Allgemeinen Menschenrechten" unverhofft wieder auf. Diese sollten durch die UNO bekanntlich auch international geschützt werden. Wirtschaftlich wurde dieser Schutz von den USA dargestellt und von diesen ergänzt durch die von ihnen dominierte Weltbank sowie durch mit dieser assoziierten Welthandelsorganisationen. Militärisch wurde die vorgenannte, informelle „Pax Amerikana" abgesichert durch die ebenfalls seitens den USA kontrollierte NATO. Trotz dieser nebst der US-Marshallplanhilfe insbesondere für die junge BRD, aber auch für Westeuropa insgesamt bemerkenswerten Lichtblicke setzten sich die Kämpfe zwischen lichten und dunklen Mächten in Form des sogenannten Kalten Krieges zwischen der autokratischen, individualitätsverachtenden, von eher dunklen

Mächten beherrschten Sowjetunion und dem dieser damals noch wie deren Vasall folgendem China einerseits sowie der von den USA geführten Nato andererseits mit oft dramatischen Spannungen zwischen den beiden Blöcken fort. Dies bei ständiger Bedrohung durch eine physischen Menschheitsvernichtung via atomarer Apokalypse.

Wir wissen heute alle, wie und warum dieser Kalte Krieg durch die von Gorbatschow eingeläutete Perestroika 1989, nach siebzigjähriger Sowjetherrschaft, symbolträchtig mit dem Mauerfall in Berlin ein überraschend friedliches Ende fand. Als dessen unmittelbare Folge erlebten wir ein nahezu sorgloses und lichtvoll erscheinendes Friedensjahrzehnt von 1990 bis etwa 2000. Im heutigen Rückblick bleibt jedoch fraglich, ob die führenden Länder und Gesellschaften des Westens ihre damals einmaligen Chancen für eine nachhaltige Friedenssicherung sowohl gegenüber Russland als auch gegenüber den Entwicklungsländern durch das Unterlassen einer diesen gegenüber gebotenen Solidarität sträflich versäumt haben. Jedenfalls scheinen sich mit Beginn des neuen Jahrtausends auf einmal immer mehr Fenster zu schließen und sich der internationale Zukunftsoptimismus Schritt für Schritt in einen immer unaufhaltsamer scheinenden Verfinsterungsprozess aufzulösen. Dafür sind sowohl ältere als auch neue, teilweise vor Jahrzehnten noch als beherrschbar erscheinende Bedrohungspotenziale als aktuelle Megaprobleme verantwortlich.

Zu den älteren der seit je durchaus finsteren Bedrohungspotenziale zählt der inzwischen wie ein Tumor innerhalb der westlichen Demokratien sich verbreitende Neoliberalismus. Dieser hat seine extrem dogmatische und krank machende Prägung durch den früher an der Universität Freiburg lehrenden und später durch ominöse Einflussnahmen der schwedischen Zentralbank zum Nobelpreisträger gekürten Friedrich August von Hayek erhalten. Letzterer hat die Marktmythologie des weltberühmten Moraltheologen Adam Smith zu einem wissenschaftlich verbrämten Anbetungskultus für Märkte gesteigert. Für die Wirkungsmächtigkeit dieses Kults gelang es Hayek, die Mär zu verbreiten, dass Märkte mit vielen Marktteilnehmern quasi allwissend wären. Der Markt soll demnach laut Hayek nicht nur ein System zur Verteilung von Gütern und Ressourcen sein, sondern zudem ein geistiges Medium zur Verteilung von Informationen, ein „Telekommunikationssystem", wenn man so will. Daraus hat Hayek nicht nur einem sich bis in weite liberale Kreise hinein verbreiten Wissenschaftsskeptizismus Vorschub geleistet, sondern auch ein Einfallstor für die Desavouierung und Aushöhlung von Wissenschaft und Philosophie in Richtung einer Art postmoderner Beliebigkeit geschaffen. Dafür nutzte er nicht zuletzt die von ihm in den USA gegründete Mont Pèlerin Society wie auch das von dieser errichtete Atlas Network.

All diese Netzwerke begannen unter dem Deckmantel des Liberalismus und als selbst ernannte Gralshüter des Kapitalismus anfangs noch untergründig zu wirken. Seit Beginn dieses Jahrtausends gelang es ihnen aber, weite Teile der Republikaner mit deren geradezu kruden Ideologien zu infiltrieren. Hierdurch wurde es den dahinterstehenden „Geistern des Schattens" ermöglicht, über die infiltrierten Gesellschaftsgruppierungen die allgemein bekannte Karriere Trumps anzustiften und diese durch Hinzuführung weiterer Blasen von reaktionären Sektierern zu einer Massenbewegung aus Klimawandelleugnern, antisolidarischen Plutokratie-Unterstützern sowie Rechtsstaatverächtern zu vereinigen und weiter zu radikalisieren. Dadurch besteht aktuell (Stand: Juni 2024) durchaus die Gefahr, das mit der diesjährigen Präsidentenwahl die USA in eine plutokratische Autokratie abgleiten und die seit dem Zweiten Weltkriegs praktizierte Pax Amerikana endgültig zu einem internationalen Scherbenhaufen zusammenstürzt.

An dieser Stelle mag manche:r Leser:in fragen: Könnte nicht angesichts eines dergestalt drohenden Staatsstreichs mit möglicherweise bürgerkriegsähnlichen Zuständen in den USA deren bisherige Führungsrolle für die freie Welt von Europa bzw. der EU zumindest für Teilfunktionen ersetzt werden? Und weiter: Könnte dafür die BRD als deren wirtschaftlich stärkster Führungsstaat zumindest die Rolle eines Impulsgebers übernehmen?

Leider vermag ich auf die letzte Frage nur zu antworten, dass dies der aktuell noch regierenden Ampelkoalition äußerst schwerfallen dürfte. Und zwar allein schon wegen deren FDP-Partner mit einer wie für viele Neoliberale typischen, toxischen Prägung durch bedingungslose Marktvergötterung, Solidaritätsverweigerung, Wissenschaftsskepsis und Klimakatastrophenverdrängung. Mit ihrer dadurch genährten strikten Verweigerung von staatlich unterstützter Gesellschaftssolidarität samt ihrer Blockade von klimawirksamerer Transformationspolitik dürfte für die nächste Zeit jede menschenwürdige Führungsinitiative der BRD innerhalb der EU blockiert bleiben.

All das ist für mich und möge auch für alle verehrten Leser:innen überhaupt kein Grund zu irgendeiner Resignation sein. Vielmehr möchte ich Sie von Kap. 3 an, neben vielem anderen auch zu einer Kampfansage gegen den völlig degenerierten Liberalismus des „survival for the richest" einladen. Dies mit der Hoffnung auf Ihr wohlwollendes Verständnis des in diesem Buch vorgedachten Paradigmenwechsels über ganzheitliche Systemwandlungsstrategien. Es werden hierfür konkrete Handlungsorientierungen durch eine für manchen Leser sicherlich ungewohnte Sicht auf die Vermächtnisse der in den ersten zwei Kapiteln ausführlich erläuterten globalen Universalien vorgetragen. Eingeleitet wird dies durch die Darstellung eines hinsichtlich seiner Finanzierbarkeit als politisch umsetzbar bewertetem klimasolidarischen Grundeinkommens. Dem folgen Vorschläge für Geldwesensreformen zur nachhaltigeren Transformationsfinanzierung, aber auch nachhaltigen Wiederherstellung unserer Verteidigungsfähigkeit. Abgerundet wird dies mit Konzepten für die Aktivierung zivilgesellschaftlicher Partizipations-, Initiativ- und Verantwortungspotenziale. Zu deren kommunikativer Umsetzung wird zudem ausführlich begründet, warum dafür eine Einhegung von destabilisierenden Fake-Manipulationen mittels einer entschlossenen Neukonstituierung des Internets nicht nur erforderlich ist, sondern wie diese überhaupt erst ermöglicht werden kann.

Das zuerst genannte Klimasolidarische Grundeinkommen (KSG) stellt eine Fortschreibung der in meinen letzten Veröffentlichungen bereits vorgestellten BGE-Modelle dar und wird als Ausgangsbasis sowie Gamechanger zunächst nur anhand von auf das Steuerregime der BRD ausgerichteten, zivilisatorischen Rettungsstrategien erklärt. Ausgangsbasis ist ein solches KSG auch deshalb, weil wir nur über dieses den Hauptbedrohungen unserer aktuellen Zivilisation wirksam entgegentreten werden können: der Klimakatastrophe einerseits und dem eng mit dieser verbundenen sozialen Auseinanderdriften unserer Gesellschaft andererseits. Erst ein KSG eröffnet uns dafür ein passierbares Tor zu der eine Überwindung des aktuellen Chaos ermöglichenden Kultur wahrhaftiger Klimasolidarität. Zu deren wirtschafts- und finanzpolitischer Konsolidierung bedarf es sodann der an zweiter Stelle benannten Geldwesensreformen. Diese haben zweierlei Zielbereiche finanziell abzusichern:

a. Die gezieltere Optimierung und nachhaltigere Nutzung aller wohlfahrtsspendender Ressourcen
b. Durchgängige Sozialstaatlichkeit bei Minimierung von Neuverschuldung mit Einhegung inflationärer Risiken und im Ergebnis ausreichender Mittel, sowohl für Sozialstaat als auch zur Transformationsfinanzierung und wirksamen Landesverteidigung. Womit speziell für die

BRD eine Überwindung der so unsäglichen Auseinandersetzungen über die sogenannte „Schwarze Null" möglich ist.

Die an dritter Stelle geforderte Aktivierung zivilgesellschaftlicher Partizipations-, Initiativ- und Verantwortungspotenziale umfasst demokratische Systemverstärkungen, wie z. B. solche durch die Ermöglichung von mehr direkter Demokratie und Bildungsverbesserungen in Richtung der seinerzeit von Wilhelm von Humboldt angestrebten Bildungsfreiheit eines Lernens, um selbstständig und eigeninitiativ lernen zu können. Dazu gehört jetzt und noch mehr in Zukunft mehr Medienkompetenz bereits für Schüler und Auszubildende, bei Aufrechterhaltung von Pressefreiheit, insbesondere über eine demokratische Neukonstituierung des Internets. Über all die zuletzt genannten drei Einforderungen wird bisher bezeichnenderweise weder im deutschen Bundestag noch in den Landesparlamenten, aber auch nicht in den zuständigen EU-Gremien auch nur ansatzweise diskutiert, geschweige denn, verhandelt. Und dabei bedarf es für erste Heilungen aus solcherart Rettungsstrategien noch sehr viel Zeit. Leider liegt gerade darin insbesondere mit Blick auf die Klimakatastrophe ein zentrales Problem. Nämlich das eines begrenzten Zeitfensters für ein noch rechtzeitiges globales Herunterfahren der CO_2-Emissionen zumindest auf den Status einer sogenannten „Klimaneutralität".

Beunruhigenderweise stehen weitestgehend schlafwandelnde Eliten in den noch demokratisch regierten Länder eher passiv und strategisch hilflos der sich ständig verschärfenden Klimakatastrophe, den Ausweitungen kriegerischer Auseinandersetzungen mit Autokraten wie Putin und anderen sowie den sozial zerbröckelnden Gesellschaften mit oftmals chaotisierenden, sektiererischen Blasenbildungen gegenüber. In einer solcherart tendenziellen Zivilisationsdämmerung verbleiben einzig und allein demokratisch verfasste Zivilgesellschaften und in diesen vor allem die wirklich freien Menschen als Hoffnungsträger gegenüber den geschilderten apokalyptischen Herausforderungen. Deren Aktivität möge auch über die dafür nachfolgend geschilderten Stärkungsmöglichkeiten für unsere innere Haltung angeregt werden.

Wilstedt, Deutschland Brüne Schloen
Juni 2024

Inhaltsverzeichnis

1 **Epochenwandelnde Aufbrüche zu Freidenken und Menschenwürde**.......................... 1
  1.1 Aufbruch wodurch, wofür, von wem und gegen was?............................. 2
  1.2 Aufklärungsverankerung über Freiheits- und Befreiungskämpfe des Westens............... 5
  1.3 Die ganzheitliche Universalieneinforderung der Großen Französischen Revolution........... 9
  1.4 Individualitätssetzungen und Freidenkungsanstiftungen durch die Jenaer Philosophen und Frühromantiker......... 14
  1.5 Was uns von alldem noch heute als unerfülltes Vermächtnis herausfordert................... 28

2 **Schicksalhafte Wegverfehlungen durch Materialismus, Bildungsmängel und Kulturversagen** 63
  2.1 Universalienverdrängung über entfesselten Kapitalismus und antidemokratischen Sozialismus 66
  2.2 Inwieweit führen Philosophiedämmerung und religiöse Degeneration zu weiteren Idealverblassungen?........................ 78

2.3 Soziale Phantasielähmung durch Bildungsmängel und materialistische Vereinseitigungen 99
2.4 Siegerdiktate und deutsches Kulturversagen veranlassen Europas Höllenfahrten 108
2.5 Neoliberale Mythologien dominieren nur wenig verändert den wirtschaftswissenschaftlichen Mainstream 158
2.6 Führen Gesellschaftszerfall und Klimakatastrophen doch noch zur Überwindung des Neoliberalismus?...................... 166

3 Menschenwürdiger Paradigmenwechsel versus chaosstiftendem Schlafwandeln.................. 171
3.1 Gegen weitere Polarisierung sowie Chaosverbreitung helfen nur vermächtniskonforme Rettungsstrategien und spirituelle Vertiefungen.................. 173
3.2 Ein klimasolidarisches Grundeinkommen als Gamechanger............................. 176
3.3 Geldwesen-Reformen zur nachhaltigeren Transformations- und Verteidigungsfinanzierung ... 187
3.4 Entflechtung freiheitsbedrohender Tech-Monopole bei demokratischer Neukonstituierung des Internets 199
3.5 Handlungsanstiftungen durch Aktivierung zivilgesellschaftlicher Partizipations-, Initiativ- und Verantwortungspotenziale 223
3.6 Auswege aus spiritueller Ahnungslosigkeit...... 228

4 Sediert der Klimaprotest? 239
4.1 Zersplitterungs- und Akzeptanzgefährdungen.... 240
4.2 Ermüdungs- und Abstumpfungseffekte 244
4.3 Keine Sedierungsabwendung ohne hoffnungstiftende Narrative 246
4.4 Nachhaltigere Protestadressierungen bedürfen charismatisch repräsentierter Impulserneuerungen........................ 247

5 Jenseits von Chaos und unumkehrbaren Kipppunkten 251

5.1 Realistisches Katstrophen- und menschenwürdiges Freiheitsbewusstsein. 255

5.2 Jenseits von Marktversagen und Gesellschaftszerbröselungen Haltung entwickeln ... 258

5.3 Apokalypse-Bewusstsein jenseits globaler Chaotisierungen 261

Epilog 263

Literatur. 269

1

Epochenwandelnde Aufbrüche zu Freidenken und Menschenwürde

In diesem Kapitel soll vor allem ein vertieftes Verständnis für die grundlegenden menschheitlichen, aber auch kulturellen Wandlungen vermittelt werden, die das eigentliche Wesen der Moderne ausmachen. Wird in dieser Epoche doch viel weitreichender als jemals zuvor in der Menschheitsgeschichte von den sich immer mehr zu Individualitäten entwickelnden Menschen Eigenverantwortlichkeit und damit auch persönliche Urteilsfähigkeit für ihr jeweiliges Tun oder eben auch Unterlassen verlangt. Dazu bedarf es sowohl immer ausgereifterer innerer Freiheitsfähigkeiten als auch Fortschritte für die vielen gesellschaftlich von Beginn der Moderne an so heftig umkämpften Freiheitsvoraussetzungen. Dies genauer zu durchschauen ist über die traditionelle Geschichtswissenschaft bestenfalls eingeschränkt möglich. Sie stellt die uns bekannten historischen Abläufe als mehr oder weniger zwangsläufig dar, im Sinne von kausal sich ereignend, wie eine fable convenue. Dabei geschah und geschieht so gut wie nichts zwangsläufig und

Wesentliches nicht einmal kausal. Vielmehr erweisen sich die prägendsten Wandlungen der Moderne, zumindest im Nachhinein betrachtet, als Folgewirkungen oft gegenläufiger geistiger Impulse und daraus sehr häufig urständender Weltanschauungskämpfe. Nur über das Verständnis solcher inneren Kräfte ist es aber überhaupt möglich, menschenwürdige Handlungsorientierungen für die Bewältigung der aktuellen, inzwischen apokalyptischen Herausforderungen zu gewinnen. Dafür sollen in diesem Kapitel für die Zeit vom Beginn der Reformation an bis zu den Revolutionsereignissen in den Jahren 1848 und 1849 wichtige Grundverständnisse erzeugt werden.

1.1 Aufbruch wodurch, wofür, von wem und gegen was?

Mit dem Wort Moderne assoziieren wir verbreitet so etwas wie einen Ausbruch aus dem finsteren Mittelalter in eine hellere Epoche: die der sogenannten Aufklärung. Mit Letzterer verbinden wir sodann das Aufkommen von Universalidealen und schließlich überhaupt erster Vorstellungen von Menschenwürde. Die eigentliche Toröffnung dafür sieht unsere Geschichtswissenschaft in der Renaissance und der sich parallel zu dieser vollziehenden Reformation. Das durch diese Kulturepochen endgültig beendete Mittelalter betrachten wir vor allem auch deshalb im Rückblick als „finster", weil in dieser mehr als tausendjährigen Epoche Mystizismus sowie Aberglaube verbreitet und Teufelskulte samt Hexenwesen ein ausgeprägtes Unwesen trieben. All dies wurde von der römisch-katholischen Kirche über deren Inquisitionstribunale zusätzlich befördert und zur Unterdrückung ihrer Gläubigen und institutionellen Machtausweitung missbraucht. Gegen solcherart Missbräuche wandte sich schließlich Luther mit seiner Schrift von der

1 Epochenwandelnde Aufbrüche zu Freidenken ... 3

„Freiheit des Christenmenschen", wonach „ein Christenmensch Herr über alle Dinge und niemandem Untertan sei" (vgl. Luther 2016).

Allerdings rückte Luther unter dem Einfluss der durch seine Aussagen mitbefeuerten Deutschen Bauernkriege von vielen, insbesondere von seinen gesellschaftskritischen Thesen alsbald ab. Wozu er jedoch Zeit seines Lebens stand, war die Ablehnung jedweder Art spiritueller Untertänigkeit und davon insbesondere der gegenüber dem Papst. Auch wandte sich Luther gegen jedwede Versuche kirchlicher Autoritäten, sich als unumgängliche Zwischeninstanz zwischen den einzelnen Christen und Gott zu etablieren. Andererseits stellt sich Luther in dem dramatischen Einstellungswandel seiner Schrift „Wider die mordischen und reubischen Rotten der Bauern" gegen seinen ursprünglichen Mitstreiter Thomas Müntzer und billigte darin die blutige Niederschlagung der Bauernaufstände auch mit dem Aufruf „Seid Untertan der Obrigkeit" (Luther 1525).

So bildete die Reformation zwar einen wichtigen Impuls in Richtung religiös-spiritueller Freiheit und Emanzipation, aber keinesfalls das entscheidende Momentum für jenen einschneidenden, ganzheitlichen Kulturwandel, den wir mit Beginn des 16. Jahrhunderts als Renaissance benennen. Letztere ging bekanntlich von der Wiederentdeckung der antiken Philosophie aus. Deren philosophische Aufarbeitung mündete in einen bis zur Großen Französischen Revolution andauernden Erkenntnisprozess, den wir heute als Aufklärung bezeichnen. Als deren einflussreichste Vordenker gelten aus heutiger Retrospektive zunächst einmal die Philosophen René Descartes, Voltaire, David Hume und Immanuel Kant. Sodann die Universalgelehrten Gottfried Wilhelm Leibnitz in Deutschland und Isaac Newton in England. Neben deren vielfältige und durchaus voneinander abweichenden Erkenntnis- und Theoriefortbildungen ist all den genannten Vordenkern gemein, dass sie den einzelnen Menschen und seine Verantwortung als Individuum in den Mittelpunkt stellen. So gesehen wirken die Aufklärer in Richtung einer wissenschaftsunterlegten Befreiung des Individuums von dessen Abhängigkeit gegenüber rational nicht nachvollziehbaren Dogmen, religiöser Bevormundung und unbegründeten Vorurteilen. Darin sieht auch Immanuel Kant das Ziel der Aufklärung, nämlich einen jeden zu befähigen, „jederzeit selbst (kritisch) zu denken". Er wendet sich damit gegen die Bevormundung durch das „Pfaffentum", aber auch gegen die Willkürherrschaft des Adels. So formuliert Kant in einem Essay aus dem Jahre 1784: „Aufklärung ist der Ausgang des Menschen aus seiner selbstverschuldeten Unmündigkeit. Unmündigkeit ist das Unvermögen, sich seines Verstandes ohne Leitung eines anderen zu bedienen. Selbstverschuldet ist diese Unmündigkeit, wenn die Ursachen derselben nicht am Mangel des Verstandes liegt. Habe Mut, dich deines eigenen Verstandes zu bedienen" (Kant 1784).

So gesehen bedeutet Aufklärung auch und gerade einen Aufbruch aus der im Mittelalter verbreiteten autoritätsgläubigen Unterwürfigkeit. Immer mehr Bürger, aber auch Bauern beginnen nach den Einforderungen von Aufklärungsvordenkern samt Reformatoren zumindest von den Kirchen und deren Vertretern eine freilassende Respektierung ihrer individuellen Glaubensentscheidungen zu beanspruchen. Auch eine gegenüber Gewohnheitsrecht verstoßende Willkür weltlicher Herrscher begegnet zunehmend kritischen Hinterfragungen. Insofern kann die von den zuletzt genannten Philosophen und Universalgelehrten angestiftete Aufklärung als Einstieg in die Entdeckung und Einforderung auch von Menschenwürde gewertet werden. In solchen Einforderungen liegen wirkungsmächtige Keime für das im Folgenden zu behandelnde und von Europa ausgehende epochenverwandelnde Freiheitsstreben.

1.2 Aufklärungsverankerung über Freiheits- und Befreiungskämpfe des Westens

Vom Beginn des 16. Jahrhunderts an waren es neben den genannten und weiteren Vordenkern die Wohlhabenden und Gebildeten, vorrangig aber das erfolgreiche Bürgertum, die wir als Träger der Aufklärung in Europa sehen können. Politisch wurde dieser Prozess jedoch erst Ende des 18. Jahrhunderts und dies zunächst über Reformprozesse in England im 17. Jahrhundert wirksam. Dort verabschiedete das Unterhaus 1641 die „Große Remonstranz", eine Beschwerdeschrift an den König, in der für Europa erstmalig die Forderung nach einer parlamentarischen Kontrolle der Exekutive laut wurde. Der Streit um diese Remonstranz bildete den Auftakt für die zunächst nur in England aufflackernden Freiheits- und späterhin in den USA sich entzündenden Befreiungskämpfe des angelsächsisch geprägten Westens.

In England führten die zuletzt genannten Forderungen der Remonstranz zu einem Bürgerkrieg, der 1642 begann und 1649 mit der öffentlichen Hinrichtung Karls I. sowie der Ausrufung einer bis 1660 bestehenden Republik endete. Damit hatte die Aufklärung erstmals in Europa, wenn auch nur für England, zu einer vorläufigen Beendigung absolutistischer Herrschaft geführt. Diese war zuvor, wenn auch mit unterschiedlicher Ausprägung, von der Inanspruchnahme eines Gottesgnadentums für den (die) Regenten(in) entgegen dem Geist der Magna Charta geprägt. Endgültig wurde das Ende eines solchermaßen absolutistischen Gottesgnadentums aber erst durch die Glorious Revolution 1688 gegen Jakob II. sowie die „Bill of Rights" im Jahre 1689 besiegelt (Dillon 2007). Dies war ein Meilenstein für England auf seinem Weg zu einem parlamentarischen Rechtsstaat, in dem der König und jeder Exekutivangehörige zu einer dem Gesetz unterworfenen

Amtsperson wurde, die nur aufgrund von Parlamentsentscheidungen Immunität beanspruchen kann.

Das Prinzip der Rechtsstaatlichkeit und insbesondere das der Gleichheit vor dem Gesetz blieben auch Basisideale von John Locke bei seinem unermüdlichen Einsatz in der Ausformulierung einer freiheitsstiftenden Verfassung für die in Entstehung begriffenen Vereinigten Staaten von Amerika. Leiten ließ sich Locke dafür von seiner als eher materialistisch zu wertenden Naturphilosophie. Diese drückte er unter anderem so aus:

> „Um politische Gewalt richtig zu verstehen und sie von ihrem Ursprung abzuleiten, müssen wir erwägen, in welchem Zustand sich die Menschen von Natur aus befinden. Es ist ein Zustand vollkommener Freiheit, innerhalb der Grenzen des Gesetzes der Natur ihre Handlungen zu regeln und über ihren Besitz und ihre Persönlichkeit zu verfügen, wie es ihnen am besten scheint, ohne dabei jemanden um Erlaubnis zu bitten oder vom Willen anderer abhängig zu sein." (Locke, zit. nach Lepore 2019, S. 84)

Den Zustand einer so durch die Natur vermittelten Freiheit und dadurch zumindest bedingten Gleichheit leitet Locke aus seinen Vorstellungen vom Christentum ab, und dies vor allem von der bibelbelegten Christusverkündung, wonach alle Menschen vor Gott gleich seien. Dazu sagt er:

> „Nichts ist einleuchtender, als das Geschöpfe gleicher Gattung und gleichem Rang, die ohne Unterschied zum Genuss derselben Vorteile der Natur und Gebrauch derselben Fähigkeiten geboren sind, ohne Unterordnung und Unterwerfung einander gleichgestellt leben sollten." (ebd.)

Locke konnte sich sicher sein, dass er diese Naturphilosophie samt Religionsauffassung innerhalb einer US-amerikanischen Verfassung auf Kampagnen vordenkungs-

1 Epochenwandelnde Aufbrüche zu Freidenken ...

fähiger Politiker zurückführen und mit mehrheitlicher Unterstützung der Siedler verankern konnte. Denn für Letztere galt verbreitet, dass „der Zweck des Lebens die Verherrlichung Gottes war" (Middlekauff 2005). Viele von diesen sahen, da all dies auf Gott als den gemeinsamen Urheber zurückging, Naturrecht und biblische Offenbarung als weitgehend identisch an.

Es waren jedenfalls diese geistigen Grundlagen für den aufopferungsvollen Befreiungskampf der Siedler gegen die englische Kolonialmacht. Letzterer endete schließlich mit dem Sieg der Siedler und der Unabhängigkeitserklärung der Vereinigten Staaten vom 4. Juli 1776. Die maßgeblich von Thomas Jefferson entworfene und heute als Declaration of Independence bekannte Unabhängigkeitserklärung veröffentlichte einen Tag nach ihrer Verabschiedung als erste deutsche Übersetzung der Pennsylvanische Staatsbote in Philadelphia mit folgendem Abschnitt aus Präambel der Verfassung:

„Wir halten diese Wahrheiten für ausgemacht, das alle Menschen gleich erschaffen worden, das sie von ihrem Schöpfer mit gewissen unveräußerlichen Rechten begabt worden, worunter sind Leben, Freyheit und das Bestreben nach Glückseligkeit. Das zur Versicherung dieser Rechte Regierungen unter den Menschen eingeführt worden sind, welche ihre gerechte Gewalt von der Einwilligung der Regierten herleiten; das sobald eine Regierungsform diesem Endzwecken verderblich wird, es das Recht des Volkes ist, sie zu verändern oder abzuschaffen, und eine neue Regierung einzusetzen, die auf solche Grundsätze gegründet, und deren Macht und Gewalt solchergestalt gebildet wird, als ihnen zur Erhaltung ihrer Sicherheit und Glückseligkeit am schicklichsten zu seyn dünket."

Diese, wie sich alsbald erweisen sollte, besonders wirkungsmächtige, naturrechtliche Verfassungsbegründung stellt bis heute ein herausragendes Dokument demokratischer Staatstradition dar. Sie bewirkte trotz oder vielleicht sogar wegen ihrer vorherrschend religiösen und deshalb nicht nur intellektuell, sondern zudem das Gefühl ansprechenden Begründungen eine politisch einprägsame Verankerung vieler Aufklärungsprinzipien. Dazu zählen, begrenzt auf die USA, allgemeine Gedanken-, Rede-, Versammlungs- und Pressefreiheiten. Aber auch die Religionsfreiheit in einem nach Aufklärungsgrundsätzen strikt säkularen Staat. Ferner, de facto auf bestimmte Bürger weißer Hautfarbe begrenzt, das Recht auf Land- und Eigentumserwerb sowie Verfügungsrechte über solches, nebst freier unternehmerischer Betätigung. Zu derartigen Aufklärungsverankerungen kam hinzu das allgemeine aktive und passive Wahlrecht für nahezu alle volljährigen weißen sowie männlichen Bürger.

Das zuletzt umrissene Basiskonzept wurde sodann durch 27 Verfassungszusätze (Amendments) ergänzt (Bundeszentrale für politische Bildung 2024). Diese begründen einen Bundesstaat, der strikt nach den von Montesquieus zuvor entwickelten Prinzipien der Gewaltenteilung (Blume 2009) organisiert und dafür mit einem System von wechselseitiger Abhängigkeit und Kontrolle (Checks and Balances) ausgestattet wurde. Überdies regeln Amendments auch einen Minderheitenschutz, der die soziale, kulturelle und religiöse Vielfalt des Landes im Rahmen weitreichender Toleranzprinzipien fördert. All dies diente bis zum US-amerikanischen Bürgerkrieg, abgesehen von dem zumindest bis dahin schwerwiegenden Makel von Sklaverei und sonstigen Rassendiskriminierungen, dem Prinzip der Freiheit sowie Gleichheit für und zwischen den weißen Männern. Was jedoch gänzlich in dem US-amerikanischen Verfassungskonzept fehlte, war die Gewährleistung wie auch Förderung sozialer Standards, wenigstens für die weiße Bevölkerungsgruppe. Es sind diese in der Tat auffälligen Einseitigkeiten, die zudem ein Charakteristikum gerade der für die USA so wichtigen angelsächsischen Aufklärungsvordenker ausmachen. Von solcher Einseitigkeit wurde sodann zunehmend das US-amerikanische Wirtschaftssystem und durch dieses letztlich die gesamte US-Kultur bis heute dominiert. Letzteres sollte wiederum spätestens nach dem Ende des Ersten Weltkrieges zunehmend auf die ganze sogenannte westliche Welt ausstrahlen.

1.3 Die ganzheitliche Universalieneinforderung der Großen Französischen Revolution

Nur zwei Jahre nach der zuletzt skizzierten Verkündung der US-amerikanischen Verfassung begann 1789 die Große Französische Revolution. Sie war nicht nur wegen dieser engen zeitlichen Abfolge, sondern auch über viele ihrer US-Unterstützer stark von deren Freiheitsdenken beeinflusst. Das gilt in besonders geschichtsträchtiger Weise für den Marquis de Lafayette, der als einer der reichsten jungen Männer Frankreichs im März 1777 sein Heimatland mit dem brennenden Wunsch verließ, für die amerikanische Unabhängigkeit und gegen die Briten zu kämpfen. Dieser Wunsch sollte unverhofft und prominent in Erfüllung gehen, als Lafayette bereits im August 1777 in Philadelphia auf George Washington traf. Beide waren spontan voneinander so beeindruckt, dass sie von da an eine tiefe Freundschaft verband. Diese erwuchs auch aus gegenseitiger Hochachtung für ihre jeweiligen militärischen Führungsqualitäten und der Tatsache, dass beide Freimaurerkollegen waren (Lafayette 1837).

Die auch in Frankreich bekannt gewordenen militärischen Verdienste Lafayettes im Freiheitskampf der USA trugen dazu bei, dass er kurz nach Beginn der Großen Französischen Revolution zum Kommandeur der französischen Nationalgarde ernannt wurde. In dieser Funktion war eine seiner ersten Taten die militärisch durchschlagende Mitwirkung an der Zerstörung der Bastille als Symbol der im Volke verhassten, im Vergleich zu England extrem autokratischen und reaktionären französischen Monarchie. Danach schickt Lafayette den Schlüssel zum Westportal der Bastille an seinen Freund George Washington; in dessen Herrenhaus von Mount Vernon dieser Schlüssel heute noch hängt. Eine transnationale Revolutionstrophäe, wertgeschätzt von zwei durch globales Bewusstsein verbundenen und mit diesem auch ihren noch national denkenden Führungseliten vorangehenden rebellischen Brüdern im Geiste.

Lafayette nimmt aber nicht nur in militärischer Hinsicht Einfluss auf den anfänglichen Revolutionsverlauf in Frankreich. Vielmehr wirkt er auch in seiner Eigenschaft als Abgeordneter der französischen Nationalversammlung an prominenter Stelle an deren Erklärung zu den Menschen- und Bürgerrechten vom 29. August 1789 mit. Schon mit Artikel 1 („Die Menschen sind und bleiben von Geburt an frei und gleich an Rechten. Soziale Unterschiede dürfen nur im gemeinen Nutzen begründet sein") bekräftigt diese Erklärung zugleich dreierlei. Zum einen, dass die Privilegien des Ancien Régime, insbesondere die für König, Adel und Kirche, abgeschafft sind. Zum anderen, dass dies universell zugunsten **aller Menschen** gelten soll(te). Dass Frankreich sich also, so würde man dies heute ausdrücken, auch als global verantwortlicher Träger und Verfechter dieser Universalien versteht. Und schließlich, was die französische Menschenrechtserklärung fundamental von der US-amerikanischen Verfassung unterscheidet, die Betonung des einem „gemeinen Nutzen" verpflichtet zu sein. Dieser Hinweis in Artikel 1 wird durch die Präambel zur Menschenrechtserklärung nochmals verdeutlicht, in der es heißt: „Die Vertreter des französischen Volkes (…) haben beschlossen (dass sich) die Handlungen der gesetzgebenden wie der ausübenden Gewalt (…) immer auf (…) das Allgemeinwohl richten mögen" (Furet und Richet 1989).

Als Vordenker des als allgemein verpflichtend anzustrebenden „gemeinen Nutzens" bzw. des „Allgemeinwohls" ist eindeutig der Genfer Philosoph Jean-Jacques Rousseau zu sehen, der diese Kategorien in seinem Hauptwerk „Vom Gesellschaftsvertrag oder Prinzipien des Staatrechtes" bis 1762 entwickelte (vgl. Rousseau 2010). Dieses Rousseau'sche Allgemeinwohlprinzip wurde durch die Nationalversammlung schließlich zu einer wesentlichen, revolutionären Kernforderung, nämlich der nach „Brüderlichkeit", konkretisiert, welche ab 1793 in Artikel 21 der Verfassung wie folgt statuiert wurde:

„Die öffentliche Unterstützung von Hilfsbedürftigen (ist) eine heilige Pflicht. Die Gesellschaft schuldet unglücklichen Mitgliedern den Unterhalt, indem sie ihnen entweder Arbeit verschafft, oder denen, die außerstande sind zu arbeiten, die Mittel für ihr Dasein sichert."

Mit obigen Statuierungen schuf die Französische Nationalversammlung als verfassungsgebende Einrichtung erstmals in der Geschichte der Menschheit sowohl eine freiheitliche wie auch soziale und damit ganzheitliche Konkretisierung von einklagbarer Menschenwürde. Und dies nicht nur über eine juristisch ausgefeilte Artikelkomposition, sondern auch durch eine geradezu magisch wirkende Formel: Liberté, Égalité, Fraternité (FREIHEIT, GLEICHHEIT, BRÜDERLICHKEIT). Diese von vielen als heilig empfundene Formel erzeugte auf dem Höhepunkt der Großen Französischen Revolution bis zum Jahre 1973 einen einzigartigen Popularitätsschub, sogar über den französisch sprechenden Kulturbereich hinaus (Bucur 1990). Woher der Popularitätsschub bzw. das Magische dieser Formel stammt und welche Personen und Netzwerke an dessen Entstehung mitgewirkt haben, damit haben sich sowohl die damaligen Revolutionsverfechter als auch deren Nachfolger und davon insbesondere die vielen diesen angehörenden Philosophen viel zu wenig auseinandergesetzt. Diese bemerkenswerten Lücken zu schließen soll zunächst einmal im Folgenden versucht werden, wenngleich fürs Erste noch anfänglich.

Anders als in den gerade von ihrer Kolonialbeherrschung befreiten Vereinigten Staaten von Amerika konnte für einen großen Teil der bürgerlichen Mehrheitsgesellschaft in Frankreich das Prinzip der Brüderlichkeit eine mindestens ebenso hohe Nachfolgebereitschaft anstiften wie das Prinzip der Freiheit und Gleichheit. Denn im Unterschied zu den USA war bis dahin für den französischen dritten Stand dessen Erfahrung seiner extremen Unterprivilegierung gegenüber dem ersten und zweiten Stand wie auch die seines Erleidens von Hunger und bedrückenden wirtschaftlichen Entbehrungen in sehr frischer Erinnerung. In den USA herrschte hingegen bei den weißen Siedlern wirtschaftliche Aufbruchsstimmung für unbegrenzt erscheinende Möglichkeiten der Inbesitznahme riesiger Weiten des Westens. Beim Vergleich beider Länder war aus den genannten Gründen die Grundstimmung in Frankreich sehr viel eher empfänglich für eine ganzheitliche Fortschrittslosung, die über Freiheit und Gleichheit hinaus, auch die so wichtige Brüderlichkeit und damit das Prinzip der Gesellschaftssolidarität umschloss. Allerdings haben es bis heute nicht nur in den sich als liberal bezeichnenden Kreisen nur wenige verstanden, warum Freiheit und Brüderlichkeit sich so sehr gegenseitig bedingen. Für die Lösung der im Mittelpunkt dieses Buches stehenden Zukunftsprobleme sind jedoch ein valides Verständnis dieser wechselseitigen Abhängigkeiten wie auch die synergetische Verflechtung von Freiheit und Gesellschaftssolidarität unentbehrlich. Diese verbreiteten Erkenntnislücken zu schließen soll ab dem zweiten Kapitel dieses Buches über verschiedene Abschnitte geschehen.

Als Begründer der zuletzt umrissenen Fortschrittslosung sieht Gudrun Gersmann in ihrer Recherche der Sekundärliteratur zu vorgenannter Trias (Gersmann 2012) den be-

1 Epochenwandelnde Aufbrüche zu Freidenken ...

rühmten Mystiker und Erzbischof von Cambrai sowie Erzieher des Enkels von Ludwig XIV.: Francois de Salignac de la Mothe-Fénelon. Fénelon konnte im 17. Jahrhundert zumindest eine erste Verbindung zwischen diesen drei von ihm lose miteinander assoziierten Begriffen herstellen (Sommer 2022). Dass ein anerkannter Meister der Mystik wie Fénelon mit seiner Begriffsinspiration auch viele französische Freimaurer zu beeindrucken vermochte, sollte angesichts der hohen Wertschätzung von Fénelon bei vielen europäischen Geistesgrößen, nicht zuletzt auch Wolfgang v. Goethe, niemanden verwundern. Um diese Wertschätzung besser nachvollziehen und sich auf die nächsten beiden Kapitel dieses Buches einstimmen zu können, möge der geschätzte Leser folgende, bemerkenswerte Weisheit Fénelons auf sich wirken lassen, die da lautet:

„Wenn Sie dem Geist Gottes die nötige Freiheit geben, um sich selbst sterben zu lassen und bis zu den letzten Wurzeln des Ichs hinabzuschneiden, dann fallen Ihre Fehler allmählich wie von selbst von Ihnen ab, und Gott wird ihr Herz so weit machen, dass Sie durch keine Pflicht mehr belastet sind."

Es waren jedenfalls die für solche Weisheiten empfänglichen Freimaurerlogen, die alsbald zur treibenden Kraft für die Herausstellung des obigen Revolutionsdreiklangs mutierten. Waren es doch dieselben Prinzipien, auf die die rund 47.000 Angehörigen der rund 1200 Logen eingeschworen waren, die dem Dachverband der Großloge „Grand Orient de France" angehörten. Diese Großloge war 1773 gegründet worden und erreichte in den folgenden 20 Jahren eine Blütephase für ihr gesellschaftliches und im Geheimen auch politisches Wirken in Frankreich. Der magische Wertekanon der Großloge erfuhr nach Revolutionsbeginn erstmals eine öffentlichkeitswirksame Verbreitung durch eine Rede von Robespierre vor der Konstituante im Dezember 1790. Diese wurde im ganzen Land bekannt und gerade in den Jakobinerclubs mit Eifer gelesen. Ähnlich warben für den aus Freimaurerkreisen beförderten Dreiklang gleichgesinnte Revolutionspolitiker wie der Marquis de Girardin im Frühjahr 1791 im Club des Cordeliers. Aber erst 1793 wurden nach durchaus konträren Leitsatzauseinandersetzungen im öffentlichen Diskurs die Pariser Hausbesitzer durch deren Stadtverwaltung dazu aufgefordert, in großen Lettern hinter dem Aufruf zur Einigkeit und Unteilbarkeit der Republik die Inschrift Freiheit, Gleichheit, Brüderlichkeit auf ihre Wohnhäuser zu malen. Zur gleichen Zeit begann man, in vielen anderen Städten Frankreichs die besagte Formel in die Fassaden der öffentlichen Gebäude und sogar Kirchen einzumeißeln (Gersmann 2012). Damit hatten die durch Reformation und Aufklärung eingeleiteten epochalen Umbrüche über die französische Freimaurerlosung einen sowohl wirkungsmächtigen wie, zumindest oberflächlich betrachtet, selbsterklärenden und auch dadurch weltweit ausstrahlenden Höhepunkt erreicht. Er sollte alsbald die politische Landschaft Europas verändern.

1.4 Individualitätssetzungen und Freidenkungsanstiftungen durch die Jenaer Philosophen und Frühromantiker

Übernahm Frankreich und vor allem von Paris aus die revolutionsgetriebene Anführerschaft zur politischen Umwandlung und Neuausrichtung Europas, so veranlagten parallel dazu deutsche Denker, Philosophen, Wissenschaftler und Künstler von der winzigen Universitätsstadt Jena aus für diesen Prozess eine zusätzliche Bedeutsamkeit sowie Erkenntnistiefe und dadurch noch mehr epochenprägende Nachhaltigkeit. Sie setzten dafür eine in der neuzeitlichen Geschichte einmalige „Revolution des Geistes in Gang, nämlich die der Befreiung des fremdbestimmten Ich durch die aufregendsten aller Kräfte, den freien (und sich seiner selbst bewussten) Willen" (Wulff 2022, S. 37). Letzteres zu erhellen ist ebenfalls Voraussetzung für ein valides Verständnis der ab dem dritten Kapitel dieses Buches ausgeführten Handlungsorientierungen. Nämlich das Erkennen von Wesen und Antriebskräften des selbstbewussten Willens und den Fallstricken für dessen durch jeden von uns individuell und frei zu entscheidenden Einsatz – entweder nur zur eigenen Bedürfnisbefriedigung oder auch zum Wohle der Allgemeinheit. Um das zu verstehen, wollte der Jenaer Kreis nach den Worten in Goethes „Faust" nicht weniger ergründen als das, „was die Welt im Innersten zusammenhält" und in welcher Beziehung dazu jeder einzelne Mensch steht. Sie hinterfragten dazu nicht zuletzt „Wer sind wir?", „Wie können wir verstehen?" und „Was ist die Natur?". Mittels solcher Hinterfragungen entwickelten sie neue philosophische Begriffe samt Freidenkungsanstiftungen, und dies insbesondere aus der Individualitäts- und Ich-bin-Setzung durch Fichte.

Worin genau bestanden die oben als revolutionär gewerteten Freidenkungsanstiftungen und Ich-bin-Setzungen der Jenaer Frühromantiker? Wer aus diesem Kreis trug was und wann zu deren Errungenschaften bei? Warum ist die genaue Kenntnis all dessen für die Entwicklung und Umsetzung menschenwürdiger Rettungsstrategien so wichtig? Und nicht zuletzt: Warum ging dies alles von einem im Vergleich zu Paris geradezu winzigen Universitätsstädtchen aus? Dazu möchte ich mit Letzterem beginnen, nämlich der Besonderheit Jenas als damals noch inmitten des Heiligen Römischen Reiches Deutscher Nation gelegenen Universitätsstädtchen.

Goethe ritt und Schiller zog es nach Jena

Als erster prominenter Frühromantiker zog Friederich Schiller im Jahre 1789 zusammen mit seiner Frau nach Jena. Goethe hingegen verblieb bis zu seinem Tode in seinem schon Jahre zuvor komfortabel ausgestatteten Haus in der nur etwas mehr als 20 km von Jena entfernten Residenzstadt Weimar. Von da aus ritt er des Öfteren aus verschiedenen dienstlichen Veranlassungen, ab 1791 auch immer häufiger für nicht selten über mehrere Tage ausgedehnte Gespräche mit Schiller nach Jena. So entwickelte sich zwischen den beiden aus einem anfänglich eher reservierten ein immer engeres, freundschaftliches Verhältnis mit tief reichendem künstlerischen bis philosophischen, aber auch naturwissenschaftlichen Austausch. Die Begegnung mit Goethe, erklärte Schiller später einmal einer Freundin, sei „das wohl wohltätigste Ereignis meines ganzen Lebens gewesen". Goethe wiederum gab zu, dass Schiller ihm „eine zweite Jugend verschafft habe" (Wulff 2022, S. 52). So entstand eine sich gegenseitig inspirierende, vertrauensvolle Beziehung zwischen den beiden, noch bevor im Mai 1794 Fichte ihre Inspirationsquellen erweiterte, als er den ihm kurz zuvor angebotenen Philosophielehrstuhl in Jena übernahm. Ab Frühjahr 1795 schlossen sich sodann in rascher Reihenfolge weitere der, wie sich bald herausstellen sollte, besten Köpfe der Nation als nach Jena Zugereiste bzw. Mitwirkende des Romantikerkreises an.

Warum aber verschlug es in so kurzer Zeit nahezu die gesamte wortbegabte und zugleich tiefgründig denkende deutsche Führungselite in das äußerlich provinziell anmutende, kleinstädtische Jena? Die Antwort lautet: Es gab einen Hauptgrund und mehrere sich in ihrer Bedeutung bei den einzelnen Romantikern unterscheidende Nebengründe. Der Hauptgrund lag schlicht und einfach in der

Tatsache, dass die im 16. Jahrhundert unter der Herrschaft des Kurfürsten von Sachsen gegründete Jenaer Universität in den 90er-Jahren des 18. Jahrhunderts von allen deutschen Universitäten die freieste war. So beurteilte es auch Friederich Schiller. Jena wurde, zumindest vom damals im Deutschen Reich herrschenden Absolutismus, kaum eingeschränkt, geschweige denn kujoniert. Dies wiederum lag daran, dass damals in Folge komplizierter Erbschaftsregelungen vier sächsische Herzöge die Universität kontrollierten und dadurch keiner über diese tatsächlich das Sagen hatte. Auch nicht Herzog Carl August von Sachsen-Weimar als nomineller Universitäts-Rektor (Wulff 2022), der wiederum in Universitätsangelegenheiten weitgehend den Ratschlägen seines Geheimrats und Finanzministers J. Wolfgang v. Goethe folgte. Dazu gab es Nebengründe für die Attraktivität Jenas durch die zunehmende Anziehungskraft der dorthin ziehenden Philosophen wie auch des von dieser Stadt aus wirkenden Romantikerkreises. All dies unterstützt durch das beide Gruppen stabilisierende und stets die vielen Spannungen zwischen deren Mitgliedern ausgleichende Wirken Goethes.

Neben den genannten Persönlichkeiten zog die für damalige Verhältnisse liberale Atmosphäre Jenas sowohl aufgeschlossene Studenten wie auch fortschrittliche Denker aus vielen anderen, überwiegend repressiven deutschen Staaten an. Kein Wunder also, dass die visionären Ideen Kants hier auf besonders fruchtbaren Boden fielen. Deshalb wurde z. B. auch die „Allgemeine Literatur Zeitung" 1785 in Jena gegründet, um von hier aus dessen Philosophie zu verbreiten. Dazu bemerkte ein britischer Besucher, dass Jena der „modischste Sitz der neuen Philosophie" und eine Stadt sei, in der die Leser mit gleicher Leidenschaft über Kants Philosophie diskutierten wie anderswo über Romane und Unterhaltungsliteratur (Wulff 2022, S. 34).

Fichtes Ich-Setzung und Rebellenbefeuerung

Die Lektüre von Kants Werken hatte auch dem Leben des in Sachsen geborenen Johann Gottfried Fichte einen Sinn gegeben, weshalb er im Sommer 1791 beschloss, Kant in Königsberg aufzusuchen. Letzterer empfing Fichte auch, welcher ihm zuvor seine Abhandlung über von Kant bisher unbeantwortet gebliebenen Fragen über Religion mit dem Titel „Versuch einer Kritik aller Offenbarung" übersandt hatte. Kant hatte nach seinem Bekunden einige Seiten dieses Manuskript flüchtig gelesen und riet Fichte zu dessen größter Überraschung, das Manuskript trotz der Ähnlichkeit des Titels zu den bisher von Kant erschienenen „Kritiken" zu veröffentlichen. Diesen Rat nutzte Fichte mit bemerkenswertem Geschick. Seinen Verleger, die Jenaer Allgemeine Literaturzeitung, ließ er obiges Manuskript zwar mit seinem Namen zum Vertrieb in Königsberg veröffentlichen. Mit einem anderen Titelblatt, jedoch ohne Namen, wurde sodann das Manuskript für den gesamten deutschen Sprachraum veröffentlicht. Dies mit der zwar zutreffenden, wenngleich irreführenden Überschrift „Königsberg, Dezember 1791", weshalb die Leser natürlich davon ausgingen, dass der seit Jahrzehnten in Königsberg lehrende Philosophenkönig Kant der Verfasser sein müsse. Es war ein riskanter Plan, doch er sollte alsbald mit einem von Fichte kaum erhofften Ergebnis enden. Zur Umsetzung dieses Plans veröffentlichte die Jenaer Allgemeine Literaturzeitung zuvor die (gewollt) unrichtige Meldung, Immanuel Kant habe endlich seine vierte Kritik veröffentlicht, als das von ihm lange ersehnte Werk über Religion (Allgemeine Literaturzeitung vom 30. Juni 1792, Artikel S. 11). Diese Nachricht schlug wie eine Bombe in den intellektuellen Kreisen ein. Als die Exemplare des von Fichte verfassten „Versuchs einer Kritik der Offenbarung" an den Bestimmungsorten des Verlegers eintrafen, berichtete eine

1 Epochenwandelnde Aufbrüche zu Freidenken ...

Rezension nach der anderen über das angeblich von Kant stammende neue Buch. Und es sollte gut einen Monat nach Erscheinen des ALZ-Artikels noch besser kommen. Dann nämlich veröffentlichte die Jenaer Allgemeine Literaturzeitung ein Schreiben an sie von Kant, in dem dieser der ALZ mitteilte, er sei gar nicht der Verfasser des „Versuchs einer Kritik aller Offenbarung". Vielmehr sei dies das Werk eines gewissen Herrn Fichte, der ihn zuvor in Königsberg besucht habe. „Ich habe weder schriftlich noch mündlich auch nur den geringsten Anteil an dieser Arbeit des geschickten Mannes ... (und) halte es daher für meine Pflicht, die Ehre desselben dem, welchem sie gebührt, hiermit ungeschmälert zu lassen" (Allgemeine Literaturzeitung vom 22. August 1792).

Eine bessere Empfehlung konnte es für den bis dahin weitgehend unbekannten Hauslehrer Fichte nicht geben. Aufgrund dieser erhielt er seinen ersten Ruf als Professor nach Jena, wo er 1794 mit seinen die meisten Jenaer Studenten geradezu elektrisierenden Philosophievorträgen begann. Schon seine ersten Vorlesungen verliehen der Philosophie für seine studentischen Zuhörer eine geradezu revolutionäre Kraft. Diesen rief er mit seiner donnernden Stimme zu: „Handeln! Handeln! Das ist es, wozu wir da sind" (Fichte 1794, S. 345). Allein damit verglichen, muten die meisten Einlassungen heutiger Philosophiewissenschaftler von deren Impetus her als eher abstrakt und blass, wenn nicht sogar philiströs an. Jedenfalls fehlt ihnen jedwede handlungsanstiftende Kraftausstrahlung.

Als Fortsetzer Kants kritisierte Fichte bereits 1774 dessen Überzeugung, dass die äußere Welt unabhängig vom Denken existiere. Eher sei nach Fichte gewiss, dass die Welt nur vom „Ich" erfahren werden kann. Dieses „Ich" setze „ursprünglich schlicht sein eigens Seyn" (Fichte 1794/95, S. 98). Und durch diesen anfänglichen Akt entstehe das „Nicht-Ich". Zu Letzterem gehören neben allen übrigen

Menschen die äußere Welt mit all ihren Naturerscheinungen. Also alles, „was von dem Ich unterschieden und ihm entgegengesetzt wird" (Fichte 1794, S. 295).

Folgerungen aus seinen Anschauungen zu dem sich selbst immer bewusster werdenden Ich hatte Fichte bereits ein Jahr zuvor in seinen „Beiträgen zur französischen Revolution" gezogen. Danach sei „die wertvollste Kraft im Menschen die Erkenntniskraft (…) die auf eine völlige Unabhängigkeit von allem, was wir nicht selbst sind, gerichtet sein sollte (…) die höchste Wahrheit (…) also (…) muss durch uns entstehen." (Fichte 1794, S. 45 f.) Weshalb laut Fichte der Mensch nicht zu sich sagt „Es ist", sondern: „Ich bin". Womit Fichte laut Steiner nicht bloß gesagt hat, „dass er ist", sondern auch: was er ist, nämlich ein „Ich" (Steiner 1985, S. 181).

Sein Erkennen und philosophisches Setzen des Ichs allein genügte Fichte keinesfalls. Vielmehr forderte er mit dem ihm eigenen Temperament für das von ihm entdeckte Ich sowohl innerliche als auch politische Freiheit. „Mein System ist das erste System der Freiheit; wie jene Nation (nämlich Frankreich) von den äußeren Ketten den Menschen losreißt, reißt mein System ihn von den Fesseln der Dinge an sich, des äußeren Einflusses los". Und so forderte er folgerichtig in einer seiner kurzen Abhandlungen, die er zugunsten der Französischen Revolution veröffentlicht hatte, ein Ende der Einschränkung des Denkens. Dazu hieß es auch in Fichtes Streitschrift „Fürst … Du hast kein Recht unsere Denkfreiheit zu unterdrücken" (Fichte 1794, S. 6 f.). Damit traf Fichte nicht nur bei den meisten seiner Studenten deren Nerv. Vielmehr konnte er hiermit in Verbindung mit seinen Ich-Setzungen auch Goethe, der bekanntermaßen kein Freund von komplexen philosophischen Theorien war, mit den Philosophen versöhnen. Zudem genoss Goethe die Gesellschaft von Fichte. Auch Schiller gehörte zu den regelmäßigen Gesprächspartnern und Zuhörern von Fichtes Vorlesungen.

Schillers ästhetische Briefe und literarische Assoziationsinitiative

Andererseits stellte sich Schiller bereits 1775 als eine selbstständige Denkerpersönlichkeit nicht nur Fichte, sondern auch dessen Inspirator Kant gegenüber. Was Kant betraf, hinterfragte Schiller nach Interpretation von Steiner Kants Kategorischen Imperativ: „Sollte es notwendig sein, dass der Mensch nur im Kampfe gegen seine Neigung, gegen seine Begierden und Triebe sich zu der Höhe des Kategorischen Imperativs emporheben kann? Kant wollte ja der sinnlichen Natur des Menschen nur den Hang zum Niederen, zum Selbstsüchtigen, zum Sinnlich-Angenehmen beilegen; und nur, wer sich emporschwinge über diese sinnliche Natur, wer sie ertötet und die rein geistige Stimme der Pflicht in sich sprechen lässt: der kann tugendhaft sein. So hat Kant den natürlichen Menschen erniedrigt, um den moralischen umso höher heben zu können. Schiller schien darin etwas dem Menschen Unwürdiges zu liegen. Sollten denn die Triebe des Menschen nicht so veredelt werden können, dass sie aus sich selbst heraus das Pflichtmäßige, das Sittliche tun? Dann brauchen sie, um sittlich zu wirken, nicht unterdrückt zu werden." (Steiner 1985, S. 189) Um einen Ausweg aus diesem Dilemma zu finden, fragte Schiller nach einem Zustand im Menschen, in dem beide Triebe, der sinnliche und der geistige, in Harmonie zueinanderstehen. Den gibt es, so sagte er sich und uns. Nämlich über den Zustand, in dem das „Schöne geschaffen und genossen wird …. Durch das Schöne wird der sinnliche Mensch … zum Denken geleitet; durch die Schönheit wird der geistige Mensch zur Materie zurückgeführt und der Sinnenwelt wiedergegeben." (Schiller 1795, 18. Brief) Weil der Mensch durch die Schönheit weder ein Sklave der Sinnlichkeit ist noch ein solcher der Vernunft, sondern durch sie beide zusammen in seiner Seele wirken, nennt Schiller diesen Trieb zur Schönheit den Spieltrieb. „In der Erfüllung dieses idealen Spieltriebs findet der Mensch die Wirklichkeit der Freiheit … der Mensch soll mit der Schönheit nur spielen, und er soll nur mit der Schönheit spielen … im Spiel ist der Mensch frei … will er frei sein, so muss er zu seinen Tugenden dasselbe Verhältnis haben wie zur Schönheit. Er muss seine Neigungen zu Tugenden veredeln…der freie Mensch vollbringt aus eigenem Antriebe, was der Staat von dem selbstsüchtigen Menschen fordern muss. In einem Zusammensein von freien Menschen bedarf es keiner Zwangsgesetze." (Schiller 1795, 27. Brief)

Die zuletzt zitierten Briefe veröffentliche Schiller über die von ihm im Jahr 1795 gegründeten „Die Horen". Mit dieser Zeitschrift und den darin als Gründungsdokument mitpublizierten ästhetischen Briefen plante Schiller eine „literarische Assoziation" ins Leben zu rufen, um über diese die „besten Köpfe der Nation zu versammeln". Das gelang ihm schon mit dem noch jungen, bis heute von seinen weltweiten Verehrern als Philosophenkönig wahrgenommenen Georg Friedrich Wilhelm Hegel, der die ästhetischen Briefe als „Meisterstück" adelte (s. Wulff 2022, S. 82 ff.). Auch Fichte und Goethe sowie die anderen Literaten und Künstler des im Jenaer Assoziationskreis an „Die Horen" Mitwirkenden wurden durch Schillers Briefe nachhaltig beeindruckt. Zu Letzteren zählte allen voran der sich 1774 in Jena ansiedelnde Wilhelm von Humboldt, der alsbald zu Schillers philosophischem Sparringspartner avancierte und im Redaktionsausschuss für „Die Horen" mitwirkte. Ferner übernahmen wichtige Redaktionsbeiträge die Schriftsteller August Wilhelm sowie Friederich Schlegel, die allerdings erst 1796 nach Jena zogen. Hinzu kamen der sich 1794 in Jena ansiedelnde Dichter Friedrich Hölderlin und später die für den Kreiszusammenhalt so wichtige Caroline Böhmer-Schlegel-Schelling.

Dass viele der diesem literarischen Assoziationskreis Angehörigen alsbald auch Romantiker genannt wurden, dazu trug vor allem Novalis bei, der 1795 in Jena mit einem intensiven Studium von Fichtes Ich-Philosophie begonnen hatte.

Beflügelungen der Romantiker durch Novalis Phantasie

Die Romantiker sind nach den Worten Rudolf Steiners „die Erben des Fichteschen Gedankens von der Einzigkeit des Ichs. Aber sie wollten dieses Ich nicht mit Vernunftideen und mit moralischen Glauben erfüllen wie Fichte, sondern (sie) beriefen sich vor allem auf die freieste und durch nichts gebundene Seelenkraft, auf die Phantasie … Im Grund wollten die Romantiker nichts anderes als was auch Goethe und Schiller zu ihrem Bekenntnis gemacht haben: eine Ansicht über den Menschen, die diesen so vollkommen und so frei wie möglich erscheinen lässt." (Steiner 1985, S. 210 f.)

In außergewöhnlicher Art und mit hervorstechender Ausstrahlung tritt ein solches Freiheit verkörperndes Menschheitsvorbild durch Novalis in Erscheinung. Über Novalis' unübertroffene Phantasie wirkt dessen Seelenkraft sowohl durch seine Werke wie nicht zuletzt über die großen Nachhall auslösenden Gespräche mit seinen Zeitgenossen. So berichtet z. B. der geniale norwegische Naturforscher Henrik Steffens über seinen Eindruck von Novalis: „In Jena lernte ich auch Novalis kennen … Wenige Menschen hinterließen mir für mein ganzes Leben einen so tiefen Eindruck …. Ich habe später Menschen kennengelernt, die ganz von ihm beherrscht wurden, Männer, die sich durchaus einem praktischen Leben weihten, empirische Naturforscher aller Art, die das geistige Geheimnis des Daseins hochhielten und den verborgenen Schatz in seinen Schriften glaubten. Wie wundersame, vielversprechende Orakelsprüche klangen ihnen die dichterisch-religiösen Gedanken von Novalis, und sie fanden in seinen Äußerungen eine Stärkung, fast wie der fromme Christ in der Bibel. In der Tat war Novalis im tiefsten Sinne Christ und religiös. Mir war in religiöser Rücksicht Novalis wichtig wie keiner." (Beheim-Schwarzbach 2003, S. 57)

Novalis beeindruckt viele Zeitgenossen, aber nicht nur durch die Fülle seines Gemüts, welches da empfindet, wo andere denken und er in Liebe quasi lebt (Steiner 1985, S. 211). Vielmehr sind es auch seine kritischen Hinterfragungen der Fichte'schen Philosophie, die nicht nur seine Mitstreiter in der literarischen Assoziation bewegten und zum Weiterdenken anregten. So z. B. mit seiner Frage: „Wenn das Ich sich selbst setzt, woher kommt dann das ursprüngliche Ich?" „Warum hat der große Philosoph Fichte das Thema der Liebe ignoriert?" (Novalis o.J., Schriften, Bd. 2, S. 371) So entfernte sich Novalis von Fichtes ihm kalt erscheinenden Nicht-Ich, indem er die Liebe in Fichtes Gedankengebäude einbezog. Letztlich bedeutete das für Novalis, dass dadurch Fichtes Nicht-Ich menschlicher zu einem Du wurde (Novalis o.J., Schriften, Bd. 3, S. 430). Eine so zu begründende Theorie der Liebe sollte nach Novalis zur höchsten Wissenschaft werden (ebd., S. 253). In diese Richtung argumentierte auch der 1798 nach Jena übersiedelnde und damals erst 23 Jahre alte, aber dennoch schon berühmte Schriftsteller Friedrich Schelling. Schelling wollte ebenfalls laut seiner 1796 veröffentlichten „Naturphilosophie", ähnlich wie Novalis, die Wissenschaft poetisieren.

Zu alledem hinterließ der 1801 jung an Jahren verstorbene Novalis der Nachwelt neben seinen geheimnisvollen „Hymnen an die Nacht" und dem von überraschend wechselnden Perspektiven und Szenenreichtum überbordenden „Heinrich von Ofterdingen" vor allem Gedichte sowie eine Fülle nachdenkenswerter Fragmente und zu weiterführenden Reflexionen anregende Studien. Solches gilt beispielsweise auch für sein als Nummer 28 unter dem Titel „Blütenstaub" publiziertes Fragment: „Die höchste Aufgabe der Bildung ist – sich seines transzendentalen Selbst zu bemächtigen – das Ich ihres Ichs zugleich zu sein. Umso weniger befremdlich ist der Mangel an vollständigem Sinn und Verstand für andere. Ohne vollendetes Selbstverständnis wird man nie andere wahrhaft verstehen lernen." (Novalis 2008, S. 365)

Mit dem Todestag von Novalis endete abrupt die siebenjährige, von Jena auf die weltweite Kulturlandschaft in einzigartiger Weise ausstrahlende Blütezeit der deutschen Frühromantik. Sogleich begann die von Andrea Wulff so genannte Zersplitterung des Jenaer Romantikerkerkreises. Wodurch, wie Wulff es ausdrückt, „Jena verstummte" und zudem deren Philosophen „wie ausgehungerte Ratten" begannen, sich gegenseitig, was ihr Renommee betrifft, zu zerstören (Wulff 2022, S. 297). Im Jahre 1806 erfuhr dieser innere Zerfall des Jenaer Kulturzentrums zu allem Überfluss noch einen von außen kommenden Todesstoß durch die Verheerungen der Stadt anlässlich des Eindringens von kämpfenden und plündernden französischen Truppen. Dies ging einher mit Napoleons Sieg über die Preußen in der Schlacht von Jena und Auerstedt im Jahre 1806. Danach war Jena nicht nur innerlich verwaist, sondern auch äußerlich zerstört und mit Leichen übersät.

Die deutsche Klassik als Erbin der Jenaer Frühromantik

Als Erben des aufgelösten Jenaer Frühromantikerkreises kann man insbesondere diejenigen Persönlichkeiten werten, die den von ihnen letztlich befürworteten Sieg Napoleons über die Preußen überlebten und heute neben dem bereits im Mai 1805 verstorbenen Schiller zu den deutschen Klassikern gezählt werden. Das sind neben den zuvor charakterisierten Philosophen vor allem Hegel, die Gebrüder Humboldt sowie nicht zuletzt Goethe. Gerade Goethe hatte, noch mehr als die zuvor Genannten, viele wertvolle Anregungen von all den geistsprühenden Künstlern, Philosophen und Wissenschaftlern der Jenaer Literatenassoziation zu verdanken. Das gilt auch und gerade für seinen intensiven Meinungsaustausch mit Alexander von Humboldt über naturwissenschaftliche Fragen. Für ihn bedeutete deshalb der innere und äußere Zerfall Jenas samt dem frühen Tod Schillers, dem er sich stets eng verbunden fühlte, einen auch schwerwiegenden persönlichen Verlust. Er erkannte sich deshalb bald in seinem geliebten Weimar, trotz seiner vielen Ämter und staatlichen Vernetzungen, als zunehmend vereinsamt, was ihn aber bis zu seinem Tode im Jahre 1833 nicht an der Fortsetzung seines für die Nachwelt so bedeutenden künstlerischen Schaffens und von der Fertigstellung seines Faust I (1808) und Jahrzehnte später Faust II abhielt.

Bemerkenswert dazu sind die sich aus alldem entwickelnden schlussendlichen Übereinstimmungen zwischen Goethe und Hegel in grundlegenden Weltanschauungs- und Erkenntnisfragen. Diese kulminieren seitens Goethe in dessen Aussage „Wenn die gesunde Natur des Menschen als ein Ganzes wirkt, wenn er in der Welt als in einem großen, schönen, würdigen und werten Ganzen fühlt, wenn das harmonische Behagen ihm ein reines, freies Entzücken gewährt, dann würde das Weltall, wenn es sich selbst empfinden könnte, als an sei Ziel gelangt, aufjauchzen und den Gipfel des eigenen Werdens und Wesens bewundern". In Hegels Sprache übersetzt, würde dieser dies in etwa so ausdrücken: Wenn der Mensch denkend sein Wesen erlebt, dann hat dieser Akt nicht nur eine individuelle, persönliche Bedeutung, sondern eine universelle; das Wesen des Weltalls erreicht in der Selbsterkenntnis des Menschen seinen Gipfel, seine Vollendung, ohne die es Fragment bliebe (Steiner 1985, S. 249).

Wilhelm von Humboldt gründete nach seinem Wegzug aus Jena die erste Universität Berlins, die heute nach ihm und seinem Bruder benannt ist. Geprägt durch seine Zeit in Jena und durch das Fichtesche Konzept des selbstbestimmten Ich, bestand er darauf, dass Bildung die Studenten zu unabhängigem und kreativem Denken befähigen sollte. Er plädierte für einen ganzheitlichen Ansatz, der Lehre und Forschung sowie Kunst und Wissenschaft miteinander verband. Daran orientieren sich anfänglich auch die von ihm in Berlin gegründete Universität. Heute am ehesten noch, wenngleich zunehmend von willensschwächender Intellektualisierung und Kommerzialisierung bedroht, die US-amerikanischen Elite-Universitäten.

Zu einer weltweiten Verbreitung der Ideen des Jenaer Romantikerkreises verhalf August Wilhelm Schlegel der Französin Madame de Staels. Sie hatte 1810 in Paris ihr später in viele Sprachen übersetztes Buch „De l'Allemagne" herausgegeben, worin sie feststellte, „dass die Franzosen nur in der Masse allmächtig sind", wohingegen die Deutschen ein selbstbestimmtes Ich und das freie Denken feiern. Das jedoch wollte Napoleon so keinesfalls in dem für ihn europaanführenden Frankreich verbreiten lassen und verbot eine Publikation desselben. So schmuggelt sie mit Unterstützung von Schlegel Korrekturabzüge von „De l'Allemagne" nach London, wo es in englischer Fassung im Oktober 1813 veröffentlicht wurde. Da August Wilhelm Schlegel bis dahin in ihrem Haushalt lebte, ist es nicht verwunderlich, dass die neue Philosophie des Jenaer Kreises in diesem Buch ihr besonderes Interesse fand. „Mit der Fackel des Genies", schrieb sie, „drangen die Deutschen in das Heiligtum des Gemüts vor … in Jena … fanden sich im engsten Raume bewundernswerte Geistesstrahlen aller Art, wie in einem Brennpunkte zusammen" (de Stael, zit. nach Wulff 2022, S. 403 f.).

Nicht nur durch die die deutschen Romantiker betreffenden Rezensionen von Madame de Stael, sondern auch und gerade über den in der Schweiz domizilierenden

Schelling entzündeten die Ideen der Jenaer Literatenassoziation Begeisterung bei den Begründern der romantischen Bewegung auch in England. Zu dieser zählten Samuel, Taylor Coleridge, William Wordsworth und schließlich der bekannte englische Dichter Lord Byron. Sie alle trugen dazu bei, dass die Ideen des Jenaer Kreises auch in den Vereinigten Staaten populär wurden. Dort fand sich unter anderem in der Kleinstadt Concord in Massachusetts in den 1830er- und 40er-Jahren eine Gruppe amerikanischer Schriftsteller und Denker zusammen, die als Transzendentalisten bezeichnet wurden. Auf deren Lektürelisten standen vor allem Goethe, Kant, Fichte und Schelling und später auch Novalis und Alexander von Humboldt. Zu diesen Denkern gehörte einer der beliebtesten amerikanischen Naturschriftsteller, nämlich Henry David Thoreau, der über die Bücher von Alexander von Humboldt begann, „die Natur mit neuen Augen zu sehen". Letzteres, indem Humboldt Thoreau zeigte, „wie man Wissenschaften poetisierte und das Empirische und das Wunderbare, das Besondere und das Ganze miteinander verwob". Von dieser geänderten Sicht Thoreaus inspiriert, vertiefte sich auch dessen Freund und Mentor Ralph Waldo Emerson mit vielen weiteren Transzendentalisten eingehender in die Schriften des Jenaer Kreises. Schließlich beschwor er genau wie die Jenaer Frühromantiker die Macht des selbstständigen Individuums (Wulff 2022, S. 406 ff.).

1.5 Was uns von alldem noch heute als unerfülltes Vermächtnis herausfordert

Für die globale Verbreitung von Deutscher Klassik und Frühromantik bildete die Fichte'sche Setzung des „Ich bin eine Art Treibsatz". Als solcher dürfte das enthusiastische

1 Epochenwandelnde Aufbrüche zu Freidenken … 29

Eintreten für das „Ich-bin" durchaus in Korrespondenz zu dem Hölderlin'schen „absoluten Seyn" stehen (Henrich 2004, S. 462 ff.). Erst mit einer philosophisch begründeten Selbstvergewisserung über das ICH-Bin im Sinne des Hölderlin'schen absoluten Seyns kann nach modernem Philosophieverständnis eine Weiterveredlung des zunächst egoistischen Ich gelingen. Ob und inwieweit ein solcher Versuch bereits im Monolog des Hamlet in William Shakespeares „Hamlet, Prinz von Dänemark" mit dessen weltberühmtem Ausspruch „To be or not to be" angelegt ist, mag an dieser Stelle dahingestellt bleiben.[1] Jedenfalls wollten nicht nur Goethe sowie die Humboldt- und Schlegel-Brüder aus den verschiedensten Gesichtspunkten zu einem Seyns- bzw. Ich-Bin-Bewusstsein beitragen. Vor allem versuchte dies Schiller über seinen Schönheitsbegriff samt Spieltriebbeschreibung in seinen ästhetischen Briefen. Darüber hinaus wurden schon damals für solche Vorhaben viele Zeitgenossen elektrisiert durch das, was Schelling und Novalis dazu als Kultur der Liebe beschrieben und beispielhaft vorlebten.

All diese geradezu explosiven kulturellen Blüteprozesse der Moderne wären ohne den beispiellosen weltweiten Siegeszug der oben umrissenen Universalideale über die Große Französische Revolution nicht möglich gewesen. Vor allem nicht ohne die zumindest anfänglich magische Wirkung des Dreiklangs von Freiheit, Gleichheit und Brüderlichkeit. Allerdings bleibt zumindest im Rückblick festzustellen, das selbst den großen Philosophen und Denkern der damaligen Zeit die epochale Bedeutung einerseits und Umsetzungsproblematik andererseits dieses Dreiklangs allenfalls in ersten Ansätzen bewusst war. Erst recht gab es seinerzeit selbst in den politisch aufgeschlossenen Kreisen

---

[1] William Shakespeare: Hamlet, Prinz von Dänemark, Monolog im 3. Aufzug, 1. Szene, in der Übersetzung 1795 durch August Wilhelm Schlegel lautet dies: „Sein oder Nichtsein, das ist hier die Frage".

der europäischen wie US-amerikanischen Bevölkerung bestenfalls eine erste Ahnung von den noch zu überwindenden Schwierigkeiten und Reifeerfordernissen für die Entwicklung einer Zivilgesellschaft wirklich freier Menschen. Ganz speziell für ein Verständnis des damals deutschsprachigen Kulturkreises sollte sich der Leser dafür stets den gewaltigen Unterschied zwischen dem Bewusstsein der Universalgelehrten der deutschen Klassik und der übrigen, auch der als gebildet geltenden Gesamtbevölkerung vor Augen führen. Schon deshalb verblieb die wesentliche Umsetzung dieses Dreiklangs nicht nur für die nachfolgenden Jahrhunderte, sondern auch und gerade gegenwärtig im Angesicht der aktuellen apokalyptischen Herausforderungen ein Menschheitsvermächtnis. Ohne einen historischen Gesamtüberblick und eine hohe Wertschätzung dieses Vermächtnisses werden wir aber mit Sicherheit an der Bewältigung dieser Herausforderungen scheitern.

Damit ein solcher Gesamtüberblick samt Wertschätzung erreicht werden kann, soll im Folgenden eine ausführliche historische Hintergrundbetrachtung aus einer Art synergetischer Vogelperspektive gegeben werden. Mit dieser gilt es vor allem die engen Wechselwirkungen und gegenseitigen Abhängigkeiten von demokratischen Freiheitsrechten einerseits und von Empathie getragener Gesellschaftssolidarität andererseits zur Anschauung zu bringen.

Unterdrückung der Freiheitsbestrebungen im Osten, mitteleuropäische Restauration und 48er-Revolutionsverrat

Die erste sich sowohl für Freiheitsrechte als auch gegen die zaristische Autokratie offen einsetzende, revolutionäre Bewegung in Russland wurde 1825 durch deren sogenannten „Dekabristen-Aufstand" der breiteren Öffentlichkeit be-

1 Epochenwandelnde Aufbrüche zu Freidenken ...

kannt. Diesen Aufstand führten Offiziere russischer Garderegimenter in Sankt Petersburg aus, die sich gegen das Zarenregime sowie gegen Leibeigenschaft, Polizeiwillkür und Zensur wandten. Hinter deren Forderungen standen Geheimbünde, die sich seit Anfang des 19. Jahrhunderts in der russischen Oberschicht aufgrund von Kontakten zum revolutionären Frankreich für mehr Freiheitsrechte in Russland gebildet hatten.

Der Dekabristen-Aufstand wurde jedoch schon am Tage seines Ausbruchs niedergeschlagen. Dessen fünf wichtigsten Anführer wurden gehängt und rund 120 der Aufständischen zur Zwangsarbeit deportiert, insbesondere in das sibirische Irkutzk. Die innenpolitische Reaktion von Zar Nikolaus I. auf dieses Geschehen beinhaltete dessen Manifest, das jedweden Systemwandel in Russland mit Ausnahme eines von dessen Spitze angeordnetem verbot und wörtlich lautete: „Nicht von frechen Träumen her, die immer zerstörerische Wirkung haben, sondern von oben her werden die vaterländischen Einrichtungen vervollkommnet, werden Mängel beseitigt und Missbräuche abgeschafft ... Denn wir haben keinen und können keinen anderen Wunsch haben, als unser Vaterland auf der höchsten Stufe ... des Ruhmes zu sehen, die ihm die Vorsehung auserkoren hat." (Torke 2005, S. 295)

Ganz im Sinne des zuletzt zitierten Manifests erwies sich Nikolaus I. während seiner dreißigjährigen Herrschaft als freiheitsverachtender Kämpfer gegen jedwede Freiheitsbewegungen und hartnäckiger Verteidiger einer zaristischen und überhaupt diktatorischen Autokratie. Dies schon damals im Geiste der heutigen, putinschen Autokratie. Bereits 1826 gründete er dazu eine ihm persönlich unterstellte politische Polizeiorganisation, mit der er bei zusätzlichem Einsatz von Militär 1830/31 die Unabhängigkeitsbestrebungen in Polen mit extremer Härte blutig unterdrückte. Im Revolutionsjahr 1848 ließ er sogar den Aufstand der Ungarn gegen die absolutistische Herrschaft der Habsburger von russischen Truppen niederschlagen. So verwandelte er den Osten Europas zu einer Art asiatischem Bollwerk gegen Freiheitsideen und Befreiungsinitiativen aus dem übrigen Europa. Erst der seine Herrschaft 1855 ablösende Alexander II. erlaubte eine vorsichtige Öffnung dieses Bollwerks und griff sogar einige Reformeinforderungen der Dekabristen auf (Torke 2005, S. 300 f.).

In der Zeit nach Napoleons Niederlage bei Waterloo und dem darauf folgenden Wiener Kongress war es aber nicht nur Russland als Beherrscher des nahezu gesamten europäischen Ostens, das jedwede Aufbrüche zu weiterführendem Freidenken blockierte oder sogar bekämpfte. Vielmehr war es bis zur 48er-Revolution auch und gerade Mitteleuropa, das durch die von Metternich angeführte Restauration sowohl für Frankreich als auch die wichtigsten deutschsprachigen Staaten das Rad der Geschichte zur Widerherstellung der vorrevolutionären Herrschaftsprivilegien adeliger Autokraten zurückzudrehen versuchte.

Rigide mitteleuropäische und gemäßigtere französische Restauration

Das durch den Wiener Kongress unter Ausschluss von England geschaffene Restaurationsregime, welches später als „System Metternich" bezeichnet wurde, führte insbesondere in den mitteleuropäischen Ländern zu einem weltanschaulichen Vernichtungsfeldzug gegen die bis hierher geschilderten epochenwandelnden Aufbrüche. Man kann im Sinne meiner Einführungsanmerkungen auch sagen: Von hier an führten die finsteren Mächte verschiedener Autokraten mit Helfershelfern offenkundige Geisteskämpfe gegen lichtere, weil freiheitsfördernde Menschheitsfortschritte. Diese Kämpfe gipfelten in einer mehr oder weni-

1 Epochenwandelnde Aufbrüche zu Freidenken … 33

ger rücksichtlosen Verfolgung aller sich offen für Demokratisierung einsetzenden Kräfte.

So wurde bereits 1819 durch die von Metternich einberufene Karlsbader Konferenz, an der neben Österreich und Preußen acht weitere deutsche Staaten teilnahmen, neben einer allgemeinen Zensur die Überwachung aller Hochschulen und Dozenten dort beschlossen, wonach Letzteren Sanktionen angedroht wurden: „Bei Missbrauch ihres rechtmäßigen Einflusses auf die Gemüter der Jugend durch Verbreitung verderblicher, der öffentlichen Ordnung feindseliger oder die Grundlagen der bestehenden Staatseinrichtungen untergrabender Lehren ihre Unfähigkeit zur Verwaltung des ihnen anvertrauten wichtigen Amtes unverkennbar an den Tag gelegt haben" (Aschmann 2023). Ergänzend zu alledem wurde ein beachtliches Spitzel- und Polizeiregime zur Repression und Bestrafung von als aufrührerisch gewertetem Verhalten über das System Metternich geschaffen. In deren Folge gab es reihenweise Publikations- und Berufsverbote sowie Inhaftierungen bis zu Folterungen, aber auch Ausweisungen von nicht obrigkeitskonformen Schriftstellern, Journalisten wie auch Maßregelungen von als aufsässig diskreditierten Beamten und Mandatsträgern, insbesondere in Preußen und Österreich sowie anderen Monarchien und Kleinstaaten des ehemaligen Deutschen Reiches.

Darüber hinaus nahm die Polizeiwillkür und Verhaltensmaßregelungen gegen alle Bevölkerungsgruppen geradezu groteske Ausmaße an. Die verhängnisfolgenden Auswirkungen dieses von Metternich befeuerten Unterdrückungsregime erkannte vorausahnend Goethe, noch bevor er 1832 starb, als er dies anhand einer für jene Zeit typischen Beobachtung so charakterisierte: „Als neulich Schnee lag und meine Nachbarskinder ihre kleinen Schlitten auf den Straßen probieren wollten, sogleich war ein Polizeidiener nahe und ich sah die armen Dingerchen fliehen, so schnell sie konnten. Jetzt, wo die Frühlingssonne sie aus den Häusern lockt und sie mit ihresgleichen vor ihren Türen gern ein Spielchen machten, sehe ich immer geniert, als wären sie nicht sicher und als fürchteten sie das Herannahen irgendeines polizeilichen Machthabers. Es darf kein Junge mit der Peitsche knallen oder singen oder rufen, sogleich ist die Polizei da, die es ihm verbietet." Und Goethe erkennt, welchem Zweck dieses rigide Polizeiregime im Sinne der finsteren Mächte letztendlich dienen soll: „Es geht … alles dahin, die liebe Jugend frühzeitig zahm zu machen, so dass am Ende nichts übrigbleibt als Philister." (Eckermann 1848, S. 273)

Erst ab Mitte der 30er-Jahre des 19. Jahrhunderts gelang es den lichteren geistigen Mächten, zumindest einige Lichtblicke aufblitzen zu lassen. Dies gelang insbesondere von dem weniger rigide als die deutschsprachigen Gebiete autokratisch reglementierten Frankreich aus. Dort entwickelten sich parallel zu obigen Subordinationsprozessen bis zur 48er-Revolution (die sogenannte dritte Revolution) zwei Hauptströmungen aus deutschsprachigen Kulturkreisen. Nämlich zum einen die Internationalisten, die insbesondere durch die Weltanschauungen der Jenaer Romantiker und deutschen Klassiker geprägt waren. Für sie, allerdings mit der besonders geschichtsträchtigen Ausnahme von Karl Marx und den meisten seiner Genossen, kam es zuallererst auf die Freiheit und Selbstbestimmung des Individuums an. Als faktische Gegner dieser Weltanschauung traten im ehemaligen deutschen Reichsgebiet zunehmend Nationalisten mit nicht selten antisemitischer Gesinnung auf den Plan. Für sie ging es nicht um persönliche Freiheiten für Individuen, und dies schon gar nicht weltweit. Vielmehr strebten sie nach Vereinigung aller deutschsprachigen Territorien zu einer ethnisch reinblütigen und möglichst kulturell dominanten Nation den anderen Nationen gegenüber. Zu den Hauptprotagonisten dieser später als „Nationalitätsfanatismus" bezeichneten Bewegung zählte u. a. der Dichter Ernst Moritz Arndt, der mit Turnvater Jahn und zwei Göttinger Professoren Ideengeber für die Gründung einer „Urburschenschaft" wurde. Auf dem Höhepunkt dieser Bewegung und dem mehrheitlich – aber nicht nur! – in diesem Geist zusammenkommenden Wartburgfest gehen unter begeistertem Beifall „undeutsche, volkstümliche Bücher" in Flammen auf (Bong 2022, S. 49 ff.).

Die anwachsende Bedeutung des obigen Nationalfanatismus ruft tiefe Besorgnis insbesondere bei den nach Paris emigrierten Internationalisten hervor. So sagt noch vor Beginn der 48er-Revolution die engagierte Revolutionärin und Ehefrau des bekannten Schriftstellers Georg Herwig ahnungsvoll: „Die beiden Elemente", sie meint das internationale einerseits und die nationale Strömung andererseits, „sind dieselben, um die sich heute der Weltkampf bereits entsponnen, und der Sieg des Einen oder des Anderen wird entscheiden, ob wir wirklich einer neuen Zeit, einer freien Zukunft entgegen sehen oder schrecklicher denn je dem scheußlichsten Absolutismus in die Hände fallen" (Bong 2022, S. 52). Noch deutlicher, was mögliche aus Deutschland erwachsende Gefahren für Europa und letztlich die gesamte restliche Welt betrifft, äußerte sich der bereit 1823 nach Paris zwangsemigrierte deutsche Dichter Heinrich Heine: „Der deutsche Donner ist freilich auch ein Deutscher und ist nicht sehr gelenkig und kommt erst langsam herangerollt, aber kommen wird er, und wenn ihr einst es krachen hört, wie es noch niemals in der Weltgeschichte gekracht hat, so wisst ihr, der deutsche Donner hat endlich sein Ziel erreicht. Bei diesem Geräusche werden Adler aus der Luft tot niederfallen, und die Löwen im fernsten Afrika werden die Schwänze einkneifen und sich in ihren königlichen Höhlen verkriechen. Es wird ein Stück aufgeführte werden in Deutschland, wogegen die Französische Revolution nur wie eine harmlose Idylle erscheinen möchte."

(ebd.) Ich erlaube mir die Anregung, die zuletzt zitierten Visionen dieser bedeutenden Persönlichkeiten als Einstimmung auf die im nächsten Kapitel anzusprechenden Höllenfahrt Deutschlands ab 1933 bereits von dieser Stelle an im Kontext mit dem im nächsten Kapitel Ausgeführten auf sich wirken zu lassen.

Neben den Schriftstellern Heine und Herwig zählen neben vielen ihrer engsten Anhänger auch eine Reihe bekannter Literaten, Journalisten, aber auch bekennender Aktivisten für politische Reformen zur deutschsprachigen Kolonie der Internationalisten in Frankreich. Diese haben im Paris vor Ausbruch der 48er-Revolution zusammen mit französischen Mitstreitern durch ihre sogenannten Märzforderungen auch in den deutschen Ländern Aufsehen erweckt. Zu Ersteren gehörte u. a. der spätere Revolutionsanführer Robert Blum, die engagierten Publizisten Herwegh und Ruge, der Künstler Richard Wagner sowie die Schriftsteller Theodor Fontane, Georg Büchner und Karl Gutzkow und, nicht zu vergessen, der bekannte russische Hegel-Schüler und Philosoph Michael Bakunin. Sie alle zusammen bilden die intellektuelle und damit eher lichtere Stoßtruppe der deutschsprachigen Internationalisten in Frankreich, die mit Beginn des Jahres 1848 ihre große Bewährungsprobe kommen sah.

Franzosen wagen und Deutsche probieren Revolution

Neben der europaweiten Ablehnung von Restauration und Zensur schufen speziell in Frankreich die anhaltende Missachtung der in den Vorabschnitten beschriebenen Einforderungen der Großen Französischen Revolution und dabei insbesondere die bedrückende Verletzung von Gleichheit und Brüderlichkeit bis in die 40er-Jahre hinein ein revo-

1 Epochenwandelnde Aufbrüche zu Freidenken ...

lutionäres Potenzial an aufgestauter Unzufriedenheit. „Misère" nannte man die diese zusätzlich befeuernde bittere Armut vieler Franzosen. Lediglich 1 % der Gesamtbevölkerung waren bis dahin wahlberechtigt und nur diese allein im Besitz von gesellschaftlicher Macht und Reichtum. Daneben waren inzwischen auch in Frankreich die Folgen einer ausbeuterischen Industrialisierung zu besichtigen, die hier, ähnlich wie zuvor bereits in England, zu Massen an für Hungerlöhne tätigen Arbeitern sowie arbeitslosen Handwerkern und Tagelöhnern führte. Hinzu kamen Hungersnöte aufgrund von Missernten, die die Misère noch verschlimmerten.

In dieser Gemengelage aus Verzweiflung, Bedrücktheit und Unzufriedenheit genügte bereits das plötzliche Verbot des sogenannten 71. Republikanischen Banketts, um den schwelenden Missmut der Pariser Bevölkerung am 23. Februar 1848 „zum Brennen" zu bringen. Und diese, einmal in Bewegung gekommen, fackelte nicht lange. So waren es Studenten, junge Arbeiter und Tagelöhner aus dem östlich der Bastille gelegenen Viertel Saint-Antoine, die spontan Barrikaden zur Chiffre der Epoche bauten. Gleich darauf verbrüderte sich mit den so Revoltierenden die mehrheitlich aus Kleinbürgern bestehende Nationalgarde. Trotzdem kommt es bereits am Abend des 23. Februar zum ganz großen Knall, als das 14. Infanterie-Regiment das Feuer auf Demonstranten eröffnet und dadurch ein Massaker anrichtet. Daraufhin erschallte es bald „Aux armes", „zu den Waffen", worauf große Pariser Bürgergruppen die Zeughäuser stürmen und sich bewaffneten. Schon am nächsten Tag wird von den Aufständischen das königliche Palais angegriffen und der Thron auf dem Place de la Bastille verbrannt. In der Folge dankt der König noch am selben Tag, ohne dass es zu weiterem Blutvergießen kommt, ab. Sodann vollzog sich in nur wenigen Tagen ein vollständiger Systemwechsel für Frankreich. Das französische Volk befreite sich mit diesem noch im Februar 48 per gemeinschaftlichen Proklamationen von der bisher weitgehend autokratisch beherrschten Monarchie zugunsten einer parlamentarisch regierten Republik, in der

- Presse-, Meinungs- und Versammlungsfreiheit einklagbar garantiert,
- Ein „Recht auf Arbeit" zur Verwirklichung der Einforderungen von Brüderlichkeit eingeführt,
- die Todesstrafe für „politische Verbrechen" abgeschafft und
- neun Millionen Männer anstelle der bisher 250.000 wahlberechtigt werden.

Dieser revolutionäre Akt (vgl. Bong 2022, S. 15 ff.) schlug europaweit Funken, die Ende Februar 48 nicht zuletzt durch die begeisterte Berichterstattung der in Paris ansässigen Kolonie von rund 62.000 Deutschen über den Rhein sprangen. Paris, dies möge die geschätzte Leserschaft beachten, war zu jener Zeit mit rund 1,2 Mio. Einwohnern nicht nur die französische Kapitale, sondern seit 1820 faktische Kulturhauptstadt sowohl für die zuletzt genannte deutsche Kolonie als auch alle übrigen deutschsprachigen Länder. In Paris lebten damals neben vielen deutschen Arbeitern, Handwerkern und Arbeitslosen auch jene Angehörige der oben genannten deutschen Internationalisten, die den Idealen und Weltanschauungen der Jenaer Frühromantiker wie der deutschen Klassik anhingen. Diese bildeten mit Heinrich Heine und Georg Herwegh an ihrer Spitze einen Oppositionskern, sowohl gegen die despotischen deutschen Zustände unter Metternich als auch den dafür zumindest in Teilen mitverantwortlichen reaktionärplutokratischen deutschen Liberalismus.

Sehr bald mussten allerdings sowohl dieser Oppositionskern als auch die in deutschen Ländern lebenden Diktaturbekämpfer erkennen, dass die Anstiftung reformerischer und erst recht revolutionärer Prozesse in deutschsprachigen Kulturzusammenhängen sehr viel mehr Einsatz erforderte, als dies zu jener Zeit für Frankreich erforderlich war. Es gab eben keine deutsche Hauptstadt, in der drei glorreiche Tage zu einem Revolutionssieg über das gesamte ehemalige deutsche Reichsgebiet hätten führen können. Vielmehr brauchte es dafür 38 Revolutionen und darüber hinaus eine nationale, um sie alle zu einen. Und dann waren seinerzeit die rechtlichen Verfasstheiten in all diesen 38 Ländern auch noch sehr unterschiedlich.

Unter diesen Voraussetzungen vermochten die Anführer der deutschen Demokratiebewegungen die französischen Revolutionsfunken vom Februar 1948 anfangs nur für öffentliche Abstimmungsprobeläufe zu Forderungskatalogen über Petitionen für mehr Bürgerrechte nutzen. Dazu zählten auch gleiche Rechte zur Wahl von Volksvertretern, was es seinerzeit weder in Preußen noch in Österreich gab. Immerhin war diesbezüglich das Großherzogtum Baden mit Karlsruhe als Hauptstadt allen anderen deutschen Ländern wenigstens ein Stück voraus. Hier gab es immerhin so etwas Ähnliches wie ein Landesparlament mit einem so genannten Zwei-Kammersystem, in dem neben einer ersten Kammer aus erbberechtigten Honoratioren zumindest die Zweite Kammer aus Volksvertretern mit allerdings sehr begrenzten Gesetzgebungsrechten bestand, die wenn auch nur von lediglich 6500 privilegierten Bürgern, so doch durch diese immerhin frei gewählt wurden. Und es waren Vertreter dieser Kammer, die in Anbetracht auflodernder Bevölkerungsunruhen am 26. Februar 1848 eine Bürgerversammlung in Mannheim einberiefen, die man als ersten öffentlichen Verständigungsversuch für Probeläufe zur Anstiftung von politischen Reformprozessen im ehemaligen Deutschen Reich werten kann.

„Märzforderungen" ohne einen europaaffinen Herzog

Wenn sich noch Ende Februar 1848 die Revolutionshoffnungen der weiterhin im Pariser Exil verweilenden deutschen Internationalisten schon wegen der geografischen Nähe zu Frankreich zunächst auf Baden fokussierten, so mögen dafür noch andere Gründe einschlägig gewesen sein. Zum einen die durchaus realistische Einschätzung, wonach in Baden eine für deutsche Verhältnisse fortgeschrittene Reformbereitschaft breiterer Bevölkerungskreise mit seinen rund 1,6 Mio. Einwohnern gegeben war. Zum anderen die sich alsbald jedoch als unrealistisch herausstellende Erwartung, dass der damalige Großherzog Leopold für Freiheitsbestrebungen einer solchermaßen fortschrittlichen Bevölkerung zugänglich sein könnte.

Anknüpfungspunkte für die zuletzt angedeutete Hoffnung gab es zuhauf. So trieb bis zum 48er-Vormärz viele Demokratieanhänger Badens die These um, dass der am 14. Dezember 1833 im bayerischen Ansbach ermordete Kaspar Hauser in Wirklichkeit der im September 1812 geborene Erbprinz von Baden war. Diesen habe man kurz nach seiner Geburt entführt und zur Tatverdeckung mit einem sterbenden Kleinkind vertauscht („Prinzenhypothese"). Danach sei der so entführte Erbprinz in einem dunklen Kellerverlies bis zu seiner Freilassung im Jahre 1828 unter extremen Knebelungen versteckt worden. Der sodann für den offensichtlich hochbegabten Freigelassenen die Obervormundschaft übernehmende, berühmte Jurist Anselm von Feuerbach sprach sich 1832 in einem geheimen Memoire an die bayrische Königin eindeutig für diese Prinzenhypothese aus, nachdem er in seiner kurz zuvor veröffentlichten Abhandlung das Schicksal Kaspar Hausers als Beispiel eines „Verbrechens am Seelenleben eines Menschen" gebrandmarkt hatte. Bemerkenswerterweise wurde Kaspar Hauser ein Jahr darauf ermordet und auch Feuerbach verstarb kurz danach, manche vermuten: an Vergiftung. Sollte so der weiteren Erforschung der „Prinzenhypothese" samt den dahinter stehenden Tatverdächtigungen und dafür möglichen Täterzielen, mithin von wohl sehr dunklen Mächten, ein Riegel vorgeschoben werden?[2] Einem solchen Verdacht ging neben vielen anderen auch der ehemalige Abgeordnete der Badischen Verfassungsgebenden Versammlung von 1849 Adolf Gerwig nach seiner Zwangsemigration in die USA nach (Gerwig 1859).

Gut 100 Jahre später versuchte Peter Tradowsky nach Hinweisen von Rudolf Steiner, die schicksalhafte Bedeutung der Entführung sowie der Ermordung von Kaspar Hauser für die weitere Entwicklung Deutschlands und sogar die von Europa herauszuarbeiten. Danach erscheint es wahrscheinlich, dass Kaspar Hauser zunächst als Badischer Großherzog und sodann über den Badischen Kleinstaat hinaus eine schicksalhafte Mission für die europaweite Weiterverfolgung der in den Vorabschnitten charakterisierten Universalien auch bei der Neukonstituierung des ehemaligen Deutschen Reiches übernehmen sollte (Tradowsky 1984).

So etwas wie den Versuch einer deutschen Revolution gelingt schließlich dem 42-jährigen Rechtsanwalt und wortgewandten Redakteur des „Mannheimer Journals" Gustav von Struve. Dieser rief von der Bühne eines Versammlungssaals: „Das französische Volk hat Ludwig Philipp abgesetzt,

---

[2] Auffallend ist, wie aggressiv bereits in den 1830er-Jahren gegen die „Prinzenhypothese" polemisiert wurde und wie wenig es den Kritikern dieser Hypothese gelang, diese zu widerlegen. Ein solcher bis in das zwanzigste Jahrhundert nahezu durchgängig von den Kritikern konfrontativ vorgetragener Streit endet auch nicht durch die ergebnislos gebliebenen, aufwendigen Genanalysen. So kam 2002 der renommierte Leiter dieser Analysen, Bernd Brinkmann, zu dem Ergebnis: „Zum jetzigen Zeitpunkt wäre es unverantwortlich, einen Ausschluss (der Prinzenhypothese) zu formulieren, so das immer noch die Möglichkeit besteht, das Kasper Hauser ein biologischer Verwandter des Hauses Baden ist", https://wikipedia.org/wiki/Kasper_Hauser

hat das Joch des Tyrannen gebrochen. Die Schweizer haben das Jesuiten-Regiment gestürzt und den Sonderbund gesprengt. Die Italiener haben freie Verfassungen kräftig für sich errungen. Sollen wir Deutsche allein unter dem Joch der Knechtschaft verbleiben? Der Tag der Freiheit ist angebrochen. Vorwärts! ist der Ruf der Zeit." (Hank und Struve 1998, zit. nach Bong 2022, S. 9) Jedoch wurde Struves Forderung nach einem Beschluss für einen sofortigen Austritt Badens aus dem in Frankfurt tagenden und bei vielen Demokraten als korrupt und reaktionär verhassten Deutschen Bund aufgrund hartnäckiger Einwendungen der Liberalenvertreter abgelehnt. Immerhin gelingt es Struve am Ende der Versammlung eine Petition, bekannt geworden als die legendären „Märzforderungen", gemeinsam zu verabschieden, deren Überschrift lautete (Hecker 1848, zit. nach Bong 2022, S. 98): „Petition vieler Bürger und Einwohner der Stadt Mannheim, betreffend die endliche Erfüllung der gerechten Forderungen des Volkes". Die Petition wurde an die Zweite Kammer des badischen Parlaments gerichtet und wurde von Struve am Ende in die folgende, kompakte sowie rigorose Diktion gefasst: „Ein Gedanke durchzuckt Europa. Das alte System wankt und zerfällt in Trümmer. Aller Orten haben die Völker mit kräftiger Hand die Rechte sich selbst genommen, welche ihre Machthaber ihnen vorenthielten … Das deutsche Volk hat das Recht zu verlangen: Wohlstand, Bildung und Freiheit für alle Klassen der Gesellschaft, ohne Unterschied der Geburt und des Standes … Aus der großen Zahl von Maßregeln, durch deren ergreifen allein das deutsche Volk gerettet werden kann, heben wir hervor:

1. Volksbewaffnung mit freien Wahlen der Offiziere
2. Unbedingte Pressefreiheit
3. Schwurgerichte nach dem Vorbilde Englands
4. Sofortige Herstellung eines deutschen Parlaments"

1 Epochenwandelnde Aufbrüche zu Freidenken ...

Diese sogenannten „Märzforderungen" machten als erstes gesamtdeutsch wirksames Revolutionsdokument sofort auch in allen anderen deutschen Staaten die Runde und wurden zur Essenz der daraufhin überall aufflackernden 48er-„Märzrevolution". Exemplarisch für die Zustimmung zu den oben zitierten Märzforderungen ist die begeisterte Anerkennung derselben durch die Berliner Stadtverordneten, die da applaudierten: „Was ihr für Deutschland getan, ist und bleibt unvergessen ... Stolz und Dankbarkeit wird jedes Deutsche Herz nach wie vor empfinden, so oft Mannheims Name genannt wird" (Bong 2022, S. 98).

Allerdings gingen den konstitutionell eingestellten Liberalen, die anstelle einer freiheitlich demokratischen Bundesrepublik eine deutsch-preußische Erbmonarchie anstrebten, obige Märzforderungen zu weit. Um wenigstens einen gemeinsamen Nenner zu erreichen, opferten die deutschen Demokraten in Baden ein entscheidendes Element des universellen Dreiklangs der Großen Französischen Revolution, nämlich das der Brüderlichkeit. Diese wurde oben bezeichnenderweise weder konkret noch direkt eingefordert, sondern lediglich mit eher abstrakten Nebensätzen indirekt erwähnt. Mehr akzeptierte die letztendlich plutokratisch gesinnte Mehrheit der sich Liberal Nennenden.

Freiheit bedarf auch der Brüderlichkeit

Einen ganz anderen Stellenwert hatte ursprünglich das Ideal der Brüderlichkeit bei den Demokraten, soweit sie sich bereits vor obigen Märzforderungen im September 1847 in ihrer Offenburger Versammlung dazu positioniert hatten. So schrieb z. B. der Demokrat Norbert Blum in seiner „Staatswissenschaft für das Volk", welche in Parteikreisen auch Bibel der Demokraten genannt wurde: „Gewaltiger denn je erhebt sich in unserer Zeit der Ruf nach Ausgleichung oder doch Milderung der gesellschaftlichen

Unterschiede". Blum sehe „eine allgemeine, stets zunehmende Verarmung des Volkes und sucht nach Mitteln dagegen". Den Liberalen hingegen, den Fürsten sowieso, seien ganze Bevölkerungsgruppen „lästiges Beiwerk", „notwendiges Übel", „nichtberechtigte Teile der Gesellschaft" (Blum, zit. nach Bong 2022, S. 106 f.). Ähnlich äußert sich auch Emma Herwig, als sie im Frühjahr 1848 nach einer demokratischen und *sozialen* Republik ruft.

In der zuletzt genannten Offenburger Versammlung wurden unter der Führung der Demokraten Friedrich Hecker und Gustav Struve sogenannte „13 Forderungen des Volkes" als Basiskatalog der wichtigsten demokratischen Ziele verabschiedet. Hecker und Struve hatten sich dafür von den „unveräußerlichen Menschenrechten" der US-Verfassung wie auch von dem Dreiklang der Großen Französischen Revolution und somit deren Einforderung von Brüderlichkeit inspirieren lassen. Dazu verlangt Hecker in der Versammlung gleich zu deren Beginn, das Elend des dritten und vierten Standes auf die politische Tagesordnung zu setzen; wozu er sodann 13 Forderungen mit folgenden Kerninhalten vorträgt, rhetorisch verstärkt um die 13-fach wiederholte Ermächtigung: „Wir verlangen …":

- 1. Die totale Abkehr von der Restaurationspolitik einschließlich der Karlsbader Beschlüsse von 1819
- 2. Das „unveräußerliche Recht des menschlichen Geistes, seine Gedanken unverstümmelt mitzuteilen" einschließlich der Pressefreiheit
- 3. Religions- und Lehrfreiheit sowie Trennung von Kirche und Staat
- 4. Vereidigung jedes Soldaten auf die Verfassung (Verfassungstreue)
- 5. Koalitions- und Versammlungsrecht sowie das „Recht jedes Einzelnen sich zu ernähren" (= Forderung nach sogenannter „physischer Freiheit")

1 Epochenwandelnde Aufbrüche zu Freidenken ...

- 6. „Vertretung des Volks beim deutschen Bunde (= Forderung nach einem gesamtdeutschen Parlament)
- 7. Eine Bürgerwehr bzw. ein Bürgermilitär; „man gebe dem Volk Waffen und nehme ihm die unerschwingliche Last, welche die stehenden Heere ihm auferlegen"
- Die Punkte 8.–10. enthielten drei weitere Forderungen nach Sozialstaatlichkeit: „Ausgleichung des Missverhältnisses zwischen Arbeit und Kapital"; „Gerechte Besteuerung"; „eine progressive Einkommensteuer"; „Jeder trage zu den Lasten des Staates nach Kräften bei"
- 11. Einrichten von Geschworenengerichten
- 12. Kommunale Selbstverwaltung
- 13. Gleichheit vor dem Gesetz; Abschaffung aller Privilegien (Langewiesche 1998, S. 6)

Obiger Thesenkatalog vereinigte die wesentlichen Ideale von nahezu allen Persönlichkeiten, die sich seinerzeit als Demokraten bekannten. Keinesfalls jedoch fand die Mehrzahl der vorgenannten Thesen, wie bereits angedeutet, die Zustimmung aller Liberalen. Diese waren ja, wie bereits zu den „Märzforderungen" ausgeführt, gerade in ihrem Führungskern, allenfalls bereit, nur für Teile der zuletzt aufgelisteten Nummer 2, für die Aufrufe laut den Nummern 6 und 7 sowie der Nummer 11 mit den Demokraten gemeinschaftlich zu kämpfen. Gerade, was die für eine echte Freiheit so wesentliche Einforderung von Brüderlichkeit im Sinne von Gesellschaftssolidarität gemäß den Ziffern 5 (physische Freiheit) sowie 8 bis 10 betrifft, so konnten hierfür die Demokraten allenfalls auf die Unterstützung einer verhängnisvollerweise immer mehr an Einfluss verlierenden Minderheitsgruppe, die sich „parlamentarische Liberale" oder „Altliberale" nannten, zählen. Letztere wurden auch als die „Ganzen" bezeichnet, weil sie sich eher ganzheitlich verstanden, also unter Einschluss des vorgenannten Sozialstaatprinzips wie auch für die Abschaffung sämtlicher

Feudalstrukturen und damit für eine ideelle wie auch materiell abgesicherte Freiheit aller Deutschen eintraten.

Die „Ganzen" wie auch die Demokraten und von diesen insbesondere die oben bereits erwähnten „Internationalisten" standen darüber hinaus der Idee eines freien europäischen Völkerbundes sehr nahe und können diesbezüglich als politische Erben der Jenaer Romantiker und der deutschen Klassiker gewertet werden. Die Internationalisten vermochten auch den Empfehlungen von Goethe und Schiller zu folgen, wonach die Deutschen die Entwicklungsstufe einer Nation überspringen mögen, um am besten gleich kosmopolitisch, also Weltbürger, zu werden. So sagten Letztere in den „Xenien": „Zur Nation euch zu bilden, ihr hofft es, Deutsche, vergebens; bildet, ihr könnt es, dafür freier zu Menschen euch aus" (Goethe und Schiller 2004, S. 267). Zumindest insoweit der deutschen Klassik und Romantik folgend, traten die Demokraten und besonders deren Internationalisten für die damals sogenannte „physische Freiheit" ein, also für Brüderlichkeit im Sinne der Großen Französischen Revolution.

Ganz anders tickten jedoch die bei den Liberalen inzwischen tonangebenden „Konstitutionellen". Diese dachten weder international noch sozial, sondern strikt deutschnational und strebten entgegen den „Altliberalen" auch keine parlamentarisch kontrollierte Republik mehr an, vielmehr, wie bereits andeutet, eine deutsch-preußische Erbmonarchie als konstitutionelle Monarchie. Ihr oberstes Credo löste sich auch zunehmend von der gemeinsamen Parole der Opposition „Freiheit und Einheit" zu einem geschrumpften Bekenntnis „Wirtschaft und Einheit". Der ehemalige Ruf nach Freiheit verzwergte sich danach zur Einforderung von eigentumsgeschützter Gewerbefreiheit. All das geschah vornehmlich unter der Ägide der Anführer eines neuen Lagers der „Konstitutionellen", welches aus den Badenern Karl Mathy und Friederich Bassermann wie auch dem alsbald immer mehr an Einfluss gewinnenden Hessen Heinrich von Gagern bestand. Deren vielen Demokraten als plutokratisch, wenn nicht sogar konterrevolutionär anmutende Maxime „Wirtschaft und Einheit" spitzte Mathys Parteifreund Friederich Bassermann freimütig sogar öffentlich so zu: „Wenn ich zum Beispiel die Einheit und künftige Größe Deutschlands dadurch zu erobern wüsste, dass ich vorübergehend sämtliche Freiheitsrechte aufgebe, ich wäre der erste, der sich einer Diktatur unterwürfe. Wenn dem Staat frommte, das ich meine Rechte verliere, so müsste ich ein schlechter Bürger sein, wenn ich nicht freudig sie opferte" (Stenografischer Bericht, zit. nach Bong 2022, S. 169 f.). Nicht eine ganzheitliche Freiheit der Individualität spielt auch für solche Konstitutionellen noch eine Rolle, sondern allein die Genugtuung darüber, Teil eines großen, nationalen Ganzen mit Gewerbefreiheit und Eigentumsgarantie sein zu dürfen. Sei es auch um den Preis persönlicher Knechtschaft und Elend vieler Besitzloser.

Revolutionsverrat durch reaktionäre Liberale

Zur Führungspersönlichkeit der Konstitutionellen und damit zum Kursbestimmer der gesamten Oppositionsbewegung avancierte Anfang März 1848 der mit allen Wassern gewaschene und sowohl in seiner Partei als auch im Großherzogtum Hessen bestens vernetzte Heinrich von Gagern. Dies gelang ihm mit seinem Coup, „aus der Opposition in den Ministerrock zu schlüpfen" (Bong 2022, S. 185 ff.). Letzteres wurde den Demokraten erst nach ihrer Niederlage gegenüber den Liberalen in der badischen Oppositionsversammlung vom 5. März 1848 in Heidelberg gewahr. Am 5. März wussten sie nämlich noch nicht, das Gagern insgeheim vom hessischen Großherzog zum hessisch-darmstädtischen Regierungschef ernannt worden war. Als solcher befehligte Gagern die Polizei, die Geheimpolizei und das Militär in Hessen und verantwortete die inneren und äußeren Angelegenheiten dieses Bundeslandes. Außerdem avancierte er als hessischer Regierungschef zu einem wichtigen Faktor beim deutschen Bund in Frankfurt. So verfügte Gagern spätestens ab diesem Tag über geheimdienstliches Wissen darüber, was innerhalb der demokratischen Partei bisher geplant und an Entschlussanträgen vorbereitet worden war, aber auch darüber, was seine eigenen Parteifreunde zu all dem äußerten.

Aus dieser komfortablen Lage gelingt es Gagern, alle Demokraten aus Führungspositionen im wichtigen Revolutionsausschuss der deutschen Bundesversammlung in Frankfurt herauszuhalten. Auf der einen Seite agiert er als machtvoller Erfüllungsgehilfe der regierenden Herzöge und auf der anderen Seite als Kaperer der deren Machtbefugnisse und Privilegien nach außen hin infrage stellenden Opposition. Bei diesem Interessenkonflikt entschied sich der machtbewusste Heinrich von Gagern und die ihn unterstützenden Konstitutionellen für die regierenden Herzöge. Dies gelang über die in den ersten Märztagen 1848 verstärkte propagandistische Mobilmachung von unschlüssigen Bevölkerungskreisen gegen Freiheits- und Gleichheitsforderungen der Demokraten mit dem Ruf nach dem Primat von Ordnung und Deutscher Einheit. Vor allem Letzteres sollte durch Anstachelung eines überbordenden Nationalitätsgefühls dem demokratischen Begehren jedweden revolutionären Schwung rauben. Diese Taktik hatte bereits 1846 der Konstitutionelle Badener Karl Mathy laut dessen Biografen ersonnen, wonach den aus Sicht Mathys „demagogischen Demokraten" ihr Treiben durch „erhöhte patriotische Wärme der Nation … verdorben … durch Nationalitätsduselei, dem … Fantasieren für Deutschlands Größe … ein überbordendes Nationalgefühl als Antidoton gegen das Gift der Freiheitsideen" wirken sollte (Schüler und Möller o.J.).

1 Epochenwandelnde Aufbrüche zu Freidenken ... 49

Zu all dem passte genau die Strategie Gagerns, die Vereinigung Deutschlands samt Beendigung der Restauration unter der Führung einer Preußischen Erbmonarchie bei strikter Eigentumswahrung für die Vermögenden und weitgehender Aufrechterhaltung der aristokratischen Privilegien zu erreichen. Nationalismus, Feudalismus und Plutokratie gegen soziale Demokratie. Die demokratischen Ideale der Opposition wurden nach Mathys perfidem Plan durch Gagern mit seinen konstitutionellen Liberalen mittels fortgesetzter Diffamierungs-, Hinhalte- und Obstruktionspolitik nicht nur systematisch verraten, sondern schließlich sogar offen bekämpft.

Blutspuren verpfuschter Revolutionsmomente

Die konstitutionelle Obstruktionspolitik sollte bereits ab Mitte März 1848 zunächst die in Wien und sodann die in Berlin aufflammenden Aufstandsbewegungen schwächen und deren nachhaltige Wirkungsmöglichkeiten erheblich beeinträchtigen. Ab Ende März 48 mutierte die Obstruktion der konstitutionellen Liberalen sogar zu einer offenen Konterrevolution, mit der Folge eines vollständigen Scheiterns der Mitte April 48 aufflammenden badischen Freiheitskämpfe. In Wien hingegen konnte die Opposition noch erste Revolutionserfolge für sich reklamieren. Nämlich mit der vom 13. bis 14. März 48 durch die tapferen Wiener mit sehr viel Blutzoll erzwungene, fristlose Entlassung von Metternich als allseits verhassten Oberfürsten der mitteleuropäischen Restauration. Damit bröckelte das restaurative Bollwerk des Deutschen Bundes und zugleich die nicht minder reaktionäre „Heilige Allianz" zwischen Österreich, Preußen und Russland. Metternich musste unter falschem Namen nach England fliehen. Das allein kam zusammen mit den von Kaiser Ferdinand den Wiener Aufständischen zugestandenen Zensuraufhebungen bereits einer ersten mitteleuropäischen Rückeroberungsetappe von wesentlichen Vermächtnissen der Großen Französischen Revolution gleich. Ein deutliches Aufblitzen von Wirkungen der Kampfunterstützung durch lichte Mächte.

Allerdings erwies sich dieser revolutionäre Anfangserfolg für die österreichischen Oppositionellen nicht als nachhaltig wirksam. Vielmehr folgte letztendlich auch der österreichische Kaiser der bis dahin im Badischen, Hessischen und Württembergischen durch die von Gagern und anderen Konstitutionellen konspirativ unterstützten Taktik der jeweiligen Großherzöge, minimale Konzessionen offiziell zu gewähren und hinten herum dagegen zu arbeiten. „Man opferte Personen und Prinzipien … (wie für Österreich Metternich und dessen Restaurationsregime), um die tatsächliche (kaiserliche) Gewalt zu behalten oder höchstens mit dem empordrängenden Geld- und Titelpatriziat zu teilen. Damit sollten sich nun Mittelstand und untere Schicht abfinden" (Valentin 2018, S. 585). Im Übrigen ging es außerhalb Wiens in der österreichischen Provinz von den obigen Ereignissen nahezu unberührt weiter wie bisher.

Als sehr viel ernüchternder sowie hinderlicher für das von den demokratischen Internationalisten angestrebte Rollenverständnis für Mitteleuropa stellten sich der Verlauf und das Ergebnis der nach dem Wiener Aufbegehren ausbrechenden Erhebungen in Berlin dar. Diese hatten mehrere Ursachen und fanden vom 13. bis 14. März 48 statt. Wesentlicher Auslöser waren dort, anders als in Wien, die aufgestauten sozialen Unzufriedenheiten wegen der in Berlin verbreiteteren Armut. Denn: Im Gegensatz zu Wien war in Berlin die industrielle Revolution mit all ihren sozialen Verwerfungen schon sehr viel weiter vorangeschritten. So gab es dort inzwischen breite Proletarierkreise. Letztere entwickelten sich immer mehr zur Basisgruppierung innerhalb des sogenannten „Vierten Standes", was für weite Teile der preußischen Führungselite schlicht „Unterschicht" bedeutete. Für sie und nicht zuletzt den preußischen König sowie die Mehrzahl seiner adeligen Offiziere stellte diese Unterschicht nichts anderes als „Pöbel" dar. Allerdings dürften sie dabei übersehen haben, dass zu dieser Unterschicht, wie es Jörg Bong kürzlich recherchiert hat, immerhin rund 85 % der erwerbsfähigen Einwohner Berlins bei einer damaligen Gesamtbevölkerung von rund 400.000 zählten. Das betraf insbesondere kleine Selbstständige, wie z. B. allein arbeitende Handwerksmeister oder Kleinhändler, und sodann die Proletarier mit 38 % inklusive Handwerksgesellen (22 %) und Fabrikarbeiter (11 %). Von diesen lebten rund 100.000, also nahezu jeder Dritte, in ärmlichsten Zuständen. Wozu Bong einen namentlich nicht genannten Demokraten zitiert: „Niemand nähme sich dieser Notleidenden an. Die Vertreter der Stadt betrachten sich nicht als Vertreter der Gesamteinwohnerschaft, sondern exekutieren nur die Interessen einer Korporation, welche kaum den zehnten Teil unserer Bevölkerung bildet. Ihre Vorzugsrechte haben sie sich durch ‚Geldsummen' erkauft, durch nichts anderes." (Bong 2022, S. 300)

So ist es nicht verwunderlich, dass Angehörige der Unterschicht auch diejenigen Forderungen von Berliner Demokraten durch Teilnahme an den ab Mitte März 1848 aufflackernden Demonstrationen unterstützten, die über die von der gesamten Opposition getragenen Petitionen hinausgingen. Sie wollten insbesondere die Regierung zusätzlich dazu bewegen, ihre sozialen Lebensumstände zu verbessern (Hachtmann 1995, S. 122). Tatsächlich schwangen bereits vor dem 18. März Forderungen nach höheren Löhnen, einer finanziellen Absicherung nach dem Ende des Berufslebens und einem „Ministerium für Arbeiter" mit. Deshalb sehen inzwischen viele Historiker die Berliner Märzrevolution keinesfalls als rein bürgerliche Protestbewegung (Hachtmann 1997, S. 406).

Solche Art von Sozialforderungen wollte der König wie auch seine feudalistisch bis plutokratisch changierte Oberschicht in Berlin, wenn möglich, im Keime ersticken. Sie alle trachteten weiterhin nach politischer Ausgrenzung der von ihnen als Pöbel verunglimpften Unterschicht. So entstand eine explosive Spannung zwischen den sozial ungeschützten und unter Armut leidenden Bevölkerungsschichten einerseits und der reaktionären bis militanten preußischen Führungselite samt Teilen der Generalität andererseits. Diese Spannung entwickelt sich ab Mitte März 48 zu einer aufgeladenen Atmosphäre, in der es nur eines Funkens bedurfte, um blutigste Zusammenstöße zwischen den vermehrt vor dem Berliner Schloss auftauchenden Demonstranten und dem davor postierten Militär zu entzünden. Und Derartiges sollte sich am 18. März 1848 auf dem Berliner Schlossplatz ereignen, kurz nachdem der König dem bekennenden Hardliner General Prittwitz befahl, diesen Platz von den, wie er sie nannte, „Konspirateuren und Pöbel zu säubern und dem dort herrschenden Skandal endlich ein Ende zu bereiten". Und Prittwitz folgte nur zu gerne nach mehrfach ungehörten Räumungsaufforderungen diesem Befehl und lässt die Kavallerie mit gezückten Säbeln gegen die Berliner in Richtung Breitenstraße vorgehen. Es dauerte nicht lange, dann lösten sich aus den Reihen der Infanterie – sei es absichtlich oder ungewollt – zwei Schüsse. Die sich angegriffen fühlenden, unbewaffneten Demonstranten riefen daraufhin „zu den Waffen" und stellten sich, soweit sie dies vermochten, dem Militär entgegen, welches daraufhin mit gezielten Salven das Feuer auf sie eröffnete. Doch die so Attackierten leisteten zähen und tapferen Widerstand und verbarrikadieren sich fast in der gesamten Innenstadt. Der anbrechende Barrikadenkampf zählte zu den verlustreichsten Unruhen der Märzrevolution. Über 200 Aufständische waren in diesem ums Leben gekommen und mehr als 600 von ihnen verwundet. Die königlichen

Truppen hatten mit weniger als 50 Toten vergleichsweise geringe Verluste (Görtemaker 1983). Trotz ihrer Verluste und obwohl sie gegen das überlegene Militär auf Dauer keine Chancen hatten, gaben die Aufständischen nicht auf. Sie hielten verbissen den Großteil der von ihnen errichteten Barrikaden bis in die frühen Morgenstunden des 19. März 1848 hinein. Noch am Vormittag des 19. März schien dem König nach dem für ihn offensichtlich unerwartet heftigen Widerstand die Erkenntnis zu dämmern, dass bei Fortsetzung der von ihm befohlenen Schlächterei eine Ausweitung der Kämpfe auf die gesamte Stadt drohte und dadurch die materielle Substanz seiner geliebten Hauptstadt erheblichen Schaden erleiden könnte. Und so änderte er abrupt seine Strategie und mutierte auf einmal zum friedlichen Mediator zwischen Oppositionsführern und der repressiven Militärführung. Seine Kompromissverkündigung nach kurzen Verhandlungen lautete im Kern: Militär weg, Barrikaden auch. Immerhin: Zum ersten Mal in seiner Geschichte musste die preußische Monarchie gegenüber ihrem aufbegehrenden Volk nachgeben.

Was nach diesem Aufbegehren schon am 19. März 1848 folgte, waren Zugeständnisse von Friedrich Wilhelm IV. etwa des Umfanges, wie diese ursprünglich von den konstitutionellen Liberalen eingefordert worden waren. Nämlich die Proklamation einer „echten" Verfassung, die Einführung von Geschworenengerichten, die Gewährung von Presse- und Versammlungsfreiheit sowie das Versprechen einer konstitutionellen Monarchie (Barclay 1995). Damit betrachteten die Verhandlungsführer aus den Kreisen der Berliner Oppositionellen ihre Forderungen als erfüllt und schoben damit faktisch all die oben skizzierten sozialen Themen in den Verantwortungsbereich der Demokraten, die jedoch nur eine Minderheit in der Berliner Oppositionsführung ausmachten. Aus der so durch soziale Brüche offensichtlich gewordenen Uneinigkeit der Berliner

Opposition erwuchs letztlich eine „Revolutionsmüdigkeit" der Bevölkerung, die es Friedrich Wilhelm und seiner Generalität ermöglichten, die Revolution 1849 sogar mit teilweisen Zugeständnis-Rücknahmen zu beenden (Clark 2008).

Zunächst aber entzündete sich nach den dramatischen und folgenreichen Revolutionskämpfen in Wien und Berlin zusammen mit dem kurz danach erfolgten Eintreffen der Vorparlamentarier Ende März in Frankfurt eine beinahe euphorische Erwartungshaltung im Hinblick auf den Revolutionsfortgang innerhalb breiter Bevölkerungskreise. Und dies insbesondere in Baden, aber auch mehr oder weniger im übrigen Süden sowie in den Rheinprovinzen des ehemaligen Reichsgebiets. Aus dieser Erwartungsströmung heraus wurde Frankfurt als Stadt „des freien Sinns" (Goethe) von da an für kurze Zeit das Zentrum des nationalen revolutionären 48er-Geschehens, den „freien Sinn" am 29. März 1848 nicht nur vom Versammlungsort der Vorparlamentarier in der altehrwürdigen Paulskirche ausstrahlend. Nein, die gesamte Stadt Frankfurt war auch an diesem Tag, einschließlich seines Theaters am Goetheplatz, schwarz-rot-golden für erhoffte Reformen geschmückt. Und im Theater erschollen am Abend erstmals, nach dem bisher für nahezu eine ganze Generation verfügten Aufführungsverbot für Schillers bis dahin als staatsgefährdend und volksverhetzend geltenden „Don Carlos", der flammende Appell an den spanischen König: „Und neu erschaffen wird die Erde. Geben Sie Gedankenfreiheit … Sehen Sie sich um in seiner (Gottes) herrlichen Natur … Auf Freiheit ist sie gegründet – und wie reich ist sie durch Freiheit" (Schiller 1962, S. 125). Auf diese Sätze unterbricht ein nicht enden wollender Beifall die Aufführung. Das Publikum springt auf und umarmt sich im Rausch des Entzückens. Und Ähnliches ereignete sich in den letzten Wochen in Graz, Leipzig, Berlin und anderen Städten bei Auffüh-

1 Epochenwandelnde Aufbrüche zu Freidenken ...

rung dieses Stücks (Bong 2022). Mit den Märzereignissen wurde selbst für die vielen nicht wahlberechtigten Bürger nun endlich doch mehr als ein Hauch von Freiheit auch praktisch erlebbar.

All dies schien zunächst den Demokraten in die Hände zu spielen. Zumindest befand sich die Idee der Demokratie ab Ende März in breiterem Aufschwung und begann selbst in der sogenannten Unterschicht des Volkes populär zu werden. So glaubten viele der in Frankfurt aus den Reihen der Demokraten erschienenen Deputierten ernsthaft daran, einer gesamtdeutschen Revolution für eine Republik nach dem Vorbild der Großen Französischen Revolution von 1789 zum Greifen nahe zu sein. Dazu bedürfe es nur des Mutes der Deputierten, die Versammlung „für permanent zu erklären und als provisorische Regierung durchzugreifen bis zur Wahl eines deutschen Parlaments". Die Gefahr, dass das angeschlagene Preußen dagegen mit Militärgewalt kontern würde, war ja Ende März 48 so gering wie nie. Das wussten nicht nur die Demokraten, sondern alle in Frankfurt erschienenen Deputierten. „Die republikanischen Leiter", hielt Hecker seinerzeit fest, „lebten deshalb in der festen Zuversicht ..., in Frankfurt die Permanenz der großen Versammlung (von insgesamt 516 Deputierten) durchzusetzen ..., dann wäre die Sache der Republik auf jenem großen Felde für ganz Deutschland entschieden" (Hecker 1848, S. 22). Doch die Erwartungen Heckers, Struves und nicht zuletzt Bakunins wie auch die der vielen diesen folgenden Republikaner unter den Deputierten erwiesen sich sehr bald in der Versammlung der Vorparlamentarier als keinesfalls mehrheitsfähig. Das zeigte sich schon am zweiten Tag der am 31. März 48 beginnenden und sodann oft in heftige gegenseitige Befehdungen und Turbulenzen ausartenden Schlagabtausche und Abstimmungen unter den Vorparlamentariern. Nach diesen wurde der durch Hecker und andere Parlamentarier eingebrachte Antrag auf „Permanenz des Vorparlaments" mit 368 gegen 148 Befürworterstimmen abgelehnt. Die schon in der Heidelberger Konferenz vom 5. März 48 erkennbare Strategie des „Ängsteschürens" durch die Hessischen und Württembergischen Polizeipräsidenten und zugleich Anführer der Konstitutionellen, nämlich von Gagern und Römer, war aufgegangen. Dies wurde maßgeblich durch die damals veranlagte Besetzung des 7er-Ausschusses vorbereitet, wonach überwiegend konstitutionelle Liberale das Vorparlament einzuladen hatten. Spätestens jetzt, nach obiger kapitaler Niederlage der Demokraten, wurde zu mindestens für die Badener Hecker der bis zum Revolutionsverrat gewandelte Zielwandel der Konstitutionellen offenbar. Nämlich um jeden Preis alles zu verhindern, was die Demokraten wollen. Das war neben der nunmehr im Vorparlament abgelehnten Permanenz auch die Republik und nicht zuletzt alles Soziale. Am liebsten würden sie sogar die von den Fürsten gewährte Versammlungsfreiheit, für die ja Gagern und Römer offiziell noch am 3. März gekämpft hatten, wieder kassieren.

Und so konnten Gagern und Römer den Demokraten in den Abstimmungen des Vorparlaments während der ersten Apriltage eine ganze Serie von Abstimmungsniederlagen zufügen. Dies allerdings mit einer einzigen, wenn auch nicht ganz unwichtigen Ausnahme. Nämlich der Beschlussfassung über die zukünftige Verfassung Deutschlands. Hierzu wurden die Anträge der Konstitutionellen mit folgendem Beschlussfassungswortlaut überstimmt: „Die Beschlussnahme über die zukünftige Verfassung Deutschlands ist *vollständig* der vom Volke zu wählenden Nationalversammlung zu überlassen" (Deutsche Parlamentschronik, S. 90 f.). Und so mussten Gagern und dessen politische Konsorten in jenen Apriltagen eine einzige echte Niederlage in Kauf nehmen. Deshalb war das Fazit der Demokraten über das Ergebnis der vorparlamentarischen Beschlussfassungen unter-

1 Epochenwandelnde Aufbrüche zu Freidenken ... 57

schiedlich. Hecker sowie Gustav Struve und seine Frau sahen hier im Unterschied zu Blum eine fatale Vertröstungstaktik am Werke (Bong 2022). Hecker soll ganz am Ende des letzten Versammlungstages seinen Freunden gesagt haben: „Hier in Frankfurt ist nichts zu machen – es gilt, in Baden loszuschlagen" (Sybel 1989, S. 113).

Hecker war damals vermutlich nicht bewusst, wie gering die Erfolgsaussichten für ein „Losschlagen in Baden" damals (noch) für die Demokraten waren. Es erfolgte nämlich bereits zwei Tage nach der Zusammenkunft des Frankfurter Vorparlaments am 5. April 48 der Einmarsch des württembergischen, hessischen und bayerischen Militärs mit zwei deutschen Armeekorps von ca. 30.000 bis 40.000 Mann in Baden. Dies geschah offiziell auf Verlangen der Bundesversammlung in Frankfurt, damals bereits das Herz der konstitutionellen Strategie, wegen der „Gefahr eines Einfalls aus Frankreich ... und eines republikanischen Aufstands im Landesinneren" (Protokoll der deutschen Bundesversammlung, 26.03.1848). In Wirklichkeit erfolgte der Einmarsch aufgrund eines seit langem durch die konstitutionellen Meinungsführer und zugleich Ministerpräsidenten von Hessen und Württemberg, von Gagern und Römer, mit den regierenden Herzögen abgesprochenen Plan, die Demokraten gemäß der Direktive des preußischen Generalmajors, Karl Gustav Julius Griesheim („gegen Demokraten helfen nur Soldaten") endgültig zu zerschlagen. Dazu sollte als erster Streich die Niederwerfung der Demokraten im Frankfurter Vorparlament dienen und danach die militärische Besetzung Badens erfolgen. Dies vorab durch Einmarsch der süddeutschen Staaten. Und diesen sollte in gebührendem Abstand der Einmarsch durch fünf weitere Armeekops der Preußen folgen, was dann auch tatsächlich gut 14 Tage später geschah (Bong 2022, S. 419 ff.). Mit diesen parallelen Vernichtungsstrategien sollte es den Konstitutionellen und den mit diesen verbündeten regierenden Herzögen gelingen, was die Demokraten aber erst ein paar Wochen später erkannten, nämlich das entscheidende Momentum für die Erzwingung eventuell erfolgversprechender, demokratischer Reformprozesse in und über Baden zu zerstören oder zumindest wesentlich abzuschwächen. Wenn überhaupt, war im Rückblick dieses Momentum allenfalls nach Beendigung der Berliner Barrikadenkämpfe in Offenburg am 19. März 1848 gegeben, als sich auf dessen Marktplatz rund 25.000 Menschen versammelt hatten und die gerade bekannt gewordene Vertreibung Metternichs enthusiastisch, angefeuert von den demokratischen Rednern, feierten.[3]

Nachdem die zuletzt skizzierte Vernichtungsstrategie gegen die Demokraten für die Konstitutionellen als erfolgreich vollzogen erschien, rief der Badener Regierungschef Bekk am 9. April 48 die Badener zur Selbstjustiz sowie zur Denunziation und Verhaftung der als Terroristen verunglimpften Demokraten auf. Fortan werden Letztere samt deren Presseunterstützern als angeblich „anarchistische Partei" mit einem rhetorischen Krieg überzogen, insbesondere durch die „Deutsche Zeitung" in der von da an beginnenden heißen Phase des Badener Wahlkampfs (Bong 2022). Dagegen lobt die Deutsche Zeitung die Liberalen und von diesen insbesondere die Konstitutionellen als „gesetzliche Partei" oder „Freunde der Ordnung" und behauptet sogar: „Die unermessliche Majorität des deutschen Volkes will von der Demokratie nichts wissen" (Deutsche Zeitung, 12.04.1848). Deshalb schütze die Ordnungspartei die Mehrzahl der Deutschen vor einer kleinen, diktatorischen Minderheit, die der Mehrzahl diese „Demokratie aufzwingen wolle". Nur irren hier die

---

[3] Das genau hatte damals auch Fickler so gesehen und an diesem Tag von Struve, Heckler und den anderen in Offenburg versammelten Anführern der badischen Demokraten gefordert, in Offenburg solle die Republik „ungesäumt proklamiert werden". Gustav Struve, Geschichte der drei Volkserhebungen in Baden, S. 15.

Konstitutionellen zumindest, was die badischen Menschen betrifft. Deren deutliche Majorität hing nämlich mittlerweile damals schon der demokratischen Seite an. Dafür liefert das Ergebnis der vom 14. bis 22. April 1848 stattfindenden Wahl der badischen Deputierten für das Vorparlament in Frankfurt den eindrucksvollsten Beleg: „Trotz militärischer Besetzung und trotz Verfolgungen, trotz des für sie ungünstigen Wahlmodus werden die Demokraten bei den Wahlen für die Paulskirche am Ende 14 der insgesamt 20 badischen Mandate gewinnen. Eine Sensation, das erste Mal, dass Deutsche mehrheitlich für die Demokratie stimmen – das erste und für lange das letzte Mal" (Bong 2022, S. 448).

Aber trotz seiner mehrheitlich prodemokratischen Einstellung verweigerte sich die Masse der Demokratieanhänger einer bewaffneten Unterstützung der vier Revolutionszüge, die in der zweiten Aprilhälfte des Jahres 1848 stattfanden. Hecker und dem Ehepaar Herwegh konnten immerhin in die Schweiz fliehen. Gleiches gelang den beiden Struves (Kroell und Vonberg 2018).

Hatte sich die Jagd der Ordnungspartei bis Ende April 48 auf Hecker, die Ehepaare Struve und Herwegh und deren winzige Freiheitsarmeen konzentriert, so erfolgte unmittelbar im Anschluss durch die badische Regierung Bekk und Mathy eine Jagd auf Tausende weiterer badischer Demokraten mit zahllosen Hochverratsprozessen. Allerdings wurden diese ab Mai 1849 für drei Monate zunächst einmal beendet, weil es ab dem 11. Mai 1849 zu Militäraufständen in verschiedenen badischen Garnisonen kam. Der Großherzog flüchtete aus Karlsruhe. Der Demokrat Lorenz Brentano wurde zum Chef einer neu ernannten, provisorischen Regierung bestimmt, die in den folgenden Wochen im krassen Unterschied zu den bisherigen Repressionskampagnen der abgesetzten Regierung Bekk eine maßvolle, demokratische Politik betrieb. Diese stützte sich auch auf die durch Struve aus der Schweiz heraus propagierten Volksvereine, die zusammen mit dem übergelaufenen Militär der demokratischen Bewegung eine wirkliche Massenbasis vermittelten. So konnten Anfang Juni 1849 in ganz Baden mit allgemeinem, gleichem, direktem und geheimem Männerwahlrecht Abgeordnete für ein neues, verfassungsgebendes Parlament gewählt werden. Die Volksvertretung einer ersten provisorischen Republik für Deutsche (Bauer 1991). Dann aber rief der innerlich weiterhin feudalistisch bis reaktionär verbliebene Großherzog Interventionstruppen des Bundes herbei. Diese besiegten bis zum 23. Juli 49 die unter Führung des polnischen Generals Ludwik Mieroslawski kämpfende badische Volkswehr und erzwangen eine regelrechte Inquisitionswelle samt Verschärfung des ab Mai 48 eingeführten und im Jahr darauf für knapp 3 Monate aufgehobenen Repressionsregimes. Es wurden die gerade unterbrochenen Hochverratsprozesse auf rund 4000 erweitert. Bis Oktober 1849 wurden nach Standgerichtsverfahren 27 Todesurteile vollstreckt. Ferner erfolgte die Absetzung vieler Bürgermeister, Gemeinderäte, Pfarrer und Lehrer (Merk o.J.). Bis Ende 1849 fliehen bis zu 80.000 Badener aus ihrem Land, der Revolutionshistoriker Frank Engelhausen schätzt die Zahl der direkten politischen Exilanten auf 20.000 (Bong 2022). Zumindest in Baden hat der Revolutionsverrat der Konstitutionellen eine breite Blutspur hinterlassen, mit dem grellen Signal in alle deutschen Staaten, dass die erste wirklich demokratische Bewegung im ehemaligen deutschen Reichsgebiet aufgrund der Repressionanstiftungen von konstitutionellen Liberalen im Schulterschluss mit Feudalisten und teilweise terroristisch agierenden Autokratieverfechtern blutig zerschlagen werden konnte. Ein Aderlass und ein Menetekel für alle potenziellen Freidenker, das noch für Generationen in Mitteleuropa wie auch Deutschland Folgen zeitigen sollte.

Zwischenresümee

Inwieweit konnte bis zum Ende des Jahres 1849 in Ost- und Mitteleuropa ein verfassungsgarantiertes oder zumindest toleriertes Freidenken erreicht werden? Wie stand es um die revolutionäre Einforderung von Menschenwürde? Nun: Was Russland und das von diesem beherrschte übrige Osteuropa einschließlich Teile Polens, Litauens und des Baltikum betraf, so habe ich dies oben eindeutig beatwortet. Hier blieb es auch nach 1849 beim Repressionsregime der ehemaligen Heiligen Allianz. Zudem entstand bzw. überlebte hier bis dahin keine Zivilgesellschaft, aus der irgendwelche Einforderungen von Menschenwürde oder sogar allgemeinen Menschenrechten erfolgen konnten. Der europäische Osten verblieb demnach unter der Knute des russischen Zaren und der diesem folgenden Kommunisten ein autokratisch beherrschter Block, entgegen dem übrigen Europa nach archaisch asiatischer Herrschaftstradition. Das wiederum ermöglicht Putin nach der kurzzeitigen Perestroika die immer festere Etablierung seiner autokratischen Schreckensherrschaft.

Dagegen entstand mit Beginn der Freiheitsbewegungen in Baden, Wien, Berlin, Frankfurt wie auch anderen Städten und Regionen bis 1849 eine durchaus relevante freiheitliche Zivilgesellschaftsströmung in Mitteleuropa. Nachdem die Publikationsverbote für Freiheitspostulate auch der deutschen Klassiker und Jenaer Romantiker abgeschafft waren, entstanden für eine deren Thesen weiterführende, veröffentlichte Meinung erstmals größere Freiräume. Allerdings zeigte sich auch während und nach den 48er-Erhebungen, dass gesellschaftliche Entwicklungen und Veränderungen weder linear und noch einfach im Sinne von Ursache und Wirkung kausal verlaufen. Vielmehr wechseln sich Fortschritt und Rückschritt oft unvermittelt ab. Für entscheidende Freiheitsfortschritte besteht nicht selten, dies erkennt man allerdings oft erst im Nachhinein, ein enges Zeitfenster. So auch insbesondere im März 48 in Baden, genauer: nur in den letzten beiden Märzwochen 1848. Alle danach folgenden Demokratisierungsschritte einschließlich dem Überlaufen der badischen Heimatwehr erfolgten zu spät. Denn inzwischen hatte es der Revolutionsverrat der konstitutionellen Liberalen den restaurativen Autokraten erlaubt, ihre militärischen Kräfte gegen das demokratische Baden über dessen Besetzung zu bündeln, um sodann deren vorbildlich handelnde Bevölkerung durch Terror zu unterdrücken. Was bedeutet: Die Nutzung eines reformerischen Momentums erlaubt kein Zögern. Und wie Hecker es laut Jong den Demokraten ins Stammbuch schrieb: „Freiheit muss wehrhafter sein als ihre Feinde – die Demokratie wahrhaftiger als die Tyrannei, gleich welcher Art und Richtung" (Bong 2022, S. 503).

2
Schicksalhafte Wegverfehlungen durch Materialismus, Bildungsmängel und Kulturversagen

Ich habe im ersten Kapitel dieses Buches versucht, sowohl ein Grundverständnis wie auch eine valide historische Orientierung für die lichten Antriebsmomente, Errungenschaften sowie kulturellen Blüteerscheinungen der Moderne zu vermitteln. Dies mit Schwerpunktsetzung auf die bis heute unerfüllten Vermächtnisse der Großen Französischen Revolution und der durch diese inspirierten deutschen Klassik und Romantik. Diese gewaltigen Entwicklungs- und globalen Kulturfortschritte habe ich sodann mit den diese auf das heftigste bekämpfenden Kräften des Schattens, wie z. B. die plutokratisch und nationalistisch dominierten Liberalen im Verbund mit feudalistisch-reaktionären Autokraten mit ihrem verräterisch-destruktiven Wirken bis zum Jahre 1849, kontrastiert. Wenn man nun den Blick über das Jahr 1849 weiter bis zur Gegenwart ausweitet, dann wird man bei genauerem Hinsehen eine Vielzahl von zumindest in Teilbereichen den geschilderten Entwicklungen vergleichbare Kulturkämpfe, aber auch Disruptionsprozesse erkennen. Über deren Mitverursacher erfährt man in der verbreiteten Geschichtsbetrachtungen leider nur sehr wenig. Erst über die im Folgenden angestrebten tiefer gehenden Analysen des verbreitet als liberal verkleideten Plutokratismus (Geldherrschaft durch verdeckte Bestechungen bzw. Machtmanipulationen seitens der Reichen) mit zugleich nationalistischen Tendenzen beginnt man historische Verursachungen zu erkennen und Zusammenhänge zu durchschauen. Dies gilt z. B. für das Deutsche Reich in der zweiten Hälfte des 19. Jahrhunderts für die vom Vorbild Gagerns und seiner Konstitutionellen mitgeprägten Nationalliberalen während der Reichskanzlerschaft Otto von Bismarcks. Letzterer konnte bekanntlich nur mit deren Unterstützung und dies zusammen mit den Konservativen im durchaus Gager'schen Sinne seine neofeudale, militaristische und wirtschaftsdominierte Prägung des zum 2. Kaiserreich vereinigten Restdeutschlands vorantreiben. Wodurch sich im Herzen Europas geradezu ein Gegenbild zu den zuletzt geschilderten, kosmopolitischen Perspektiven Goethes und der deutschen Klassik samt Jenaer Romantik verfestigte. Was Bismarck ja auch offen zugab, indem er sagte, dass er als „einzig gesunde Grundlage eines … (deutschen) Staates (den) staatlichen Egoismus und nicht die Romantik" sehe (Ulrich 1998, S. 45).

Wer die aus einem solchen Abgleiten Deutschlands in ein rein egoistisches, wirtschaftlich-militärisches Machtdenken für Europas weiteres Schicksal resultierenden Gefahren frühzeitig erahnte, wenn nicht sogar erkannte, war als einer der ersten deutschen Geistesgrößen: Friedrich Nietzsche. Dieser sah in der Zielsetzung und Methodik der bismarckschen Reichsgründung folgerichtig eine „Exstirpation des deutschen Geistes zugunsten des deutschen Reiches". Zwangsläufig konnte sich von da an auch kein Bewusstsein mehr in Deutschland für dessen eigentliche Mission in Europa herausbilden. Vielmehr verdämmerte in verhältnismäßig kurzer Zeit das noch lange nach der Großen Französischen Revolution die europäischen Eliten bis zu den deutschen Internationalisten während der 48er-Revolution beherrschende Gefühl für europäische Zusammengehörigkeit. Stattdessen entstand ein kulturell-politisches Vakuum, in dem sich ein nationalistisches Konkurrenzdenken zwischen dem neu entstandenen Deutschen Reich und dessen größeren Nachbarnationen breitmachte. Es führte dies zu einem ansteigenden gegenseitigen Misstrauen, verbunden mit einem unterentwickelten Gefahrenbewusstsein als Hauptverursachung für das „Schlafwandlertum" der europäischen Führungselite, welches laut dem weltbekannten Historiker Christopher Clark (2013) schließlich zum Ausbruch des Ersten Weltkrieges führte.

Tiefgründiger betrachtet wurde diese besonders für Mitteleuropa so verhängnisvolle Katastrophe zudem durch soziale Verwerfungen, aber auch den so phantasielähmenden Materialismus befeuert. Damit meine ich jene philosophische Anschauung wie auch allgemein verbreitete Überzeugungen, die spirituelle Prinzipien zurückweisen und nur die Materie als Ursprung allen Seins und überhaupt jedweder Realität anerkennen. Für die Vertreter dieser Anschauung ist die Aussage Schillers, wonach „es der Geist ist, der sich den Körper baut" (Schiller in „Wallenstein"; vgl. Schiller 1984, S. 13), eine sowohl wissenschaftlich als auch weltanschaulich vernachlässigbare und überholte, rein idealistische Spekulation. Eine derartige Stoffverhaftung und Geistesferne des Denkens, aber auch Fühlens wurde genährt durch Bildungsmängel sowie naturwissenschaftliche Vereinseitigungen. Ferner trug zur Verfestigung dieses Denkens die bis heute voranschreitende Philosophiedämmerung samt religiöser Degeneration bei, für die neuerdings der Zerfall christlicher Glaubensgemeinschaften ein unübersehbares Indiz ist. Auf diese sich gegenseitig bedingenden und verstärkenden Vorgänge sowie deren Verdrängungs- und Überlagerungsmechanismen samt seelischen Abstumpfungswirkungen gegenüber den im ersten Kapitel herausgestellten Universalien soll als Voraussetzung für ein wirkliches Verständnis der ab dem dritten Kapitel dieses Buches als notwendig herausgestellten Handlungsorientierungen noch intensiv und ausführlich eingegangen werden. Dadurch möge ein kulturaufgeschlossenes Bewusstsein für die Verursachungen und Folgen der mitteleuropäischen Zivilisationszerstörungen beim Leser veranlagt und ein Verständnis für all das geschaffen werden, was den aktuellen apokalyptischen Herausforderungen noch rechtzeitig wirksam entgegenwirken kann. Erforderlich ist dafür eine kulturell fundierte, fachübergreifende und verursachungsbezogene Analyse all der wirtschaftlich-politischen Fehlentwicklungen während der letzten 100 Jahre in den westlichen Demokratien, und dies insbesondere auch in den USA und der BRD.

2.1 Universalienverdrängung über entfesselten Kapitalismus und antidemokratischen Sozialismus

Dass die Profiteure eines entfesselten Kapitalismus wie auch die Aktivisten des antidemokratischen Sozialismus allenfalls in Ausnahmefällen Anhänger der im ersten Kapitel herausgearbeiteten Universalien waren und auch heute noch sind, das dürfte der/dem geschätzten Leser:in vermutlich bereits nach kurzem Überdenken einleuchten. Dass zudem beide Phänomene über den engeren Kreis ihrer Profiteure und Aktivisten hinaus erhebliche Ausstrahlungen auf und Prägewirkungen für das politische Bewusstsein breiter Bevölkerungsschichten in der Zeit nach 1849 gezeitigt haben, dafür sprechen z. B. in Bezug auf Deutschland die heftigen Auseinandersetzungen und der Verlauf der SPD-Verbote in der Bismarck-Ära. Ging es in diesen Auseinandersetzungen doch im Kern um den durch den entfesselten Kapitalismus in den innenpolitischen Brennpunkt aller industriell fortgeschrittenen europäischen Länder vorgerückten Problemlösungsbedarf, der ab der zweiten Hälfte des 19. Jahrhunderts als die „Soziale Frage" bezeichnet wurde.

Anfänglich entfaltete sich der Kapitalismus überall sozial entfesselt

Der Begriff Kapitalismus wird erst seit Anfang des 19. Jahrhunderts verwendet. Das mit ihm definierte Phänomen einer mit der industriellen Revolution einhergehenden unternehmerischen Vermögensanhäufung wurde sodann gegen die Jahrhundertmitte von Karl Marx wie auch Nationalökonomen seiner Zeit als eine durch industrielle Expansionen ermöglichte Kapitalakkumulation beschrieben. Die ideologischen Geburtsstätten dieser als Kapitalismus bezeichneten Art und Weise von Kapitalakkumulation waren England und Schottland. Vordenker dafür war schon gegen Ende des 18. Jahrhunderts, also noch vor Ausbruch der Großen Französischen Revolution, der inzwischen weltbekannte Befürworter von unternehmerischem Egoismus im Zusammenwirken mit dafür entstaatlichten und deshalb „wirklich freien Märkten", der in Schottland lebende Philosoph und Moraltheologe Adam Smith. Letzterer erfand dafür den Mythos der „unsichtbaren Hand des Marktes", die angeblich verblüffend wundersam das dominierend eigennützige Unternehmerhandeln zu etwas Wohltätigem im Sinne von Gemeinnützigem verwandeln kann. Dazu behauptete Smith: „Da nun der Zweck jeder Kapitalanlage Gewinnerzielung ist, so wenden sich die Kapitalisten den rentablen

Anlagen zu, d. h. denjenigen, in denen die höchsten Gewinne erzielt werden. Indirekt wird aber auf diese Weise auch die Produktivität der Volkswirtschaft am besten gefördert. Jeder glaubt nur sein eigenes Interesse im Auge zu haben; tatsächlich erfährt so auch das Gesamtwohl der Volkswirtschaft die beste Förderung … verfolgt er nämlich sein eigenes Interesse, so fördert er damit indirekt das Gesamtwohl viel nachhaltiger, als wenn die Verfolgung des Gesamtinteresses unmittelbar sein Ziel gewesen wäre. Ich habe nie viel Gutes von denen gesehen, die angeblich für das allgemeine Beste tätig waren. Welche Kapitalanlage wirklich die vorteilhafte ist, das kann jeder einzelne besser beurteilen als etwa der Staat oder eine sonst wie übergeordnete Instanz." (Smith 1776)

So weit so einseitig und zudem mit seinem mystischen Kern verführerisch. Nur gerade Letzteres erwartet man weniger von einem Moraltheologen, der nach üblichem Verständnis ja seine Mitmenschen eher zu gottgefälligem und daher vorzugsweise altruistischem Handeln anstiften sollte. Doch Adam Smith verkündigte davon unbeeindruckt mit seinen sich mit Beginn des 19. Jahrhunderts weltweit verbreitenden und bis heute tausendfach zitierten Thesen, etwas überspitzt formuliert, genau das Gegenteil: „Du lieber Unternehmer, kümmere dich nicht weiter um Moralität und auch nicht um gesellschaftlichen Folgewirkungen deines wirtschaftlichen Tuns, solange dir dieser dein Egoismus ein Mehr an Profit einbringt und nicht gegen allgemeine Strafgesetze verstößt. Mit einem solchermaßen profitablen Handeln stiftest du sogar eine Vermehrung des Gesamtwohls. Dafür sorgt schon auf ganz wundersame Weise die unsichtbare Hand des Marktes." Diese „unsichtbare Hand" vermag für Smith offenkundig viel mehr als jedwede priesterliche Verrichtung extrem egoistisches Wirtschaftshandeln nicht nur zu vergeben. Nein: Diese „unsichtbare Hand" sollte quasi gottähnlich egoistisches Tun in

Früchte des Gemeinwohls verwandeln können. Ein Freibrief für wirtschaftlichen Egoismus nahezu jedweder Art also. Welcher erfolgssuchende Unternehmer wollte einen solchen Freibrief nicht gerne zu seinem Vorteil (aus)nutzen?

Dass die von Smith in die Welt gesetzte Mystik der „unsichtbaren Hand" in einem Widerspruch bzw. Konflikt zu der im ersten Kapitel herausgestellten Universalie der Brüderlichkeit steht, das dürfte Adam Smith bei Veröffentlichung seiner obigen These im Jahre 1776, also noch 13 Jahre vor Ausbruch der Großen Französischen Revolution, kaum in Erwägung gezogen haben. Sicherlich war auch Smith im Grundsätzlichen Anhänger der Aufklärung. Aber den angelsächsischen Aufklärern ging es im Gegensatz zu den französischen Freimaurern, wie bereits ausgeführt, so gut wie gar nicht um soziale Fragen. Umso mehr aber um individuelle Freiheiten und insbesondere um Gewerbefreiheit und den Schutz persönlicher Eigentumsrechte. Also genau um das, was der Kapitalismus so sehr brauchte und anfänglich besonders einseitig als Expansionsbasis missbrauchte. Da nun aber England noch während und insbesondere nach der Großen Französischen Revolution bis zur zweiten Hälfte des 19. Jahrhunderts die bestimmende Entwicklungsregion des Kapitalismus war, so wurde dieser in seiner anfänglichen Entfaltungsphase nicht im Geringsten durch das Ideal der Brüderlichkeit eingehegt. Vielmehr wirkten auf ihn in England eher zusätzlich entfesselnd die in Schottland und den USA besonders einflussreichen wirtschaftsfreundlichen Glaubensgemeinschaften der Calvinisten, Puritaner und Quäker. Diese orientierten sich laut Max Weber und Werner Sombart maßgeblich an extrem diesseitigen Ausprägungen der Destinationslehre. Danach zeige sich Gottgefälligkeit auch und gerade im wirtschaftlichen Erfolg. Und so können nach dieser Auffassung erfolgreiche Unternehmer „untadeligen Gebrauch … (von ihrem) Reichtum machen … (soweit sie) ihren Erwerbsinteressen folgen". Dafür würden ihnen „gewissenhafte, ungemein arbeitsfähige und an der Arbeit als Gott gewollten Lebenszweck lebende Arbeiter zur Verfügung" gestellt werden (Weber 1973). Weitere Entfesselungsantriebe könnte Calvin mit der ihm häufig zuggerechneten These in die Welt gesetzt haben, wonach „nur, wenn das Volk arm gehalten werde, es Gott gehorsam bleibe" (ebd., S. 375). Dem hemmungslosen Ausleben von extrem egoistischem Unternehmertum bot sich in England ab Ende des 18. Jahrhunderts durch den sich progressiv ausbreitenden technisch-organisatorischen Fortschritt ein fruchtbares Experimentierfeld. Als solches erwies sich zunächst der Textilbereich, in dem innerhalb weniger Jahrzehnte deren bis dahin handwerkliche Struktur durch eine billigere, weil arbeitskräftesparende industrielle Massenfertigung hinweggefegt wurde. Die ihrer Erwerbsquellen verlustig gegangenen Weber und sonstigen Textilhandwerker erlebten von da an einen abrupten Abstieg in die unterste Gesellschaftsschicht, nämlich die des Industrieproletariats. Und deren Einkommenssituation wurde fortan mit wenigen Ausnahmen[1] durch Lohndumping und rigorose Ausbeutung durch das nicht zuletzt aufgrund obiger Ideologieanstiftungen sozial entfesselte kapitalistische Unternehmertum auf das absolute Existenzminimum zusammengeschrumpft.

Über die Textilbranche hinaus breiteten sich die obigen Proletarisierungs- und Ausbeutungsprozesse alsbald auch auf andere Branchen aus und betrafen in besonders krasser Weise das sprunghaft anwachsende Bergwerksproletariat. Von diesem mussten massenhaft Kinder außerhalb ihres jeweiligen Familienverbandes in Kohlegruben unter Tage

---

[1] Zu den bekanntesten Ausnahmen zählte der Baumwollfabrikant Robert Owen. Dieser unterband in seiner Musterfabrik im schottischen New Lenark die Kinderarbeit bis zum Alter von zehn Jahren und führte zugleich eine Arbeitszeitbegrenzung für alle Beschäftigten auf 10,5 Stunden pro Tag neben für damalige Verhältnisse fairen Lohnzahlungen ein und konnte sich dennoch erfolgreich gegenüber seinen Konkurrenten behaupten. Vgl. Brie S.(2014).

unter den unwürdigsten Bedingungen arbeiten. Viele von ihnen sahen wochenlang in oftmals gebückter Haltung kein Tageslicht. Das änderte sich in England erst 1842 mit dem gesetzlichen Verbot der Kinderarbeit im Kohlenbergbau. Ferner wurde eine wirksame Kontrolle der Textilfabriken durch unabhängige Fabrikinspektoren von da an allmählich wirksam. Bis dahin aber kam es zu erheblichen Widerständen von Handwerkern gegen die sich geradezu explosiv ausbreitende Industrialisierung und Proletarisierung. Solche Widerstände mündeten teilweise in Maschinenstürmerei. Erst massive Militäreinsätze und drakonische Bestrafungen der Beteiligten durch Hinrichtungen oder Zwangsverbringung nach Australien ließen diese Widerstände abflauen. Deren blutiger Höhepunkt wurde zuvor 1819 in Manchester erreicht. Dort trafen sich auf St. Peters Field rund 100.000 Menschen zu friedlichen Demonstrationen. Plötzlich und ohne Vorwarnung wurde diese Versammlung von einer vermutlich durch Fabrikanten finanzierten Bürgerwehr mit Schusswaffen attackiert. Dadurch kam es zu elf Toten und nahezu 200 Schwerverletzten. Das führte spätestens von da an zu explosiven Gegensätzen zwischen den pauperisierten und proletarisierten Teilen der Gesellschaft einerseits und den als Fabrikherren verhasste Kapitalisten andererseits (vgl. Mather 2014).

In England bewirkten obige Geschehnisse eine Verstärkung der ohnehin in diesem Land stärker als im übrigen Europa ausgeprägten Vorrangstellung alles Wirtschaftlichen innerhalb politisch-kultureller Diskurse. Dies aber, wie oben bereits erwähnt, bei weitestgehender Ausklammerung des Ideals der Brüderlichkeit und der zuletzt umrissenen sozialen Polarisierungen. Vielmehr beanspruchte die Vorrangstellung englischer Kapitalinteressen samt Weiterführung der industriellen Revolution über den Schutz und die Verstärkung des British Empire die Hauptaufmerksamkeit breiter Bevölkerungskreise und ließ für deren Elite die Verfolgung aller drei Universalien der Großen Französischen Revolution als nahezu vernachlässigbar in den Hintergrund treten. Erst mit der Gründung schlagkräftiger Unions (Gewerkschaften) und dem Erstarken der Labour Party rückte in Britannien die Sozialfrage samt Solidaritätsidealen vermehrt in den Blickpunkt politischer Auseinandersetzungen. Zum Teil vergleichbare Wirkungen löste anfänglich, wenngleich jeweils erst nahezu 50 Jahre später und dies unter sehr unterschiedlichen, demokratischen Rahmenbedingungen, der in Frankreich und im ehemaligen deutschen Reichsgebiet sich ebenfalls wie sozial entfesselt ausbreitende Kapitalismus aus.

Der Universalien getreue Sozialismus muss sich zunehmend antidemokratischer Gegenströmungen erwehren

Das Massenelend zunächst des englischen und sodann auch französisch- und deutschsprachigen Industrieproletariats ruft ab den 30er-Jahren des 19. Jahrhunderts kapitalismuskritische Gegenbewegungen auf den Plan. Deren sich daraus herausbildenden Grundströmungen wurden alsbald mit der Sammelbezeichnung Sozialismus zusammengefasst. Dessen Vordenker und Inspiratoren, heute Frühsozialisten genannt, entstammen, wie schon angedeutet, so gut wie gar nicht aus dem vorherrschend materialistisch ausgerichteten angelsächsischen Kulturkreis. Vielmehr wuchsen sie nahezu alle in dem sozialen Fragen eher zugewandten französischen und deutschen Kulturkreis auf. Das allgemein Verbindende zwischen Frühsozialisten und deren Nachfolgern war das Streben nach Abschaffung, zumindest aber nach nachhaltiger Einschränkung jedweder kapitalistischen Ausbeutung der Industriearbeiter. Über den Weg dahin und insbesondere bezüglich der Frage, ob dafür der Kapitalismus als System z. B. durch Vergesellschaftung aller Produktionsmittel oder durch Aufhebung des Erbrechts abgeschafft oder zumindest eingehegt werden sollte, kam es jedoch alsbald zu heftigen Auseinandersetzungen. In diesen bildeten sich oft gegenseitig bekämpfende Denkschulen heraus, die man zwei Hauptlagern nach dem Kriterium ihrer jeweiligen Prinzipientreue zum Dreiklang der Großen Französischen Revolution zuordnen kann. Nämlich dem Lager des demokratischen Sozialismus einerseits und dem Lager derjenigen, die zur Überwindung des Kapitalismus notfalls oder prinzipiell einen nichtdemokratischen Mitteleinsatz befürworten. Im Gegensatz zu Letzteren bilden für die demokratischen Sozialisten die laut Kap. 1 im Wege der Großen Französischen Revolution eingeforderten Universalien, und dies in gegenseitiger Abhängigkeit, eine Art ganzheitliches Grundgesetz, gegen das nicht verstoßen werden darf. Was auch für sie bedeutet: Die Wegbeschreitung zum und die Umsetzung des Sozialismus hat ausschließlich und konsequent demokratisch zu erfolgen.

Zu den einflussreichsten Vordenkern und zugleich wirkungsmächtigsten Verfechtern eines solchermaßen demokratischen Sozialismus zählen im französischen Sprachraum die Frühsozialisten Henri de Saint-Simon (1760–1825) sowie Charles Fourier (1772–1837). Im deutschen Sprachraum hat eine vergleichbar nachhaltige Wirksamkeit für einen demokratischen Sozialismus nur deren jüngerer Zeitgenosse, nämlich der Jurist, Schriftsteller und Sozialpolitiker Ferdinand Lassalle (1825–1864) entfaltet. Von allen dreien werden im dritten Kapitel dieses Buches deren zeitlosen Vermächtnisse noch ausführlich dargestellt. Dies geschieht in Verbindung mit den im dritten Buchkapitel daraus weiterentwickelten sozial- und wirtschaftspolitischen Blaupausen, welche dort zu einem ganzheitlichen, zukunftsgerechten und für den/die Leser:in hoffentlich gut nachvollziehbaren Strategienbündel zusammengefasst werden.

Belebten die zuletzt genannten Inspiratoren in durchaus verdienstvoller Weise das Bewusstsein für notwendige Einhegungen des Kapitalismus, allem voran durch Ausbeutungsverhinderung mittels sozialistischer Verstärkungen von freiheitlicher Brüderlichkeit, so gilt das keinesfalls für die kommunistischen Agitationen durch Marx, Engels und deren Anhänger. Im Gegenteil: Gerade die materialistisch simplifizierende und extrem atheistische Entwicklungsphilosophie von Karl Marx beinhaltete nicht nur eine vollständige Ausblendung jedweder spiritueller und kulturgestützter Erklärungsansätze für die bisherige Menschheitsentwicklung. Vielmehr bedeutete sie zugleich eine schroffe Zurückweisung und Herabwürdigung aller auf die Bedeutung von Idealen hinweisenden Geschichtsbetrachtungen. So gab Marx dem epochalen Ereignis der Großen Französischen Revolution ab Veröffentlichung seines „Kommunistischen Manifest" im Frühjahr 1848 (s. Marx 1971) allenfalls noch den Stellenwert eines kurzlebigen, für die weitere Menschheitszukunft aber nicht weiter relevanten Vergangenheitsereignisses. Dessen Kernforderungen nach Freiheit, Gleichheit und Brüderlichkeit entstammten für ihn ohnehin einer idealistischen und damit illusionären und deshalb irreführenden Weltsicht. Jetzt aber ginge es darum, die Menschheit von solchen Irreführungen zu befreien. Und das könnte einzig und allein seine, zumindest für ihn, bahnbrechende Entwicklungsphilosophie leisten. Denn: Diese stelle endlich die idealen Weltanschauungen des von ihm so verehrten Hegel auf reale, für Marx notwendigerweise materialistische Füße, wie er dies wiederholt in Bezug auf die Hegelsche Philosophie für sich in Anspruch nahm.[2] Auf der Grundlage seiner solchermaßen radikal vereinfachten und dadurch automatisch von den realen Vielfältigkeiten weitgehend entkoppelten, auch

---

[2] Schon nach seinen frühen Reflexionen in „Staat und Stand" wollte Marx Hegels Staatrechtsphilosophie „vom Kopf auf die Füße stellen". Das bekräftigte er sehr viel später nochmals 1873 in seinem Nachwort zum Ersten Band seines Kapitals, wonach Hegel „die allgemeinen Bewegungsformen der Dialektik zuerst in umfassender und bewusster Weise dargestellt hat. Sie steht (allerdings) bei ihm auf dem Kopf. Man muss sie umstülpen, um den rationalen Kern der mystischen Hülle zu entdecken." Vgl. Marx (1971, S. 27).

weil deterministischen Geschichtsdeutung verkündet Marx einen unausweichlich finalen Klassenkampf in der Menschheitsgeschichte, nämlich den durch den „wahren Kommunismus". Denn: Die Menschheitsgeschichte, so die simplifizierende Ausgangsthese von Marx, sei schon immer nicht mehr als eine „Geschichte der Klassenkämpfe" gewesen. Deren Verursachung wiederhole sich in jedem Geschichtszyklus stets aufs Neue, nämlich in Folge „einer Ausbeutung des Menschen durch den Menschen". Dieses Elend wiederum werde in absehbarer Zukunft nachweislich zwangsläufig, und dies durch die Aufhebung jedweder Klassen mittels einer Diktatur der aktuell untersten Klasse, also der des Proletariats, beendet werden. Nur durch sie können die Menschen als Gruppenwesen, die sie laut Marx ja ausschließlich seien, durch die mit entwickeltem Klassenbewusstsein kämpfenden Proletarier, welche nicht mehr durch ideale Illusionen verblendet und zudem auch noch demokratisch eingeengt sein dürfen, von ihrer zunehmenden Entfremdung und Ausbeutung dauerhaft befreit werden.[3] Letzteres solle über die vollständige Enteignung des Kapitaleigentums und die Verstaatlichung aller Produktionsmittel geschehen.

Man sollte es Marx zugutehalten, dass er mit den obigen, eher agitativ denn diskursiv begründeten und ausformulierten Thesen die bestehenden Gesellschaftsverhältnisse entsprechend seinem Kapitalismus- und Entwicklungsverständnis baldmöglichst abschaffen bzw. umstürzen wollte. Schon deshalb konnten seine eher behaupteten und für die Mehrzahl seiner Zeitgenossen höchst provokanten Thesen und Forderungen anfänglich nur auf erwartbar schroffe Ablehnungen bei Angehörigen der besitzenden sowie privilegierten Bevölkerungs- und Regierungskreise treffen. Allen-

---

[3] Die diesbezüglichen Grundansätze mit seinem spezifischen Entfremdungsbegriff entwickelte Marx erstmals in seinen Ökonomisch-philosophischen Schriften aus dem Jahre 1844. Vgl. Marx (2004).

falls bei materialistisch vorgeprägten Akademikern, gegenüber Veränderungen offenen Handwerkern sowie Angestellten und vor allem Arbeitern durften Marx und Engels für ihr geneinsames kommunistisches Projekt auf breitere Zustimmung hoffen. Diese aber stellte sich erst allmählich mit deren anwachsender Bekanntheit ein. Dabei half Marx fürs Erste sein Bedeutungsnachweis als Doktor der Philosophie, den ihm die Universität Jena 1841 verliehen hatte.[4] Dann aber gelang es ihm Schritt für Schritt seinen Ruf als, wenn auch zu agitativen Extremansichten wie auch Rechthaberei neigenden, so aber dennoch ernst zu nehmenden Wissenschaftlers zu festigen. Dies vor allem durch seinen enormen Forscherfleiß und nicht zuletzt die Veröffentlichung seines dreibändigen Werkes mit dem Haupttitel „Das Kapital". Gerade mit dessen Veröffentlichung avancierte er zu einem der wirkungsmächtigsten Systemkritiker des Kapitalismus und zum weltweit bekannten Agitator für dessen Überwindung. All dies unter dem Begriff der seinerzeit so heftig diskutierten „sozialen Frage".

Allerdings blieb der Weg, auf dem Marx die Überwindung des Kapitalismus erreichen wollte, auch und gerade im Kreise seiner (zumindest ehemals) engeren Vertrauten heftig umstritten. Wobei deren Kernkritik sich auf die von Marx stets wiederholte Einforderung einer „Diktatur des Proletariats" richtete. Eine Diktatur, und selbst eine durch das Proletariat, lehnten von diesen nicht nur die seitens Marx anfänglich so geschätzten Anarchismusanhänger ab. So z. B. in allgemeiner Form der in Frankreich einflussreichste Sozialutopist Pierre Joseph Proudhon (1809–1865), für den bereits „die Regierung des Menschen durch den

---

[4] Seine Dissertation hatte den Titel „Differenz der demokritischen und epikureischen Naturphilosophie". An der strikt atheistisch-materialistischen Philosophie der Epikuräer, für die selbst die Seele materiell war, schien Marx schon in jungen Jahren ein bemerkenswertes Interesse gehabt zu haben.

Menschen Sklaverei" war. Das gelte laut Proudhon sogar für eine Demokratie, da deren „Tyrannei der Majoritäten die abscheulichste Tyrannei von allen sei" (Neumann 2000). Vor allem aber widersprach Marx besonders eindringlich der mit ihm über Jahrzehnte in ständiger Hassliebe verbundene russische Philosoph Michael Bakunin (1816–1876). Letzterer will Marx zu dessen Forderung nach einer Diktatur des Proletariats gesagt haben: „Sie versichern, dass allein die Diktatur, natürlich die ihre, die Freiheit des Volkes schaffen kann; wir dagegen behaupten, dass eine Diktatur kein anderes Ziel haben kann, als nur das eine, sich zu verewigen, und das Volk, das sie erträgt, nur Sklaverei zeugen und nähren kann" (Bakunin 1999). Zudem soll Bakunin geäußert haben, dass marxistische Regime nur in Ein-Parteien-Diktaturen *über* das Proletariat aber *nicht durch* das Proletariat enden könnten.

Aus heutigem Rückblick vermag ich über die Urteilsfähigkeit und Voraussicht Bakunins nur zu staunen. Offensichtlich durchschaute er schon damals glasklar die Gesetzmäßigkeiten und dadurch auch existenziellen Gefährdungspotenziale von diktatorischer Herrschaft. Und dies ohne der dafür vom europäisch-politischen Mainstream adaptierten Aufklärungen durch Hannah Arendt bedurft zu haben (Arendt 2021). Ausweislich seiner obigen Bewertungen stellte für Bakunin der Marxismus nicht zuletzt eine philosophisch verkleidete Diktaturfalle dar. Dass dies so war und immer noch ist, bewies 50 Jahre später die auf reine parteizentrierte Machterhaltung ausgerichtete Diktatur des Proletariats über die leninsche Umsetzung des Marxismus. Lenin hat sich dafür stets auf den Marxismus berufen und sich dabei mit philosophischen Weihen geschmückt. Was aus diesen Irreführungen letztlich folgte, ist bekannt: der ganze Völker knechtende und Millionen unschuldige Menschen vernichtende Stalinismus. Mit dessen alle Menschenrechte außer Kraft setzenden Folgewirkungen haben wir es über den aus diesem erwachsenen Maoismus über China und dessen in globale Dimensionen ausufernde Freiheitsuntergrabungen in immer bedrohlicherer Weise zu tun.

2.2 Inwieweit führen Philosophiedämmerung und religiöse Degeneration zu weiteren Idealverblassungen?

Neben den zuletzt beschriebenen, spektakulären und für jeden erkennbaren Idealverdrängungen führten eine Reihe weniger auffälliger Prozesse zu weiteren, eher untergründig veranlagten Abschwächungen idealistischer Zielverfolgungen. Dazu trugen besonders bis zum Ersten Weltkrieg die Weltanschauungsveränderungen in der Philosophie bei, in der die anfänglich von Deutschland ausgehenden, bedeutenden idealistischen Einflüsse Hegels zunehmend vom sich internal ausbreitenden, materialistischen bis atheistischen Mainstream zurückgedrängt wurden. Angesichts des geradezu explosionsartigen materiellen Erkenntniszuwachses und damit auch Bedeutungsanstiegs der Naturwissenschaften fiel es Philosophen immer schwerer, für sich und ihre Disziplin überhaupt den Status von Wissenschaftlichkeit zu bewahren. Die neuere Philosophie verlor so selbst innerhalb akademisch gebildeter und kulturell aufgeschlossener Bevölkerungskreise stark an Bedeutung. Ein Prozess, den man durchaus als Philosophiedämmerung bezeichnen kann. Wozu, wie nachfolgend begründet, auch deren inhaltsentleerte, religionsferne und geistentkernte Abstraktheit beitrug.

Ebenfalls idealverblassend wie die Philosophiedämmerung wirkten sich untergründig auch religiöse Erstarrungen sowie ideologische Missbräuche von Religionen aus. Solche

Prozesse trugen zusammen mit der Philosophiedämmerung zu spirituellen Degenerationen unserer Gesamtkultur bei. In das Gesamtbild solcher Abstiegsvorgänge fügen sich auch die Scharlatanerien sogenannter Esoteriker nahtlos ein, die von echter Esoterik durchgängig nichts verstehen, diese aber dennoch für sich als ihre Wissensquelle in Anspruch nehmen. Dass die von Rudolf Steiner gestiftete und in den Folgeabschnitten erläuterte Anthroposophie trotz ihrer kulturellen Heilungserfolge mit solchen sich völlig unberechtigt esoterisch nennenden Scharlatanerien gleichgestellt wird, und dies nicht selten bewusst, ist ein nicht unwesentliches Symptom für obiges Degenerationsproblem.

Hegels spekulative Philosophie der Veränderung und des Werdens

Einflüsse der im ersten Buchkapitel beschriebenen Ich-Setzung Fichtes samt Teilen seiner dort in Verbindung mit Schelling und Hölderlin ebenfalls erörterten Gedankengebäude findet man, wenngleich spekulativ in einem sehr hohen Abstraktionsniveau verdünnt, am prominentesten in den Werken von G. W. Friedrich Hegel wieder. Hegel wurde bekanntlich zwei Jahre nach dem 1799 erfolgten Weggang Fichtes als Professor für Philosophie an die Universität Jena berufen. Seitdem gilt Hegel bis heute als wichtigster und letzter Vertreter des deutschen Idealismus. Die von ihm bis zu seinem Tode 1831 auch aus den vorgenannten Quellen weiterentwickelte Philosophie erhebt den Anspruch, die gesamte Wirklichkeit in der Vielfalt ihrer Erscheinungsformen und vor allem ihrer Geschichtswerdung zusammenhängend und systematisch deuten zu können. Dadurch erscheint Hegel im historischen Rückblick als erster Philosoph, der die Dimensionen der Veränderung und des Werdens in seiner vollen Tragweite erkannt und bearbeitet hat. Dadurch gelangt er zu dem Ergebnis, das die Geschichte einer vorgegebenen Logik folge. Mit dieser komme es immer wieder zu historischen Widersprüchen und Umwälzungen. In Letzteren sieht Hegel dialektische Veränderungsprozesse, die die Menschheit laut Hegeldeutung von Walter Jaeschke zumindest in ihrem Geschichtsbewusstsein, keinesfalls aber unbedingt in den realen Gesellschaftsverhältnissen immer ein Stück weiterbringen.[5]

Methodisch entwickelt Hegel seine Philosophie durch eine besondere Dialektik, welche er schlicht als seine Art von Logik ansieht.[6] Mittels dieser besonderen Form von Logik geht er zunächst von einem sowohl durch ihn wie auch anderen, angesehenen Denkern als richtig anerkannten Leitsatz (These) aus, dem er sodann eine polare Gegenbehauptung im Wege einer Thesen-Verneinung (Antithese) entgegenstellt. Die Aufhebung des Widerspruchs zwischen These und Antithese durch Verneinung beider Gegensätze (doppelte Verneinung) kann nur auf höherem Erkenntnisniveau (Synthese) gelingen und dadurch allerdings, sobald dieses erreicht ist, zu einem Erkenntnisfortschritt führen. So entwickelt Hegel mit dieser Methode bei stets fortschreitender Zu-Grunde-Legung seiner Annäherungen an

---

[5] Walter Jaeschke betont dazu abweichend von Ludwig Feuerbach und vielen anderen (ehemaligen) Hegelschülern, das Hegel keiner naiven Fortschrittsgläubigkeit angehangen habe und schon gar nicht wie Marx von einem linearen und geschichtsnotwendigen Menschheitsfortschritt ausgegangen sei. Vielmehr habe Hegel Fortschritt stets als sich „im Bewusstsein der Freiheit vollziehend" und keinesfalls als zwangsläufigen Fortschritt realer Freiheit gesehen. So würde Hegel nach Jaeschkes Interpretation davon ausgehen, „das im Laufe der Geschichte immer mehr zum Bewusstsein komme, das alles Recht aus der Freiheit hervorgehe". Zitiert aus Kaub (2020).
[6] Dialektik als technischer Methode von Wissenschaft verwendete erstmals Platon für seine (fiktiven) Dialoge mit Sokrates. Danach auch Aristoteles, der in dieser die Lehre von den Gegensätzen in den Dingen und Begriffen sah. Vgl. Geiger (2002, S. 103 ff).

2 Schicksalhafte Wegverfehlungen durch ...

das, was er als wahrhaftig ansah, eine komplexe idealistische Weltsicht. Gemäß dieser sind der göttliche Weltengeist, der denkende Mensch und die Weltgeschichte nur drei verschiedene Perspektiven ein und derselben Bewegung, nämlich der dialektischen Vernunftgestaltung.

Durch diese Art von Weltanschauung löst sich für Hegel die ganze Welt in Gedankenwesenheit auf. Die Natur schwimmt in dem Gedankenkosmos gleichsam als ein erstarrter Teil desselben; und die menschliche Seele ist Teil dieser Gedankenwelt. Die Materie erscheint nur als eine Offenbarung des Geistes. Die Menschenseele darf sich fühlen als im Geistesall werdend und wesend. Aller Materialismus scheint damit überwunden. Nicht zuletzt wegen dieser viele zunächst überzeugenden Folgerungen sah in der deutschsprachigen Kulturszene zumindest bis kurz vor Mitte des 19. Jahrhunderts ein Mainstream in Hegels philosophischem Werk trotz dessen Abstraktheit und mancher Mehrdeutigkeiten eines der wirkungsmächtigsten der damaligen Philosophiegeschichte.

Es zeigte sich allerdings schon kurz nach Hegels Tod, dass immer mehr Kulturinteressierte sich nicht mit der hegelschen Abstraktheit für befriedigt erklärten. Ihnen reichte nicht, die menschliche Seele irgendwie und völlig unbestimmt in einer allgemeinen Gedankenwelt enthalten zu sehen. Vielmehr fragten sich immer mehr: Was ist die Menschenseele ihrem innersten Wesen nach? Ist die Seele eins mit dem körperlichen Dasein und löst sie sich mit dessen Tode wieder auf? Oder ist die Seele gegenüber dem Körper ein selbstständiges Wesen, das Leben und Bedeutung hat noch in einer anderen als der physischen Welt? Letzteres schien offensichtlich der Religionsphilosoph und Schriftsteller Gotthold Ephraim Lessing (1729–1781) laut seinem Fragment „Erziehung des Menschengeschlechts" zumindest für möglich gehalten zu haben. Auch dass die Seele nach dem Tode des physischen Körpers in ein rein geistiges Dasein eintritt, das außerhalb oder unabhängig vom physischen Dasein besteht. Und so scheint Lessing von einer individuellen, menschlichen Seele, welche sich mehrfach physisch verkörpert, schon gut zwei Jahrzehnte vor der Grundlegung von Hegels Gedankenkosmos ausgegangen zu sein.[7] Hegel jedoch hat diese lessingschen Ahnungen nicht weiter beachtet. Nach Hegel löst man das Seelenrätsel, indem man alles Individuelle an der Seele unberücksichtigt lässt. Nicht die einzelne Seele ist für Hegel wirklich. Vielmehr ist für ihn wirklich nur der geschichtliche Prozess. Jede Seele geht für ihn letztendlich in einem allgemeinen Gedankenprozess auf (Hegel 1924, S. 227 f.).

Für diesen kühnen Denkerentschluss, alle Weltanschauungsvorstellungen in ein umfassendes Gedankengemälde einlaufen zu lassen, erfuhr Hegel zumindest bis zu seinem Tode noch viel Anerkennung. Auf der anderen Seite aber verlor durch ihn die deutsche idealistische Philosophie in der Folgezeit wegen seines nur abstrakt gesamtgesellschaftlichen und zugleich das Individuum aussparenden Weltbildes immer mehr die Impulse einer vorwärtsstrebenden Kraft. Es fehlte dem Hegelschen Weltbild für dessen Nachfolger schlicht an Anknüpfungsmöglichkeiten zu weiterführenden Wesensbeschreibungen des Individuums über die Fichtesche Ich-Setzung hinaus. Die Folgen dieses Impulsmangels brachte Franz Brentano in der Antrittsrede für seine Wiener Professur unter dem Titel „Über die Gründe für die Entmutigung auf philosophischen Gebiete" im Jahre 1874 so auf den Punkt: „In den ersten Dezennien unseres Jahrhunderts waren die Hörsäle der deutschen Philosophen

---

[7] Die „Erziehung des Menschengeschlechts" erschien 1780 in Berlin als Fragment. In diesem Spätwerk führt Lessing unter § 94 aus: „Warum konnte nicht jeder Mensch auch nicht mehr als einmal auf dieser Welt vorhanden gewesen sein". Und fährt in § 96 fort: „Warum sollte ich nicht so oft wieder kommen, als ich neue Kenntnisse, neue Fertigkeiten zu erlangen geschickt bin?" Zitiert aus Lessing (2008).

überfüllt: In neuerer Zeit ist der Flut eine tiefe Ebbe gefolgt. (Ein) Mangel an Vertrauen (ist) die Ursache, welche die Abnahme des philosophischen Studiums zur Folge hatte" (Brentano 1874, S. 4 f.).

Naturwissenschaftlich vereinseitigter Materialismus lähmt idealistische Impulse

Nach dem zuletzt Gesagten hatte Hegel mit den Worten Steiners „aus dem Geiste alles Tatsächliche herausgetrieben", er hatte ihn bis zum „bloßen Gedanken" verdünnt. Dazu erkannte Steiner weiter: „Für diejenigen, für die ‚bloße Gedanken' nichts weiter sein können als Bilder des Tatsächlichen, war damit durch die Philosophie selbst der Geist in seiner Nichtigkeit aufgezeigt". Wer so dachte, habe sich „gehalten gesehen", an Stelle der „bloßen Gedankendinge" Hegels etwas zu setzen, was für ihn einen wirklichen Inhalt hat. Deshalb suchten sie für die „geistigen Erscheinungen" den Ursprung in materiellen Vorgängen, soweit man diese „als Tatsachen" sinnlich beobachten kann.[8]

In Deutschland gingen in diese materialistische Richtung vor allem Feuerbach, Strauß und insbesondere Haeckel. Letzterer leitet nicht mehr wie Hegel die Natur aus dem Geist, sondern den Geist aus der Natur ab. Als monistischer Bekenner geht Haeckel dafür von dem in der Natur zu beobachtenden Prinzip der Anziehung und Abstoßung aus. Diese Naturerscheinungen verfolgt er bis in die geistigen Verrichtungen herauf. Er erklärt also die Geisterscheinungen aus Gesetzen, die er in den einfachsten Naturerscheinungen beobachtet hat. Bis zu einem gewissen Grad stimmt er damit sogar mit Goethe überein. Letzterer habe sich ja laut dem langjährigen Goetheforscher Steiner

---

[8] Rudolf Steiner: Die Rätsel der Philosophie, a. a O., S. 379 f.

mit den Worten ausgesprochen: „Die Erfüllung seiner (Goethes) Naturanschauung sei ihm durch die Erkenntnis der ‚zwei großen Triebräder aller Natur' geworden, der Polarität und Steigerung, jene der Materie, insofern wir sie materiell, diese ihr dagegen, insofern wir sie geistig denken, angehört; jene ist in immerwährendem Anziehen und Abstoßen, diese in immer strebendem Aufsteigen. Weil aber die Materie nie ohne Geist, der Geist nie ohne Materie existiert und wirksam sein kann, so vermag auch die Materie sich zu steigern, so wie sich's der Geist nicht nehmen lässt sich anzuziehen und abzustoßen."[9]

Ein besonderer Einfluss auf das weltweite Zurückdrängen des deutschen Idealismus durch einen naturwissenschaftlich vereinseitigten Materialismus ging von englischen Philosophen aus, wie z. B. John Stuart Mill (1806–1873) sowie Herbert Spencer (1820–1903). So meinte John Stuart Mill, es könne der menschlichen Entwicklung nur der größte Schaden zugefügt werden, wenn man sich in dem Glauben wiege, man könne zu irgendwelcher Wahrheit auf andere Weise gelangen als durch Beobachtung. Genauso macht Spencer das Gebiet, das er der Erkenntnis für zugänglich hält, ausschließlich zum Felde naturwissenschaftlicher Vorstellungen. Er denkt sich jedweden Erkenntnisprozess, ebenso wie Mill, allein als naturwissenschaftlich zielführend.

Mit diesen Ansichten und Erkenntnismethoden konnten beide den durch naturwissenschaftliche Fortschritte immer stärker geprägten Empfindungen ihres Zeitalters bestens entsprechen. Auch kam die von Spencer betonte Unterscheidung des „Begreiflichen", eben weil naturwissenschaftlich erforscht, vom „Unbegreiflichen", weil nicht beobachtbar und damit auch nicht beweisbar, den noch religiös gestimmten Geistern durchaus entgegen. Der Materialismus

---

[9] Rudolf Steiner: Die Rätsel der Philosophie, a. a. O., S. 414.

von Mill und Spencer wurde also keinesfalls wie z. B. der von Feuerbach atheistisch vorgestellt bzw. weiterverfolgt.

In manchem ähnelte das „Unbegreifliche" im Sinne von Spencer dem „Ignorabimus" (wir wissen es nicht) von Kant. Die idealistische Weltanschauung Hegels blieb so für Spencer wie auch für die Mehrzahl der angelsächsischen Philosophen nicht nur ein höchst spekulatives, sondern zudem ein unverantwortliches Unterfangen. Ob es, wie Schiller dies damals ausdrückte und die Mehrzahl der deutschen Frühromantiker und Idealismusanhänger anscheinend empfanden, „der Geist es ist, der sich den Körper schafft", damit wollten Philosophen wie Spencer und Mill sich gar nicht weiter auseinandersetzen. Für sie konnte und sollte die Philosophie nicht mehr als das erklären, was durch die Naturwissenschaften als valide nachweisbar erforscht war. Alle weitergehenden Fragen, insbesondere die nach dem Ursprung des Seins und den Quellen des Ich, verwiesen sie in den Bereich der Religion. Und gerade dieser Empfindungssphäre fühlten sich im angelsächsischen Kulturkreis noch bis zum Ende des 19. Jahrhunderts viele Philosophen eng verbunden.

Religiöse Erstarrungen verstärken Philosophiedämmerungen

Allerdings konnten sich die materialistisch ausgerichteten Philosophen nur so lange auf ihre christlichen Glaubensgrundsätze stützen, als diese ihnen fortschrittsoffen erscheinen und Vertrauen vermitteln konnten. Das jedoch erwies sich schon gegen Ende des 19. Jahrhunderts für viele der hochintellektuellen, einer kritischen Logik zugewandten Philosophen zunehmend als Problem. Denn gerade das Christentum als Basisreligion vieler Philosophen erfordert von seinen Gläubigen im Unterschied zu den übrigen monotheistischen Religionen immer wieder einen Sprung über vielfältige potenzielle Zweifelshürden. Und dies lag und liegt an dessen höchst komplexem Glaubenskern, nämlich der Trinitätslehre. Letztere kann bei gläubigen, naturwissenschaftlich geprägten Menschen zu durchaus verständlichen Zweifeln Anlass geben. Und das schon beim Wesensverständnis des sogenannten „dreieinigen Gott": Vater, Sohn und Heiliger Geist (Trinitätslehre). Etwas so Komplexes kennen bekanntlich die übrigen monotheistischen Religionen wie der Islam und das Judentum nicht. Als besonders zweifelanfälliger Teil der Trinitätslehre erweisen sich widersprüchliche Deutungen und oft traditionserstarrten Denkschulen. Einen „babyhaften" Gott hielten zumindest die frühchristlichen „Monarchianianer" für keine zutreffende Auffassung der Christuswesenheit. Für sie konnte der Jesus aus Nazareth deshalb keinesfalls bereits als Gott geboren sein. Eher konnte er sich zu einem wahren Gotteswesen erst ab seiner in der Bibel berichteten Jordan-Taufe, also nur als Erwachsener weiterentwickelt haben. Mit seiner Taufe wurde Jesus nach Bibeldeutung dieser Adoptianer durch Gott „adoptiert" und erst dadurch zu einem Jesus Christus (Dünzl 2006, S. 36 f.).

Aber gegen die Ausbreitung einer der zuletzt skizzierten, modernen Religionskritik noch am besten standhaltender Christussicht wirkten und wirken dogmatische Kirchenerstarrungen. Diese blockieren für die römisch-katholische wie auch die orthodoxen Kirchen tendenziell bereits seit dem späten Mittelalter und ganz offensichtlich seit dem Ersten Vatikanischen Konzil jedweden Aufbruch in die Moderne. So wurde auf Betreiben von Papst Pius IX am 18. Juli 1870 auf dem Ersten Vatikanischen Konzil verkündet, dass für immer gilt, was der Papst „ex cathedra" in Glaubensangelegenheiten entscheidet. Dieses Dogma bildet bis heute auch aus Sicht des Kölner Neuzeithistorikers Rudolf Lill einen Gegenangriff erzkonservativer römischer Kurienkreise auf die Neuerungen der Großen Französischen Revolution und insbesondere die durch diese ausgelösten Säkularisierungstendenzen. „Die gesellschaftliche Entwicklung ging hin zur Demokratie und die kirchliche Entwicklung ging zurück zum Absolutismus" (zitiert nach Tropf 2020, S. 11 ff.).

Die Abkopplungsprozesse katholischer und orthodoxer Weltkirchen von jeglicher demokratischen Gesellschaftsentwicklung strahlten mittelbar auch auf die aus der Reformation hervorgegangenen und überwiegend durchaus um demokratische Unterstützungen bemühten Kirchen aus. Das lag nicht zuletzt an deren Einsatz für weltweite Ökomene, aufgrund dessen sie noch stärkere Brüche mit den katholisch-orthodoxen Weltkirchen, soweit möglich, zu vermeiden trachteten und sich dadurch sicher ungewollt in ein konservierendes Korsett zwängen ließen. Und so kann es auch nicht verwundern, dass in Deutschland bereits in den 20er-Jahren des letzten Jahrhunderts selbst der bescheidene Versuch ordinierter Pastoren in Richtung einer Erneuerung des Trinitätsdogma innerhalb der evangelischen Kirche scheiterte.[10]

Durch die zuletzt umrissenen Blockaden gerade auch innerhalb europäischer Kirchenverbände verloren immer mehr religiös aufgeschlossene Materialisten ihre sinnstiftenden Heimatbeziehungen. Infolgedessen spaltete sich die Community der sich auf die Naturwissenschaften stützenden Philosophen zunehmend in die verschiedensten Strömungen auf. Einerseits in kompromisslose Atheisten, die überwiegend als Einzelkämpfer agierend Spekulationen über Ich- und Geistbewusstsein als absolut unwissenschaft-

---

[10] Meinungsführer dieses Versuches war der von 1916 bis 1922 im heutigen Deutschen Dom am Berliner Gendamenmarkt predigende, evangelische Star-Theologe Friedrich Rittelmeyer. Als er mit seinen Reformbemühungen nicht durchdrang, gründete er 1922 die „Bewegung für religiöse Erneuerung", die „Christengemeinschaft", deren erster Bischof (dort genannt „Erzoberlenker") er war. Gerhard Wehr: „Rittelmeyer, Friedrich", in: Deutsche Biographie 21 (2003), S. 654–655 (https://www.deutschebiographie.de/pnd118601288btml#nbcon).

lich zurückwiesen und überhaupt jedwede Auseinandersetzungen um idealbasierte Weltanschauungen ablehnten. Andererseits entstand bereits ab Ende des 19. Jahrhunderts in Deutschland über A. Lange, O. Liebmann und den Naturwissenschaftler Hermann von Helmholtz der eher aus idealistischen Quellen gespeiste Neukantianismus mit der daraus von Hermann Cohen (1842–1918) abgeleiteten Marburger Schule sowie der von Heinrich Rickert (1863–1936) mitbegründeten Badischen Schule. Dem folgte, von Frankreich ausgehend, die Strömung des Existenzialismus über dessen weltberühmte Propagandisten Jean-Paul Sartre, seiner langjährigen Partnerin Simone de Beauvoir sowie Albert Camus. Berühmt wurde Sartre durch seine existenzialistische Propagierung der Idee der absoluten persönlichen Freiheit in Verbindung mit viel beachteten Aufrufen zu politisch-sozialen Aktionen. Bei ihm sind Anlehnungen an den anarchistischen Sozialismus à la Bakunin durchaus erkennbar. Daneben begründeten Karl Jaspers und Hannah Arendt eine eigene, mithin deutsche Existenzialphilosophie. Auf diese folgte wiederum von Deutschland aus die kritische Theorie der sogenannten Frankfurter Schule, welche von dem durch Theodor W. Adorno geprägten Säkularismus-Konzept (Adorno 2010) und sodann dem Post-Säkularismus von Jürgen Habermas ausging (Habermas 2019).

Mögen die soeben angedeuteten Strömungen auch immer vielschichtiger und differenzierter geworden sein, so unterlagen sie doch sowohl im Einzelnen als auch zusammen einer einheitlichen Tendenz: nämlich der schwindender Resonanz und eines rückläufigen Interesses seitens immer mehr Angehöriger auch kulturoffener Bevölkerungskreise an philosophischen Diskursen. Zwar überlebten bis heute einzelne philosophische Fachjournale zu allerdings sehr begrenzten Auflagen. In den Feuilletons der in Europa, wie auch den USA, führenden Tageszeitungen jedoch wird über philosophische Themen sowie Auseinandersetzungen allenfalls selten und dies mit wenig Rechercheaufwand, also eher oberflächlich, berichtet. Und selbst bei Wochenzeitschriften, wie z. B. die in Deutschland erscheinende „Die Zeit" sowie bei Politikmagazinen sieht es weltweit nicht sehr viel besser aus. Wir erleben also innerhalb demokratisch orientierter Gesellschaften eine echte Philosophiedämmerung, mit der philosophische Erkenntnisse zwar noch in Sonntagsreden zur eigenen Bedeutungserhöhung schlagwortartig zitiert, aber in der alltäglichen Politik-, Wirtschafts- und Kulturpraxis nahezu in eine Art Bedeutungslosigkeit versunken sind. Anders hingegen in Autokratien wie China, wo maoistische und leninistische Agitationsmuster als marxistische Philosophienachbildungen eine Art Revival erleben.

Sinnverluste, religiöse Degenerationen und anthroposophische Heilungsversuche

Obige Philosophiedämmerung sowie die nachfolgend umrissenen kirchlichen Bindungsverluste können, müssen aber nicht in jedem Fall zu weiteren, sich untergründig ausbreiteten Idealverblassungen führen. Für Letzteres ist entscheidend, inwieweit Weltanschauungsfragen für die jeweilige Einzelpersönlichkeit bedeutsam und deren Neugier nach diesbezüglichem Erkenntniszuwachs lebendig bleibt. Oder aus einem anderen Blickwinkel heraus gesagt: Im Wesentlichen kommt es darauf an, in welche Richtung die entwicklungsgesetzlich stets weiter voranschreitende Individualisierung im Einzelfall verläuft. Entscheidet sich die durch Individualisierung immer mehr auf sich selbst gestellte Einzelpersönlichkeit für eine auf- oder aber eine absteigende Richtung? Aufsteigend soll bedeuten, dass das jeweilige Individuum seine Neugier in

Weltanschauungsfragen unabhängig von seinen kirchlichen Bindungen beibehält und schon aus persönlicher Selbstverantwortung heraus sich auch für Gemeinschaftsangelegenheiten einzusetzen versucht. Dagegen bedeutet absteigend eine weltanschauliche Gleichgültigkeit bei ständiger Idealverflachung bis hin zu dystopischer Egomanie und sozialer Empathielosigkeit.

Historiker sowie Politik- und Religionswissenschaftler sind den Phänomenen sowie den Auswirkungen kirchlicher Bindungsverluste in Europa wie auch den USA schon seit längerem nachgegangen, dies jedoch eher oberflächlich und ohne deren Zusammenwirkung mit obiger Philosophiedämmerung zu berücksichtigen. In Ermangelung valider tiefenpsychologischer Untersuchungsverfahren haben sie es dabei allerdings nicht vermocht, über statistische Übersichten zu den dramatischen Kirchenaustritten hinaus zu wirklich aussagefähigen Analyseergebnissen zu kommen. Nach ihren Feststellungen verliert die römisch-katholische Kirche, was nach den vielen Missbrauchsskandalen ja auch nicht anders zu erwarten war, durch massive Austrittswellen sowohl in Frankreich und Deutschland wie auch in Österreich erheblich an Bedeutung und politischem Einfluss. Gleiches gilt ohne einschlägige Missbrauchshintergründe für die protestantischen Kirchen in Deutschland, den Niederlanden und Skandinavien sowie noch stärker für die Anglikanische Kirche in Großbritannien. Bezüglich der römisch-katholischen Weltkirche ist allerdings zu berücksichtigen, dass diese zwar in Europa einem weitreichenden Abwärtstrend unterliegt, dass aber andererseits weltweit die Zahl der Katholiken auf 1,34 Mrd. in 2019 gestiegen ist (das sind 1,1 % mehr als im Jahr zuvor und insgesamt 17,7 % Anteil an der Weltbevölkerung).

Unmittelbare, wenn auch nur äußerliche Folgewirkungen obiger Kirchenaustritte sind ansteigende Konfessionslosigkeit, vornehmlich in England, Frankreich, Schweden, den

Niederlanden und in den USA mit derzeit im Durchschnitt bereits über 25 % Anteil der Konfessionslosen an der Gesamtbevölkerung. Bis 2050 rechnet das new research center mit einem Anstieg dieser Quote auf über ein Drittel der Gesamtbevölkerung. Etwas geringer wird diese Quote für Deutschland geschätzt. Für eine Bewertung dieser Folgewirkungen muss man allerdings wissen, dass laut jüngsten Interviewerhebungen in den genannten Ländern mehr als 50 % der Konfessionslosen nicht zu Atheisten geworden sind, sondern immer noch „an irgendeinen Gott" glauben. Rund 16 % von ihnen beschäftigen sich sogar intensiv mit der Gottesfrage. Konfessionslosigkeit bedeutet also nicht mehr, aber auch nicht weniger als Nichtzugehörigkeit zu einer Religionsgemeinschaft. Inwieweit aber beeinflusst wachsende Konfessionslosigkeit gerade in den demokratischen Kernländern die Idealverbundenheit zumindest der kulturell aufgeschlosseneren Bevölkerungskreise?

Für erste Näherungen an die zuletzt gestellte Frage lassen sich einige aus meiner Sicht interessante Deutungen und Forschungsfeststellungen verwenden, die von Religionssoziologen, Pastoren und Journalisten in der am 4. Mai 2013 von Scobel moderierten Fernsehsendung in 3Sat mit dem Titel „Kirchen ohne Herde" vorgetragen wurden. So die Feststellung der Journalistin und Katholikin Christiane Florin, wonach, wie sie es ausdrückte „die liberale Mitte in den europäischen Großkirchen verschwindet". Wobei sie darüber hinaus mit der Professorin und Forschungskoordinatorin für „Resilienz in Religion und Spiritualität", Cornelia Richter, darin übereinstimmt, dass insgesamt aus den Religionsgemeinschaften eine zunehmende religiöse Transformation in Richtung individueller Spiritualität stattfinde. Es steigen, so könnte man daraus folgern, die Anzahl und der Einfluss jener Individuen, die sich von keiner kirchlichen Instanz und Autorität vorschreiben lassen wollen, an wen sie wie glauben sollen und welche Gebote und/oder Verbote sie dabei zu beachten haben. Insoweit gibt es also eine Tendenz zu mehr religiös-spiritueller Emanzipation bei voranschreitender Individualisierung. Kann jedoch bei dieser Tendenz ein idealistisches Freidenkertum mit dem hohen Niveau, wie dies im ersten Kapitel dieses Buches den deutschen Frühromantikern und auch Klassikern attestiert wurde, befördert oder sogar wiederbelebt werden? Oder führen fortschreitende religiöse Gemeinschaftsauflösungen in Zeiten zunehmender Philosophiedämmerung eher zu idealen Sinnverlusten nebst einem Chaos an unreflektierter, flachgründiger, intoleranter und sich gegenseitig bekämpfender Meinungsvielfalt wie auch Blasenbildungen in der Gesamtgesellschaft?

Dass die zuletzt angedeuteten Gesellschaftschaotisierungen zumindest dann immer wahrscheinlicher anwachsen müssten, wenn nicht rechtzeitig wirksame Heilungsversuche dagegen wie auch gegen den sich ausbreitenden Materialismus unternommen würden, darauf hat schon vor 100 Jahren der Philosoph, Universalwissenschaftler und Schriftsteller Rudolf Steiner eindringlich hingewiesen. Dies allerdings nicht gegenüber einer darauf so nicht vorbereiteten, breiten Öffentlichkeit, sondern in Vortragsveranstaltungen für ausgewählte Kreise der von ihm gegründeten Anthroposophischen Gesellschaft. Denn über diese bzw. die anthroposophischen Bewegungen wollte er kontinuierliche Impulssetzungen für umfassende Kulturerneuerungen durch spirituelle Vertiefungen veranlagen. Diese sollten zunächst von jenen Universalien, Ich-Setzungen, Freidenkungsanstiftungen und Bildungsidealen ausgehen, wie ich sie im ersten Kapitel dieses Buches zur Großen Französischen Revolution sowie bezüglich der Jenaer Philosophen, Frühromantiker und deutschen Klassiker geschildert habe. Letzteres jedoch vertieft und erweitert über eine bisher viele seiner Zeitgenossen offensichtlich überfordernde Weiterentwicklung der goetheschen und überhaupt klassisch-deutschen Weltanschauungen mittels umfassender Kosmosophie, Christosophie und anthroposophischer Menschenkunde. Alles inzwischen veröffentlicht in rund 25 Büchern, 11 Aufsatzsammlungen und viele tausend Seiten umfassenden, mitstenographierten öffentliche Vorträgen Steiners. Dazu vier seiner stets im Dornacher Goetheanum, aber auch in öffentlichen Theatern aufgeführten Mysteriendramen. Eine in der europäischen Philosophie-, Geistes- und Literaturgeschichte wohl einzigartige Hinterlassenschaft. Nicht nur gemessen an der Anzahl von weit über zehntausend veröffentlichten Seiten, sondern auch der Tiefe ihrer Mitteilungen.

Von dieser reichhaltigen literarischen Hinterlassenschaft sollte man bezüglich deren Veröffentlichungsziel sowie den durch diese ausgelösten Reaktionen aus dem deutschsprachigen Bildungsbürgertum zwei Phasen und damit methodische Dimensionen streng voneinander unterscheiden. Zum einen die üblichen Literaturkonventionen entsprechenden, philosophisch-schriftstellerischen Veröffentlichungen Steiners bis zur Vollendung seines 42. Lebensjahres im Jahre 1902 (Archivleiterphase). Und zum anderen die vielen Publikationen Steiners von 1903 bis zu seinem Tode im Jahre 1925 aus seinen geisteswissenschaftlichen Forschungsergebnissen samt stenografischen Mitschriften seiner fast täglich gehaltenen anthroposophischen Vorträge. Daneben erfolgten seine Stiftung der Anthroposophischen Gesellschaft und die Gründungsbegleitung von deren Tochterprojekten wie der Waldorfschule in Stuttgart (1919), der Ita Wegmann-Klinik in Arlesheim bei Basel sowie der Biologisch Dynamischen Landwirtschaftsbewegung vom schlesischen Koberwitz (1922) aus (Anthroposophische Wirkungsphase). Seiner Archivleiterphase vorangehend waren sein Studienabschluss in Philosophie und Naturwissenschaften in Wien sowie seine Promotion an der Universität Rostock und bis 1890 seine Mitarbeit an der großen „Sophien-Ausgabe" von Goethes Werken sowie Privatlehrertätigkeiten. Von 1890 bis 1897 übernahm Steiner in Weimar die Leitung des Goethe- und Schiller-Archivs im Weimarer Schloss, wo er insbesondere neben der Aufbereitung von naturforscherischen Urkunden Goethes auch die Schrift „Goethes Weltanschauung" (1897) veröffentlichte. Daneben veröffentlichte er eine erweiterte Fassung seiner Dissertation unter dem Titel „Die Philosophie der Freiheit" (1894) und sodann, als zwischenzeitlicher Leiter des Nietzsche-Archivs, „Friedrich Nietzsche, ein Kämpfer gegen seine Zeit" (1895). Es folgten Lehrtätigkeiten an der von W. Liebknecht gegründeten Berliner „Arbeiter-Bildungsschule" (1899–1903).

Dann aber begann Steiner ab 1903 – zunächst auf Einladung der Theosophischen Gesellschaft in Berlin – mit seiner nur an diese gerichteten, anthroposophischen Vortragstätigkeit. Was er seinen neuen Zuhörern vortrug, das war nicht nur für Letztere inhaltlich weitestgehend neu. Vielmehr war diesen auch die Erkenntnismethodik Steiners weitestgehend unbekannt. Und gerade bezüglich dieser unbekannten Erkenntnismethodik erwuchsen nach dem ersten öffentlichen Bekanntwerden seiner Mitteilungen vielfache, bis heute andauernde Missverständnisse. Und dies sowohl in der anfänglich völlig unvorbereiteten Öffentlichkeit als auch bei vielen unserer Zeitgenossen danach. Eine Problematik, die schon ab dem zweiten Jahrzehnt des letzten Jahrhunderts immer deutlicher erkennbar wurde, wodurch bei in Intellektuellenkreisen tonangebenden Persönlichkeiten nicht nur eine mehr oder weniger strikte Ablehnung seiner Anthroposophie erfolgte. Vielmehr fühlten sich nicht wenige dieser Ablehner oftmals veranlasst, Rudolf Steiner mit systematischer Nichtbeachtung abzustrafen. Da dies immer mehr für das Gros der philosophischen und theologischen Professorenschaft, aber auch einflussreichen Kirchenoberen sowie der führenden Journalisten der überregionalen deutschen Tageszeitungen zutraf, sah sich Steiner alsbald einer relativ breiten Ablehnerfront tonsetzender Akademikerkreise gegenüber. Was waren die Gründe dafür? Und warum bargen anthroposophische Erkenntnismethoden gerade für viele Intellektuelle so offensichtlich sehr Provozierendes?

Eine erste Antwort darauf mögen bereits die bisher in diesem Abschnitt dargestellten Entwicklungen geben. Nämlich die Materialismusbefeuerung aus Philosophiedämmerung samt Degenerationen der christlichen Kirchen. Daneben vollzog sich der ebenfalls bereits skizzierte, geradezu triumphale Siegeszug der Naturwissenschaften einschließlich Genforschung mit zunehmend kontrollierbaren Erbmanipulationsmöglichkeiten. All das führte zu einer Weltanschauung, der zufolge letztlich Gene und deren zufallsgesteuerten Mutationen samt Erziehung und jeweiliger Milieuzugehörigkeit den ganzen Menschen und überhaupt die weitere Menschheitsentwicklung ausmachen. Wer wollte sich bei dieser Überzeugung noch weiter mit den Unterschieden von physischem Körper einerseits und Seele und Geist andererseits ernsthaft auseinandersetzen? Für wen bedeuteten noch wie seinerzeit bei Kant und später noch seinen Schülern die Grenzen menschlicher Erkenntnis etwas existenziell Wesentliches? Für immer mehr Menschen jedenfalls standen Sinnfragen zu Beginn des 21. Jahrhunderts kaum noch im Fokus. Gleichzeitig verlor der Glaube an einen allmächtigen Gott und erst recht der an einen „göttlichen Menschensohn" auch und gerade bei vielen gebildeten Kirchenmitgliedern ständig an Überzeugungskraft. Und so verließen schließlich in den mittel- und westeuropäischen Kirchengemeinden, zusätzlich angeheizt durch haarsträubende Missbrauchsskandale innerhalb der Weltkirchen, gerade sensiblere Mitglieder aus der gesellschaftlichen Mitte in wachsendem Umfang ihre Glaubensgemeinschaften.

Warum, so mögen manche Leser:innen jetzt fragen, konnten gegen diese Disruptionen die von Steiner stets angemahnten und zudem von ihm mit aufopferungsvollem Engagement betriebenen anthroposophischen Heilungsversuche so wenig bzw. nicht mehr ausrichten? Nun, darauf ließen sich eine Fülle von Antworten geben, von denen ich schon aufgrund der an dieser Stelle gebotenen Kürze nur zwei Antwortgruppen herausgreifen möchte. Gerade diese erscheinen mir zur Bewertung des in diesem Abschnitt zu klärenden Kontextes doch besonders wichtig. Die erste und wesentlichste Gruppe betrifft das verbreitete, spontane Zurückweisen und zumindest das hartnäckige In-Zweifel-Ziehen der Möglichkeit von „leibfreiem, übersinnlichem Erkennen und Denken". Die zweite Antwortgruppe betrifft verbreitete Lieblosigkeiten (Charakterschwäche) nicht weniger Schüler Steiners und zerstörerische Konflikte, besonders ab 1935 zwischen Vorstands- und Mitgliedergruppen der Anthroposophischen Gesellschaft.

Die erste Antwortgruppe berührt Kernbereiche der Anthroposophie. Da ich aber mit dieser Veröffentlichung kein anthroposophisches, sondern allenfalls ein anthropologisches und vor allem kultur- und gesellschaftskritisches Buch publiziere, möchte ich mich dazu auf skizzenhafte Andeutungen beschränken. In diesen soll auf die aus meiner Sicht selbst für den der Anthroposophie bisher fernstehenden Leser:innen auf vielleicht auch für sie interessante Antwortaspekte hinweisartig eingegangen werden. Das erfordert ein anfängliches Verständnisses dafür, was es mit Steiners „übersinnlicher Erkenntnis" und dem von ihm so benannten „leibfreien Denken" tatsächlich auf sich hat. Dazu in Stichworten vorweg: Beides bedingt sich gegenseitig bzw. hängt zumindest eng zusammen, denn:

a. Übersinnliche Erkenntnisse gewinnt man laut Steiner nicht über Organe unseres physischen Leibes, wie z. B. Augen, Ohren, Geruch- und Tastsinne usw. Viel-

2 Schicksalhafte Wegverfehlungen durch ...

mehr gelingt uns eine solche Erkenntnisgewinnung nur mittels nichtphysischer, für uns auch nicht mit dem besten Mikroskop erkennbarer, rein seelisch-geistiger Organe. Diese befinden sich jenseits unseres Normalbewusstseins.

b. Bei leibfreiem Denken bedienen wir uns laut Steiner demnach nicht unseres physischen Gehirns. Sondern dieses vollziehen wir nicht innerhalb physisch ausgebildeter, sondern rein seelisch-geistiger Sphärenbereiche.

c. Die Befähigung zu übersinnlichen Erkenntnissen wie auch leibfreiem Denken kann man laut Steiner durch meditative Übungen erlangen, für die er zu Beginn des letzten Jahrhunderts öffentliche Anwendungshinweise gab. (Über die dafür notwendige „Devotion gegenüber Wahrheit und Erkenntnis" und dem dadurch unter gewissen Voraussetzungen möglichen Überschreiten der Schwelle zu den „Geistigen Welten" siehe Steiner 1982).

Das Gros der Veröffentlichungen und Vorträge während seiner anthroposophischen Wirkungsphase beruht nach den Bekundungen Steiners auf seinen übersinnlich und leibfrei gewonnenen Erkenntnissen. Diese hat er, soweit ihm dazu Literatur- und andere Wissenschaftsquellen zur Verfügung standen, mit Letzteren zwecks bestmöglicher Irrtumsvermeidung abgeglichen. Von einem solchen Abgleichen hat Steiner als Vielleser nach Mitteilungen seiner Begleiter reichlichst Gebrauch gemacht. Demnach beruht Steiners Anthroposophie auf zweierlei Methoden: auf einem übersinnlich-leibfreien Erkenntnisprozess einerseits und einem gehirngebundenen Denken und Reflektieren zur Überprüfung der so gewonnenen Erkenntnisse samt deren Systematisierung andererseits. Das Ergebnis bestand unter anderem:

a. In einer weit über alle bisherigen medizinischen, psychologischen und religiösen Forschungsergebnisse wie auch die Mitteilungen von anerkannten Mystikern wie z. B. Jakob

Böhme hinausreichende Wesensbeschreibung des Menschen. Letzterer wurde von Steiner differenziert nach physischem Leib, Ätherleib, Astralleib und Ich beschrieben. Die ersten beiden als sterblich und die letzten beiden als unsterblicher Wesenskern einer jeden Individualität unterschieden. Auf dem unsterblichen Wesenskern wiederum baute Steiners Lehre von der Wiederverkörperung jedes Menschen und der dadurch bewirkten biografischen Schicksalsbeeinflussung (Karma) auf.

b. Es wird den/die Leser:in, egal wie er/sie zur Anthroposophie steht, nicht verwundern, dass derart anspruchsvolle und zugleich traditionelle Gewissheiten geradezu umstürzende Mitteilungen bei vielen intellektuellen Zeitgenossen Steiners, wie bereits angedeutet, auf spontane Ablehnung, zumindest aber auf Irritationen stießen. Vor allem bei denen, für die Geistig-Seelisches bestenfalls eine Nebenfunktion des Körpers ist und nicht umgekehrt. Für die das, was dazumal Schiller sagte, nämlich, dass der Geist es ist, „der sich den Körper schafft", bestenfalls etwas Überholtes ist. Auch wenn seinerzeit neben Goethe und Novalis auch die meisten Angehörigen der deutschen Klassik und Frühromantik so dachten. Sicher aber nicht (mehr) die heute nahezu durchgehend materialistisch geprägten Gesellschaftsmehrheiten. Und zu diesen zählen neben heutigen Philosophen auch viele Schriftsteller, Journalisten und Theologen, wie unter anderen auch die Glaubensoberen der katholischen Kirche, welche die Werke Steiners schon kurz nach deren Erscheinen auf den Index setzen ließen. Dies alles neben offensichtlichen und verdeckten Verunglimpfungen der Anthroposophie, vor allem über jesuitisch gesteuerte Wissenschaftler, aber auch Priester.

Die zweite Antwortgruppe betrifft die problematische Entwicklung der von Steiner Ende Dezember 1923 neu konstituierten Anthroposophischen Gesellschaft. Diese geriet spätestens ab 1935 in wahrlich schwere Fahrwasser. Das lag an selbst verschuldeten Zerwürfnissen zwischen deren Nachfolgevorständen, mit der Folge, dass diese sich nicht nur gegenseitig, sondern darüber hinaus ganze Landesverbände mit tausenden von Mitgliedern aus der Gesellschaft ausschlossen. Die Gesellschaft wurde dadurch bis in die 60er-Jahre weitgehend gelähmt und hat bis heute große Schwierigkeiten, sich zu einem toleranten und Spiritualität ausstrahlenden Koordinierungsorgan für die anthroposophische Bewegung zu reformieren. Nur dadurch aber kann Letztere zu dem von Steiner intendierten Kulturfortschritt noch Wirksames beitragen. Bisher jedoch übt sich der Gesellschaftsvorstand eher im Ausbremsen von spirituell herausragenden Persönlichkeiten.

Zieht man ein vorläufiges Resümee aus den in den zu zwei Antwortgruppen verdichteten Gründen zu bisherigen Wirksamkeitsbegrenzungen der Anthroposophie, so geben diese zusammen keinesfalls Anlässe für vorbehaltlosen Optimismus. Vielmehr vermag ich in der Tendenz allenfalls festzustellen, dass die überragende Bedeutung der kulturerneuernden Impulse Steiners auch und gerade in der Breite der deutschen Gesellschaft wie auch dem Gros von deren Führungseliten bisher weitgehend verkannt wurden. Weil dem so ist, konnte die Anthroposophie bis heute auch keine breitenwirksamen Einhegungen von Idealverblassungen, einschließlich der damit einhergehenden Philosophiedämmerung wie auch religiösen Degeneration, bewirken.

2.3 Soziale Phantasielähmung durch Bildungsmängel und materialistische Vereinseitigungen

Die erläuterten Idealverblassungen und Universalienverdrängungen waren es nicht allein, die neben den geschilderten Restaurationsrückschritten ein Ausbremsen der epochenwandelnden Aufbrüche zu Freidenken und menschenwürdigem Gesellschaftsfortschritt bewirkten. Vielmehr trugen dazu auch mangelnde Gesinnungsbildung und naturwissenschaftliche Vereinseitigungen in erheblichem Umfang bei. Vor allem Letztere begünstigten soziale Phantasielähmungen, mit der Folge, dass sich sowohl die demokratische Elitemehrheiten als auch wesentliche Teile der von ihnen beeinflussten Zivilgesellschaften kaum etwas anderes als überkommene Realitäten vorzustellen vermögen. Sie wollten und wollen bis heute nicht gesellschaftsheilende Paradigmenwechsel auch nur in Ansätzen vordenken. Und dies alles trotz des berühmten, bereits vor 200 Jahren durch Wilhelm von Humboldt eingeforderten Bildungsideals des Lernens, autonom und eigenständig zu lernen.

Die humboldtsche Bildungsreform schrumpfte zu einem restaurationsresilienten Torso

Zum bekanntesten Vermächtnisvollstrecker und Fackelträger für das von den deutschen Klassikern und Jenaer Frühromantikern entzündete Freiheits- und Freidenkungsfeuer avancierte noch während der napoleonischen Besetzung Preußens der Reformer Wilhelm von Humboldt. Dieser wurde auf Veranlassung des Freiherren von und zum Stein im Jahre 1809 als Leiter des Kultus- und Unterrichtswesens in das preußische Innenministerium berufen. Zu einem Zeitpunkt also, in dem noch die kulturell einfühlsame und für die damalige Zeit höchst modern denkende Königin Luise, wenn auch nur bis 1810, neben ihrem zögerlichen und eher konservativen Ehemann Friedrich Wilhelm III. Preußen regierte. Allerdings hielt es Humboldt nur ein Jahr in diesem Amt als Direktor der Sektion für Kultus und Unterricht in Preußen. Doch in dieser kurzen Zeit legte er das Fundament für einige langfristige Veränderungen im deutschen Bildungswesen, wenngleich diese schon nach wenigen Jahren auf die heftigsten Widerstände trafen und sich erst nach Jahrzehnten in Preußen wie auch im späteren Deutschen Kaiserreich zumindest partiell durchsetzten.

Zunächst aber gelang Humboldt ab seiner Direktorbestellung ein fulminanter Reformstart. Gemeinsam mit dem Staatsrat Johann Wilhelm Süvern, dem Ministerialrat G.H.L. Nicolovius und dem Beamten Wilhelm Uden stellt er im Frühjahr 1809 den „Entwurf eines allgemeinen Gesetzes über die Verfassung des Schulwesens im preußischen Staat" vor. Ein dreistufiges Schulsystem sollte entstehen, bestehend aus Elementarschulen, Stadtschulen und Gymnasien. Krönender Abschluss schließlich sollte die ebenfalls mit seiner Unterstützung 1809 gegründete Berliner Universität (ab 1848 umbenannt in Humboldt-Universität) werden. Diese sollte nach seinen Intentionen unter anderen auch qualifizierte Gymnasiallehrer ausbilden.

Das diesen Reformschritten zugrunde liegende Bildungsideal hatte sich bei Humboldt bereits zuvor durch den Einfluss der ihn in Jena begleitenden deutschen Klassiker und Frühromantiker ausgebildet. Besonders gilt dies für die Ich-Setzung und den dafür eingeforderten Vernunftgebrauch Fichtes wie auch die ästhetischen Briefe und die darin von Schiller entwickelte Bedeutung von Schönheit und Kunst, wie sie in diesem Buch bereits in Kap. 1 dargestellt wurden. Bildung sollte demnach für Humboldt dreierlei veranlagen. Zum einen „Kraft durch Ganzheitlichkeit".[11] Dazu gehörte die Kraft zu tätiger, schöpferischer Selbstbestimmung als freier Weltbürger. Zum anderen sollte dies „proportional" geschehen. Mit dieser seiner Idee von proportionaler Bildung zielte Humboldt auf die Verstärkung von Vernunft, Einbildungskraft und Sinnlichkeit

---

[11] Volker Lenhardt, Humboldt heute, das klassische Bildungsprogramm und die gegenwärtigen Bildungsaufgaben, in: Heidelberger Jahrbücher: Bildung und Wissenschaft, Heidelberg 2005, Seite 34 f.

ab.[12] Und schließlich sollte jedes Individuum zur Offenheit für die „Mannigfaltigkeit der Lebenserfahrungen" angeregt werden. Das Ich sollte sich dadurch mithilfe seiner spontanen Kräfte „an der Welt reiben", wodurch es einen ausgeprägten, differenzierten Charakter entwickeln sollte (ebd., S. 29). Nur so könne es sich zu einer eigenverantwortlichen Persönlichkeit und somit zum autonomen Individuum entwickeln. Dafür sieht Menze bei Humboldt als dessen Umsetzungsleitlinie dessen Bestreben, „das Volk nicht als Objekt von Veränderungen zu belassen, sondern zum Stifter und Träger des Neuen zu machen" (Menze 1975, S. 11).

Für obige Reformziele schritt Humboldt nach seiner Bestellung zum Leiter des preußischen Kultuswesens sofort zur Tat. So unterstützte und koordinierte er noch im selben Jahr die Gründung der Berliner Universität, deren erster Rektor 1811 sein Bruder im Geiste, nämlich der Philosoph Johann Gottlieb Fichte, wurde. Dieser sowie die übrigen Fakultätssprecher der neu gegründeten Universität teilten zumindest in den Grundzügen die humboldtschen und fichteschen Bildungsideale. Dies betraf vor allem die enge Verbindung von freier Forschung und Lehre. Allerdings musste Humboldt schon mit dem sich ankündigenden Tode von Königin Luise erkennen, dass ihm eine Aufwertung seines Postens, um unabhängig vom Staatskabinett agieren zu können, nicht mehr gewährt würde. Und so gab er für viele überraschend im April 1810 sein Amt auf und wechselte von dort in den diplomatischen Dienst. Seine Bildungsreformen liefen dennoch zunächst auch ohne ihn weiter. Dies zumindest so lange, als die Ideale der Französischen Revolution durch die napoleonische Besetzung Preu-

---

[12] Wilhelm von Humboldt, Gesammelte Werke, Band I, Darmstadt 1960, Seite 64.

ßens und Persönlichkeiten wie Staatsrat Hardenberg noch einen gewissen Schutz genossen.

Ein solcher Schutz endete jedoch abrupt am 20. September 1819 mit den Karlsbader Beschlüssen, die auf Druck Österreichs und insbesondere dessen Kanzler Metternich, aber auch gestützt durch Preußen, von vielen europäischen Staaten zum „Erhalt der inneren Sicherheit" sowie der „Zerschlagung revolutionärer Umtriebe" ratifiziert wurden. Der Ruf nach Freiheit und Freidenken gemäß den Einforderungen der Großen Französischen Revolution wie auch den Idealen der deutschen Klassik sollte von da an bis zur 48er-Revolution in Frankreich und im deutschsprachigen Kulturkreis, wie bereits geschildert, erstickt werden. Dies bedeutete zugleich auch das Ende der Humboldt'schen Reformen. Dagegen opponiert Humboldt sogleich durch sein energisches Eintreten gegen sogenannte „Demagogen-Verfolgungen" auch im Lehrbetrieb. Letzteres wiederum führt zu seiner fristlosen Entlassung im Dezember 1819 aus sämtlichen von ihm bis dahin bekleideten Ämtern. Von da an kehrt Humboldt erhobenen Hauptes der Politik den Rücken.

Auch wenn der Reformmotor in Preußen bis zur 48er-Revolution danach weitgehend zum Stillstand kam, so entfalteten dennoch die durch Humboldt über die Berliner Universität eingeleiteten Reformen in der internationalen universitären Community eine beachtliche Strahlkraft. Insbesondere die Einforderung der Einheit von freier Forschung und Lehre erreichte neben deutschsprachigen Universitäten einen immer bedeutenderen Einfluss auf die akademische Welt, sowohl in Europa als auch in den USA. Es ist genau dieser Reformteil, der quasi als unterdrückungswiderständiger Torso aus den hohen Bildungsidealen Humboldts unbeschadet die diese Ideale bekämpfende mitteleuropäische Restaurationsallianz überlebte. In den USA, wie auch in England, hingegen gab es, wie bereits am Ende des ersten Kapitels ausgeführt, bis zur Mitte des 19. Jahrhunderts keine die Freidenkungs- und Freiheitsideale bekämpfende Restauration. Deshalb konnte z. B. Georg Ticknor bereits ab 1825 versuchen, die Harvard University nach den von ihm während seines Studiums in Deutschland kennengelernten Bildungsidealen Humboldts unbehindert zu reformieren. Ähnliche Wege beschritt Henry Tappan in Michigan, das wohl am stärksten von der deutschen Konzeption geprägt wurde. Bei der durch Jefferson gegründeten Universität von Virginia ist bei deren Einführung von Wahlfächern (electives) ebenfalls eine Nähe zum humboldtschen Gedanken der Lern- und Lehrfreiheit spürbar. Aber erst die Einrichtung der graduate schools, allen voran an der Johns Hopkins University 1876 und an der University of Chicago 1891, erweiterte das amerikanische College durch die Transformation der humboldtschen Ideen zur Universität. Grundsätzlich sind inzwischen die graduate schools der etwa 500 amerikanischen Universitäten in ihrer forschungsbezogenen Arbeit an der humboldtschen Idee der Einheit von Forschung und Lehre orientiert (Röhrs 1986).

Verbildung durch Lehrerdisziplinierung für Untertanendressur

Anders als in den USA stand die Freidenkungsförderung über Schulen in nahezu allen Ländern des deutschen Kulturkreises und dies auch im Deutschen Kaiserreich während des gesamten, restlichen 19. Jahrhunderts mehr oder weniger unter Druck. Der auf politisches Wohlverhalten ausgerichtete Druck erfolgte dabei weniger auf die auf eine Universitätsausbildung vorbereitenden humanistischen Gymnasien. Letztere standen faktisch ohnehin nur Kindern einer kleinen, privilegierten und eher elitär eingestellten Bildungsbürgerschicht mit überwiegend konservativ-

2 Schicksalhafte Wegverfehlungen durch ...

liberalem Wahlverhalten offen. Deshalb genossen die Lehrkörper solcher Gymnasien einen gewissen, keinesfalls unbegrenzten pädagogischen Freiraum. Ganz anders aber war es insbesondere in Preußen mit den Volks- und Realschulen wie auch deren Lehrkörper bestellt. Soweit Letzterer nicht bereits im Wege der Karlsbader Beschlüsse ein obrigkeitskonformes Philistertum beförderte, so sollte spätestens durch die „Stiehlschen Regulativen" alle politisch „aufmüpfigen" Volksschullehrer aus dem Dienst verbannt und ein „Schulwesen für Untertanen" durchgesetzt werden.

Die „Stiehlschen Regulative" stellten damit bereits unmittelbar nach der 48er-Revolution eine unmissverständliche Absage an alle liberalen Bildungsforderungen dar, die während dieser Revolution formuliert worden waren. So hieß es in den Regulativen: „Das gesamte Leben des Zeitalters ist an eine Grenzlinie angekommen …(deshalb sei) für die Schule ein entscheidender Umbruch nötig … der Gedanke einer allgemeinen menschlichen Bildung durch formelle Entwicklung des Geistesvermögens an abstraktem Inhalt hat sich durch die Erfahrung als wirkungslos oder schädlich erwiesen … es sei deshalb an der Zeit, nun auch amtlich vorzuschreiben, was den Bedürfnissen einer wahrhaft christlichen Volksbildung entspreche". Der Idee der Bildung als Ferment gesellschaftlicher Modernisierung wird in den Regulativen das Konzept einer die überkommenen Macht- und Herrschaftsverhältnisse stabilisierenden Untertanenbeherrschung gegenübergestellt. Die finsteren, geistigen Mächte waren so auf dem besten Wege, ein Gegenbild zu den humboldtschen Bildungsidealen durch inspirative Verführungen von Individuen mit eingetrübtem Bewusstsein über von diesen angeführte Weltanschauungskämpfe Wirklichkeit werden zu lassen. So heißt es in den Regulativen: Der Schüler solle „besonnen … seinen irdischen Beruf ausfüllen, und im Glauben an Gott und in bewusster Treue gegenüber seinem König und sein Vaterland …" seinen

Beruf ausüben lernen. Dazu passte es, dass der Religionsunterricht gemäß den Regulativen auch quantitativ das größte Gewicht im gesamten Fächerkanon erhielt. Natürlich für einen vorrangig königliche und vaterländische Treue vermittelnden Religionsunterricht nach Art der protestantischen Berliner Hofprediger, der damals trotz seiner obrigkeitlichen Indoktrinationen mit positivem Christentum gleichgesetzt wurde.

Die disziplinarischen Regulative betrafen nicht nur, wenngleich vor allem, das niedere Schulwesen in Preußen. Von ihren Intentionen her galten sie auch für das politische Wohlverhalten von Lehrern höherer Schulen, denen dort nur mit „guter Gesinnung" eine Karriere offenstehen sollte. Vor allem aber die pietistisch eingefärbten Angriffe des Konservatismus gegen die klassische Bildung hinterließen in den humanistischen Gymnasien durchaus Spuren. Die Beschäftigung mit dem Altertum, vor allem mit der griechischen Kultur und Sprache, galt den ministeriellen Konservativen als „problematische Erziehung zu einem ästhetisierenden Idealismus mit demokratischen Implikationen". Dies möge durch ein „positives Christentum" ergänzt bzw. neutralisiert werden. Solche Forderungen erwiesen sich zwar als weitgehend folgenlos, sie blieben aber ab den 50er-Jahren des 19. Jahrhunderts symptomatisch für deutsches, königlich-kaiserliches Bemühen, durch obrigkeitlich-religiöse Sozialisation die emanzipatorischen Gehalte klassischer Bildung aufzufangen.

Soziale Phantasie erfordert mehr als rein naturwissenschaftliches Vorstellungsvermögen

Es waren aber nicht nur die zuletzt geschilderten Lehrerdisziplinierungen und Untertanenregulative, die insbesondere in Mitteleuropa eine Weiterentwicklung der im ersten

2 Schicksalhafte Wegverfehlungen durch …

Kapitel veranschaulichten Freidenkungsanstiftungen wenn nicht verhinderten, so doch eine dadurch mögliche soziale Phantasieausbildung zumindest erschwerten. Letzteres galt allerdings nicht nur für mitteleuropäische, sondern auch weltweite Führungseliten. Denn: Deren meisten Angehörige wurden ja nach der im Vorabschnitt erläuterten Philosophiedämmerung samt religiöser Degeneration zu einer immer materialistischeren, durch rein naturwissenschaftliches Denken geprägten Weltanschauung geführt. Aus dieser materialistischen und zunehmend auf wirtschaftliche Nützlichkeit ausgerichteten Weltanschauung heraus die Menschheitszukunft solidarischer oder überhaupt neu zu denken und anders als bisher geschehen zu gestalten, dazu waren nur sehr wenige Eliteangehörige bereit bzw. überhaupt phantasiemäßig in der Lage. Für die meisten ging es kaum noch um die Weiterentwicklung von innerer, individueller Freiheit, gepaart mit dem Streben nach gesellschaftssolidarischem, gemeinschaftlichem Wohlergehen, sondern primär um die eigene Karriere und, soweit möglich, Einflusssicherung. Sprich: weniger um die Vervollkommnung geistig-seelischer Werte als um wirtschaftliche Vorteile und rein äußerliches Ansehen. Dies nicht nur auf das eigene Ego bezogen, sondern auch auf den Staat, an dessen Wachstum man letztendlich partizipieren wollte.

Für die Veranlagung, Hervorbringung und Nutzung von technisch-naturwissenschaftlichem Fortschritt waren ab der zweiten Hälfte des 19. Jahrhunderts auch die deutschsprachigen Universtäten dank massiver staatlicher Stützung der dafür wichtigen Fakultäten und Forschungsinstitute gut gerüstet. Bis zum Ende des Ersten Weltkrieges stammte aus ihnen eine zweistellige Anzahl von Nobelpreisträgern, insbesondere aus den Bereichen Physik, Chemie und Medizin. Die deutschen Diplomingenieure erlangten parallel dazu Weltruf. Allerdings behielten im Bereich der Ökonomie, dem internationalen Wirtschafts- und Zivilrecht, dem internationalen Pressewesen, aber auch der staatlich garantierten Redefreiheit die angelsächsischen Staaten ihre Weltführerschaft. Was aber eher schicksalentscheidend nicht nur für Mitteleuropa, sondern die gesamte Weltgemeinschaft wurde: Durch diese Entwicklung ließ die Strahlkraft mitteleuropäischer Bildungsideale und der deutschsprachigen Hochkultur, bis zum Ausbruch des Ersten Weltkriegs, immer mehr nach. Vor allem aber: Die Elite des Deutschen Reiches verlor aufgrund ihrer unterentwickelten Eigenverantwortlichkeit, mangelhafter Zivilcourage sowie der rückständigen Verfasstheit ihres Staatswesens und der reaktionär-spießigen Gesinnung von Kaisertum und Ministerialbürokratie mit seinem völlig aus der Zeit gefallenen „Gottesgnadentum" jedwedes Bewusstsein dafür, was eigentlich die Aufgabe dieses Staates in der Mitte von Europa und von dort aus für die Weltgemeinschaft sein könnte bzw. sein sollte. Das für die Entwicklung eines solchen Verständnisses unverzichtbare lebendige und universalistische Denken eines Goethe sowie die globalen und zugleich tiefen Kulturimpulse der deutschen Klassik und Romantik schienen nicht nur einem Großteil der deutschen Normalbürger schon aufgrund von deren Untertanenerziehung unbekannt geblieben, sondern auch bei der Führungselite, einschließlich der für diese tonangebenden Presse, weitgehend verdrängt oder in Vergessenheit geraten zu sein.

2.4 Siegerdiktate und deutsches Kulturversagen veranlassen Europas Höllenfahrten

Die Ablehnung mitteleuropäischer Kulturimpulse begünstigte, wie schon erwähnt, die Verschärfung eines sich gegen Ende des 19. Jahrhunderts ausbreitenden Rivalitätsdenkens zwischen dem aus den zuletzt genannten Gründen

2 Schicksalhafte Wegverfehlungen durch ...

eher orientierungslos wirkenden Deutschen Reich und den imperialen europäischen Nachbarmächten mit teilweise chauvinistisch-militaristischen Tendenzen. In diesem Prozess gelang es Frankreich, aus seinem kränkungsbedingten Revanchismus heraus eine Allianz gegen das Deutsche Kaiserreich samt Österreich-Ungarn zu schmieden, um diese für den Fall eines militärischen Konflikts quasi einkesseln zu können. Letzteres erleichterten auch die panslawistischen Bestrebungen Russlands, das immer offener die Serben bei deren Terrorattacken gegen das Kaiserreich Österreich-Ungarn unterstützte. In der sich so zuspitzenden Konfrontationslage wirkt das von Serbien zu verantwortende Attentat auf den Habsburger Thronfolger im Sommer 1914 in Sarajewo wie ein Funken im europäischen Pulverfass. Bekanntlich entzündete sich dadurch ein zunächst europaweiter und alsbald verheerender Weltenbrand mit mehr als zehn Millionen gefallenen Soldaten. Es wurde dies zu einer die globalen Machtverhältnisse von Europa bis zu den USA verschiebenden Katastrophe, mit in der Geschichte bis dahin unbekannten Opferzahlen innerhalb von nur vier Jahren. Besonders folgenreich sollte sich dies für die beiden Kaiserreiche als faktische Kriegsverlierer auswirken. Diese Tatsache zu akzeptieren fiel jedoch dem deutschen Kaiser Wilhelm II. und den Anführern seiner Obersten Heeresleitung (OHL) ungeheuer schwer. Dies ganz im Gegensatz zu der seit Jahren kriegsmüden und eher gelähmten Führung des Kaiserreichs Österreich-Ungarn, welche zusammen mit den übrigen feudalen Monarchien in Mittel- und Osteuropa ohnehin bald hinweggefegt werden sollte.[13]

---

[13] Österreich-Ungarn zerfiel faktisch bereits kurz nach Kriegsende in seine Einzelregionen durch Inbesitznahme der jeweils dort ansässigen Völkerschaften. Dabei musste Ungarn am 04.Juni 1920 durch das Friedensdiktat von Trianon zwei Drittel seines Territoriums abgeben und sieht sich deshalb bis heute als Opfer der Siegermächte; https://www.mdr.de/geschichte/weitere-epochen/ersterWeltkrieg/trianon-friedensvertrag-ungarn.

Ludendorffs vergifteter Waffenstillstandsplan

Eines der eindrucksvollsten Geschichtsbücher des letzten Jahrhunderts leitet der bekannte Journalist und Autor Sebastian Haffner mit einer kurzen Ablaufschilderung, Gesamtbewertung und Hintergrundausdeutung des 29. September 1918 ein. Und die klingt zunächst rätselhaft, als er den Leser sogleich mit seiner bis dahin ungewohnten Recherchebeurteilung konfrontiert: „Der 29. September 1918 ... brachte zugleich Kapitulation *und* Staatsumbau ... (des Kaiserreiches, er) ist **eines der wichtigsten Daten der deutschen Geschichte,** aber er ist **nicht Bestandteil des deutschen Geschichtsbewusstseins geworden**... das Ereignis des 29. September blieb noch jahrelang Staatsgeheimnis ..., auch als es schließlich bekannt wurde, behielt es eine ... unbestimmte Kontur, etwas wie einen umhüllenden Geheimnisnebel ...(es) war das Werk *eines* Mannes, ... dessen verfassungsmäßige Stellung ihm nicht die geringste Befugnis zu so ungeheuren Aktionen gab: des ersten Generalquartiermeisters (der OHL) Erich Ludendorff". Was genau war am 29. September so überraschend, mit welchen Zielsetzungen und warum so verdeckt bzw. geheimnisumwittert auf Veranlassung von Ludendorff geschehen?

Auf diese Fragen vermittelte Haffner wie kaum ein Historiker vor ihm endlich nachvollziehbare und vor allem überzeugende Antworten. So zunächst die Einsicht in das Erkennen Ludendorffs Anfang September 1918, dass dem Deutschen Reich unmittelbar eine militärische Katastrophe bevorstand. Und diese plötzliche Erkenntnis sei für Ludendorff sowohl zunächst schockierend wie sodann auch befreiend gewesen. Denn nun konnte er endlich wieder strategisch ohne ein ihn behinderndes Wunschdenken planen. Und so plante er von da an kaltblütig und zugleich genial die Niederlage des Deutschen Reiches unter der allein entscheidenden Zielsetzung, dabei die Armee zu retten. Nicht mehr die Interessen seines Landes, die die Armee ohnehin nicht mehr schützen konnte, spielten für Ludendorff von nun an noch eine Rolle, sondern die Handhabung der Niederlage. Sollte aber über diese die Ehre der Armee gerettet werden, mussten sofortige Waffenstillstandsverhandlungen von der Regierung, nicht etwa von der OHL, ausgehen. Das dafür erforderliche Waffenstillstandsgesuch sollte nach Ludendorffs Plan dementsprechend von den Parteien ausgehen, die schon immer für einen Verhandlungsfrieden eingetreten waren, also unter Federführung der SPD von der Reichtagsmehrheit. Das aber genüge nicht, soll dazu der als Erster von Ludendorff ins Vertrauen gezogene Staatsekretär des Auswärtigen von Hintze spontan beanstandet haben. Vielmehr müsse laut Hintze zugleich ein „vollständiger, sichtbarer, dramatischer Systemwechsel erfolgen ..., nämlich eine Verfassungsänderung, eine Revolution von oben". Das leuchtete Ludendorff ein, da es seiner Vorliebe für ein radikales Aufs-Ganze-Gehen entsprach. Zu diesem so modifizierten Plan wurde Hindenburg als OHL-Chef Ludendorffs hinzugezogen, der auch diesem Plan wie immer sogleich zustimmte. Danach überzeugten Ludendorff und Hindenburg auch Wilhelm II., der trotz dabei erkennbarer Missstimmung gegen Ludendorff wie bereits in den Jahren zuvor nicht gegen die Leiter der OHL aufzumucken wagte. Und so gelang es Ludendorff schließlich auch, den bis dahin arglosen Friedrich Ebert und über diesen die SPD samt Reichtagsmehrheit für die Umsetzung seines Systemwechselplans in eine parlamentsbeherrschte Demokratie zu gewinnen. Das Waffenstillstandsangebot erreichte dementsprechend mit den Unterschriften der Reichtagsvertreter treu nach Ludendorffschem Muster die Siegermächte. Das Angebot hatte über dieses vergiftete Mitwirkungsersuchen an Ebert die Grundlagen für die von ihm vorgedachte Dolchstoßlegende verdeckt auf den Weg gebracht.

Deutschland zwischen Revolution und Gegenrevolution

Auch nach obigem Waffenstillstandsgesuch lief vieles, keinesfalls jedoch alles, in die von Ludendorff vorgeplante Richtung einer Ehrenrettung für die Armee. Dafür aber musste sowohl auf Druck von US-Präsident Wilson wie auch Aufforderungen aus friedenssuchenden Bevölkerungskreisen Kaiser Wilhelm II. demissionieren. Das tat er schließlich offiziell am 28. November 1918, zwar nicht aus eigener Einsicht, sondern nach vorheriger, halblegaler Rücktrittsverkündung seines damaligen Reichskanzlers.[14] Für Deutschland begann damit faktisch eine Stunde Null. Es hätte dies die Stunde der nicht als Kriegsverantwortliche kompromittierten Politiker und Parteien wie auch der gesellschaftsverantwortlichen Staatsbürger werden können. Immerhin ergriff, wenn auch unautorisiert, der MSPD-Politiker Phillip Scheidemann am 9. November 1918 den neu entstandenen Freiraum, indem er vom Reichstag in Berlin aus die Republik ausrief.[15] Spätestens von da an stellten sich den verantwortungsbereiten Politikern und Staatsbürgern folgende Fragen:

- Welche Konsequenzen sollte dieses republikanische Deutschland aus der Weltkriegskatastrophe ziehen?
- Was könnten bzw. sollten die Aufgaben des neuen Deutschen Reiches künftig sein?

---

[14] Die Führung der SPD unter ihrem Vorsitzenden Friedrich Ebert war bis November 1918 noch bereit, die monarchische Staatsform, wenn auch nur über eine konstitutionelle Verfassungsreform und bei Abdankung von Wilhelm II., zu erhalten. Vgl. Machtan (2008).

[15] Scheidemann war dazu gar nicht autorisiert, sondern machte die Republikproklamation nach seinen Worten „als rhetorische Verneigung vor der normativen Kraft des Faktischen". Vgl. Machtan (2018, S. 289).

- In welche gesellschaftliche, wirtschaftliche und kulturelle Verfasstheit soll die neu ausgerufene Republik auch zur Lösung der aus dem 19. Jahrhundert gekommenen und ungelösten Sozialfragen künftig geführt werden?

Es zeigte sich allerdings sehr bald, dass sich innerhalb der Gruppe der nicht als Kriegsantreiber kompromittierten Parteien kaum Persönlichkeiten befanden, die auch nur konstruktive Ansätze in Richtung dieser Fragen bewegten, geschweige denn öffentlich formulierten. Das galt insbesondere für die von Friedrich Ebert und Philip Scheidemann geführte SPD. Deren Anführer hatten, wie es Sebastian Haffner kritisch formulierte, noch bis zum Schluss des Weltkrieges im Kaiserlichen Reichstag die „Annehmlichkeiten des Lebens als parlamentarische Honoratioren" genossen. Das wiederum verführte sie dazu, nicht einmal ein theoretisches Konzept für eine grundlegende Umgestaltung der sozialen, politischen und wirtschaftlichen Bedingungen des Deutschen Kaiserreiches zu erarbeiten bzw. etwas Ähnliches auch nur ansatzweise vor zu denken. Schon die Abschaffung der Monarchie habe der SPD arg zu schaffen gemacht, die laut Haffner bis Anfang November 1918 am liebsten „kaiserlich deutsche Sozialdemokratie" geblieben wäre.

Umso mehr erwischte es die Führung der SPD „auf dem falschen Fuß", sprich: völlig unvorbereitet und überraschend, als in der zweiten Novemberwoche 1918 die Meuterei von Matrosen der Hochseeflotte gegen ihre Flottenführung begann. Diese erstaunlich mutige und disziplinierte Revolte mündete bereits Anfang November in eine regelrechte Revolution gegen die zwar schon damals bröckelnden, aber noch immer formal bestehenden feudalen und militaristischen Herrschaftsstrukturen in Deutschland. Letztere repräsentiert durch das gegen die neuen Demokratiebewegungen per Flottenmobilisierungsbefehl putschende Offizierschor, gegen welches die Revoltierenden einen Überlebenskampf nicht nur für sich, sondern alsbald für alle Mannschaften der Wehrmacht und schließlich auch für die sich ausgenutzt und unterdrückt fühlende Arbeiterschaft führten.

Eine wahre Revolution also gegen Putschabsichten und dahinterstehende feudalistische Machtstrukturen, ausgelöst durch ein Ausschwärmen der meuternden Matrosen von Kiel aus über den gesamten Westen des Reiches.

„Überall wohin diese Matrosen kamen, schlossen sich ihnen die Soldaten der Garnisonen und die Arbeiter der Fabriken an, als ob sie auf sie gewartet hätten … überall riss die bis dahin bestehende Ordnung, auch über die Elbe hinaus … wie Zunder … wie ein Waldbrand breitete sich (eine Revolution gegen Putschpotentiale) … wie selbständig fort … überall geschah wie auf stillschweigende Verabredung dasselbe. Die Soldaten der Garnisonen wählten Soldatenräte, die Arbeiter wählten Arbeiterräte (und später auch Betriebsräte) … die Militärbehörden kapitulierten … oder flohen, die zivilen Behörden erkannten … verschüchtert die neue Oberhoheit der Arbeiter- und Soldatenräte an … zwischen dem 4. und 10. November 1918 … verwandelt sich so das westliche Deutschland von einer Militärdiktatur in eine Räterepublik … die zivilen Verwaltungsbehörden blieben unangetastet und arbeiteten unter der Aufsicht und Oberhoheit der Räte weiter, wie sie im Kriege unter der Aufsicht und Oberhoheit der Militärbehörden gearbeitet haben." (Haffner 2018, S. 65 ff.)

Der Ausgang von Revolutionen ist bei deren Ausbruch immer höchst ungewiss. Sie können im Idealfall friedlich zu großen, sozialen wie auch verfassungsgarantierten und dadurch sogar dauerhaften Freiheitsfortschritten führen. Genauso gut können sie aber auch Revolutionsverrat, Gegenrevolutionen, blutige Bürgerkriege sowie Chaos anstiften. Über all das war nach dem bis Anfang November erstaunlich friedlichen Wandel einer bisher faktischen Militärdiktatur in ein für demokratische Strukturen offenes Rätesystem noch keinesfalls nachhaltig entschieden.

Entschieden wurde bis Ende November 1918 vielmehr lediglich die Abdankung des Kaisers, die Annahme des Waffenstillstandsgesuchs durch die Alliierten und die auch vom Militär akzeptierte Bestellung des SPD-Vorsitzenden Friedrich Ebert zum neuen Reichskanzler. Alles Weitere verblieb bis zum Jahresende ungeklärt in einem äußerst fragilen Schwebezustand, der trotz dramatischer Zwischenereignisse des Folgejahres immerhin bis zum Herbst 1919 als epochaler deutscher Neugestaltungsspielraum für kulturgerechte und fortschrittliche Systemweiterentwicklungen erhalten bleiben sollte.

Um eine fortschrittliche Nutzung dieses Spielraums bemühte sich auch, wenngleich zunächst nur mit regionalem Fokus, der Fabrikant Emil Molt als Mitglied der vom württembergischen Arbeitsministerium Ende 1918 einberufenen Sozialisierungskommission. Molt suchte zu diesem Zweck am 25. Januar 1919 Rudolf Steiner in Dornach (Schweiz) auf. Von Letzterem erbat er eine Konzeption samt Vorgehensplan dafür, wie zunächst einmal von Württemberg aus für Deutschland dessen soziale, politische und kulturelle Verwerfungen reformerisch zu heilen und dafür zu gestalten seien. Steiner soll auf diese Aufforderung hin Molt spontan geantwortet haben: „Wir können nicht mehr an Altes anknüpfen, sondern wir müssen von uns aus ganz Neues bringen. Ich werde Ihnen ein Dokument (dazu) geben."

Steiners Aufruf an das deutsche Volk und an die Kulturwelt

Das zuletzt angekündigte Dokument lieferte Steiner an Molt und andere wirtschaftserfahrene Fachleute, Institutsleiter sowie Anthroposophen Württembergs Anfang März

1919. Er überschrieb diese mit „Aufruf an das deutsche Volk und an die Kulturwelt". Darin versuchte er zunächst bei ausgewählten Multiplikatoren die Einsicht dafür zu erwecken, das Deutschland im Gegensatz zu anderen Volksorganisationen als erste darauf angewiesen sei, seine politische und kulturelle Kraft aus einer grundlegenden, systemischen Neugestaltung seiner wirtschaftlichen, kulturellen und eigentumsrechtlichen Verhältnisse zu finden. Man kann auch sagen: die bis dahin unerfüllten Vermächtnisse der Großen Französischen Revolution über einen systemischen Paradigmawechsel zu verwirklichen. Das Konzept für eine derartige systemische Neugestaltung bezeichnete Steiner als „Dreigliederung des sozialen Organismus". Gelinge Deutschland der Einstieg in diesen von ihm vorgestellten dreigliederigen Systemwandel nicht bis zum Abschluss der Friedensverhandlungen mit den Alliierten, dann würde es seine Aufgaben mit fürchterlichen Folgen weiter verfehlen. Der Aufruf war somit ein dramatischer Weckruf zu innerer Einkehr und systemischer Wandlung, verbunden mit einer Warnung vor einem diesbezüglichen Nichthandeln zugleich.

Mit einer Ideenausarbeitung zur Dreigliederung des sozialen Organismus hatte Steiner schon 1917 begonnen, als er im Unterschied zur deutschen OHL die drohende Niederlage der beiden Kaiserreiche bereits voraussah. Zur Anregung umgehender Friedensverhandlungen hatte Steiner erste Ideenverdichtungen zur Dreigliederung an einzelne, ihm bekannte, an den Höfen in Berlin und Wien einflussreiche Persönlichkeiten wie den Chef des Deutschen Generalstabes, Graf Helmut von Moltke in Berlin sowie den Anthroposophen Graf Polzer-Hodiz in Wien, weitergeleitet, ohne damit jedoch bis zu den jeweiligen Kaisern bzw. deren Thronfolgern durchdringen zu können. Im Grundsatz basierten diese Ideenverdichtungen auf Steiners Organismus-Denken, welches er auf die Universalien der Großen Französischen Revolution anwandte. Für die besonderen Kerneinforderungen jeder einzelne Universalie wie Freiheit, Gleichheit und Brüderlichkeit sollte laut Steiner ein gesonderter Organismus aus dem bisherigen Einheitsstaat herausgelöst und zu einem jeweils viel effektiveren Organ als im Einheitsstaat überhaupt möglich weiterentwickelt werden. So für das Prinzip Brüderlichkeit ein aus vielen eigenverantwortlich geführten Assoziationen bestehender Wirtschaftsorganismus. Die Leiter dieser Assoziationen konnten mit Zustimmung von deren Betriebsräten durchaus die bisherigen Unternehmer als sogenannte Unternehmensleiter bleiben. Sie sollten die Assoziationen dann aber nicht mehr nach dem Leitziel egomaner Gewinnmaximierung führen, sondern vielmehr nach Kooperationsgrundsätzen zur bestmöglichen gemeinschaftlichen Versorgungs- und Wohlfahrtsoptimierung eigenverantwortlich und frei von Weisungen Dritter leiten.

Dementsprechend sollte das Eigentum an den Assoziationen nicht mehr Unternehmern bzw. Kapitalisten zu deren privaten Vorteil gehören, auch nicht staatsähnlichen Eigentümern. Denn: Demokratisierungen und Verstaatlichung von Unternehmen lehnte Steiner im krassen Unterschied zu Karl Marx vehement ab. Vielmehr sollten Assoziationen zu einem körperschaftlichen Sondervermögen umgewandelt werden, welches von allen Assoziationsleitern zusammen mit Repräsentanten des freien Geisteslebens wie einer Kommission aus eigenverantwortlichen Treuhändern gemeinschaftlich zu verwalten war. Dazu sagte Steiner wörtlich, „dass für die Leitung der Betriebe keine Erbrechte gelten gemacht werden können". Und: „Das in den Betrieben erarbeitete Kapital darf kein Privatkapital werden". Dieser mit umfassenden Veränderungen des Eigentums-, Koalitions- und Kapitalrechts aus dem bisherigen Einheitsstaat zu verselbstständigende Wirtschaftsorganismus sollte für die Gesamtgesellschaft deren physische Existenz erhalten – so wie die Verdauungsorgane dies für den Einzelmenschen leisten –, und zwar nach den Grundsätzen der Brüderlichkeit.

Das zuletzt skizzierte, physische Existenzerhaltungs-Organ kann seine Leistungsfähigkeit laut Steiner nur dann erhalten, wenn es fortwährend geistig impulsiert wird. Und diese Anregungsfunktion sollte von einem wirklich *freien* Geistesleben ausgehen. Ein solches, wie Steiner es nannte, „freies Geistesleben" sollte ebenfalls als abgeschlossenes Organ aus dem bisherigen Einheitsstaat herausgelöst und zu seinen besonderen Aufgaben befähigt werden. Das so benannte Organ entspricht beim Einzelmenschen dessen Kopffunktion. Als gesamtgesellschaftliches Organ dürfe dieses laut Steiner weder von der Wirtschaft dominiert noch vom Staat „aufgesogen" werden. Deshalb sollten Schulen und Ausbildungsstätten nicht mehr durch staatsverordnete Lehrpläne eingeengt werden. Vielmehr sollten freie Schulen geschaffen und genauso wie freie universitäre und andere Ausbildungsstätten sich in gegenseitiger Konkurrenz um ihre Schüler und Auszubildenden bemühen. Keinesfalls sollte die Unabhängigkeit dieser Einrichtungen durch deren Angewiesensein auf Zuwendungen der Wirtschaft oder des Staates gefährdet werden. Vielmehr sollten es die Schüler und Studenten sein, über die die Schulen und Bildungsstätten zumindest mittelbar bezahlt werden. Was wiederum nur dann mit der Anforderung von gleichen Bildungschancen für alle zu vereinbaren ist, wenn allen Schülern und Auszubildenden nach den Grundsätzen eines die gleichen Bildungschancen sichernden Grundeinkommens dafür genügend Mittel zur Verfügung gestellt werden.

Das kann, worauf Steiner immer wieder als Grundlage für ein brüderliches Wirtschaftssystem hinwies, zum einen nur auf der Grundlage eines leistungsunabhängigen Einkommens schon für Schüler und Auszubildende geschehen. Was bei arbeitsfähigen Erwachsenen letztendlich eine strikte Trennung von Arbeit und Einkommen erfordere.

2 Schicksalhafte Wegverfehlungen durch …

So war Steiner die Bezeichnung Arbeitnehmer zuwider, weshalb er diese „Arbeitleister" nannte. Für Letztere lehnte er dezidiert jedes Lohnverhältnis ab. Dies sei „der letzte Rest eines früheren Sklavendienstes, das dem unfreien Menschen gemäß war, aber baldigst überwunden werden müsse". Im Lohnverhältnis, so sagte Steiner weiter, „trage der geistige Mensch (seinen himmlischen Anteil) auf den Markt und seine Arbeitskraft werde dadurch selbst zur Ware. Will der Mensch als freies Wesen auch im Berufsleben den führenden Persönlichkeiten, Institutionen oder Behörden gegenübertreten, so darf er prinzipiell nicht in finanzieller Abhängigkeit von ihnen kommen. Seine Mit- und Zusammenarbeit erfordert ganz andere Antriebskräfte, nämlich sachliches Interesse am gemeinsam zu Leistenden, Vertrauen und freien Entschluss. Wer nur um des Geldes willen arbeitet und sich nach der Zeit bezahlen lässt (Stundenlohn oder Akkord), verstößt gegen eine gesunde Entwicklung der menschlichen Gemeinschaft".

Zum anderen sollten Schülern und Studenten unentgeltlich Bildungsgutscheine seitens der Assoziationen zur Verfügung gestellt werden. Durch das so zu ergänzende, indirekte Finanzierungsprinzip über die Ausbildungs- und Kulturnutzer sollte das assoziative Wirtschaftsleben die Einrichtungen und Funktionen des freien Geisteslebens ohne die Schaffung irgendwelcher Finanzabhängigkeiten mit ausreichenden Mitteln und Kapitalien auf demokratischem Wege versorgen. Umgekehrt sollte der so versorgte Organismus des freien Geisteslebens die Aus- und Fortbildung innerhalb des assoziativen Wirtschaftsorganismus sichern und übernehmen. Nur ein solchermaßen unabhängiges Geistesleben kann laut Steiner individuelle Freiheit überhaupt erst ermöglichen. Denn Freiheit entsteht nicht ohne freilassende Brüderlichkeit. Und für beides bedarf es des spezialisierten Zusammenwirkens der zuletzt erläuterten, vom Einheitsstaat jeweils entkoppelten, verselbstständigten Organismen.

Nach der organischen Verselbstständigung von assoziativem Wirtschaftsleben und freiem Geistesleben verbleiben vom ehemaligen Einheitsstaat nur dessen hoheitliche Kernfunktionen für einen dritten Organbereich, also die Wahrung der inneren und äußeren Sicherheit sowie darüber hinausgehende Legislativ- und Judikativ-Funktionen. Beim Einzelmenschen entspricht dies seiner Herzfunktion. Das alles wurde, wenngleich in stark verdichteter Form, als „Dreigliederung des sozialen Organismus" den Empfängern von Steiners „Aufruf an das deutsche Volk und an die Kulturwelt" mittels Rundschreiben und ergänzenden Presseveröffentlichungen bis Mitte März 1919 vorgestellt.

Revolutionsbegleitende Dreigliederungs- und Betriebsrätebewegungen

Es wird jedem Leser sofort einleuchten, dass ein so revolutionär neues wie auch komplexes Konzept, wie es die oben dargestellten Grundzüge von Steiners Dreigliederungsideen nun einmal sind, nicht allein per Rundschreiben wirksam verbreitbar waren. Vielmehr bedurfte es dazu zusätzlich – dessen war sich der Philosoph und Pädagoge Rudolf Steiner selbstredend bewusst – vieler sich verzweigender und selbstständig agierender Arbeitskreise, welche laufend durch von ihm darzustellende Vortragsveranstaltungen auch in Fabriken und Gewerkschaftszentralen fortzubilden waren. Das geschah schließlich auch durch Vorträge in Universitäten und schließlich vor breiteren Arbeiter- und überhaupt Bevölkerungskreisen.

Um dies in Gang zu setzen, fand am 21. März 1919 eine Versammlung der vielen hundert Unterzeichner des obigen Aufrufs im Stadtgrabensaal in Stuttgart statt. Die dort insbesondere von Rudolf Steiner und Professor Blome gehaltenen Ansprachen wurden von keiner Seite, trotz der zur damaligen Zeit auch in Stuttgart bereits aufgeheizten

Revolutionsstimmung, gestört. Erschienen waren neben mehrheitlich bürgerlichen Besuchern auch Arbeiter und Fabrikangestellte. Mit Letzteren wurde über den am 21. März neu gegründeten „Bund für Dreigliederung des sozialen Organismus" sogleich Verbindungen zu vielen Arbeitervertretungen und Betriebsräten in Württemberg verabredet. Dadurch gelang es dem neugegründeten Bund, eine Reihe eng getakteter Arbeiterversammlungen im April 1919 im jeweils überfüllten Gustav-Stiegler-Haus in Stuttgart einzuberufen. Dem folgten Vorträge von Steiner vor den Arbeiter- und Angestelltenausschüssen der versammelten Belegschaften der Firmen Robert Bosch, den Daimler-Werken in Untertürkheim, der Delmonte-Kartonagefabrik und den Arbeitern der Esslinger Großbetriebe mit insgesamt mehr als 10.000 Versammlungsteilnehmern. All diese Versammlungen entzündeten bei deren Teilnehmern große Begeisterung und breite Zustimmung zu den Dreigliederungsversionen Steiners. Dies lag nicht zuletzt an Steiners Redekunst, deren Geheimnis vor allem darin lag, dass Steiner sich wie kaum ein anderer auf das jeweilige Niveau seiner Zuhörer einstellen konnte und sich ihrer Sprache zu bedienen wusste (Kühn 1978). Vor allem aber verstand es Steiner meisterhaft, die sich zu jener Zeit auch in Württemberg verbreitenden Revolutionsvorstellungen innerhalb der Belegschaften zu bedienen, die ja auf eine Umwandlung der bestehenden Wirtschaftsverfassung abzielten. Dazu konnte Steiner tatsächliche Schnittmengen zwischen den Arbeitern bekannten, revolutionären Einforderungen und seinem assoziativen Wirtschaftsorganismus verdeutlichen, wonach

- die Selbstentfremdung der Mitarbeiterschaft mit dem Übergang in den oben dargestellten, assoziativen Wirtschaftsorganismus nachhaltig beendet werden kann,
- weil sich der einzelne Arbeiter und Angestellte in diesem fortan nicht mehr als Ware verkaufen muss.

- Dazu konnte Steiner tendenzielle Übereinstimmungen mit Ferdinand Lassalle aufzeigen, der über seine genossenschaftlichen Assoziationen allen Mitarbeitern anstelle eines Lohns bzw. Gehalts einen menschenwürdigen Anteil am gesamten Arbeitserfolg zugutekommen lassen wollte.
- Und so konnte Steiner selbst manchem marxistisch geschulten Arbeiter vermitteln, wie egoistisches Geschäftsgebaren durch sein eher altruistisches, auf die Sicherung von Menschenwürde ausgerichtetes System viel eher friedlich umgesetzt werden kann als durch eine Diktatur des Proletariats. Ferner konnten seine Zuhörer durch dieses System sogar das Gleichnis von den Arbeitern im Weinberg (nach Matthäus 20) und damit dessen christlichen Bezüge besser als bisher möglich verstehen. Denn dort ist es ja die schenkende Liebe als Urbild für eine noch zu schaffende christliche Wirtschaft, welche die Arbeiter gleichmäßig entlohnt, obwohl sie jeweils verschieden lange gearbeitet haben.

Unterstützt wurden die Vorträge Steiners durch ab Mai 1919 vom Bund für Dreigliederung herausgegeben Flugblätter. Darin wurde vor allem um eine sachliche und offene Auseinandersetzung innerhalb der sozialistischen Parteien und zwischen diesen sowie dem Bund für Dreigliederung geworben. Dort hieß es u. a.: „Weiterentwicklung der sozialistischen Theorie bedeutet nicht Abkehr von revolutionärer Praxis: … wir sind der festen Überzeugung, dass auch um die Dreigliederung gekämpft werden muss … Steiner gibt uns die Vorschläge zum Aufbau. Wie wir sie durchsetzen wollen, das überlässt er unserer Verantwortung. Ob sie mit Gewalt oder ohne Gewalt durchgeführt werden können, das hängt von den Verhältnissen, die zum Teil die Gegner in der Hand haben, ab." (Schmelzer 1991, S. 205)

2 Schicksalhafte Wegverfehlungen durch ...

Zu der in den Flugblättern des Bundes für Dreigliederung wiederholt eingeforderten sachlichen und offenen Auseinandersetzung kam es jedoch keinesfalls mit der Funktionärsebene der Gewerkschaften und damit auch nicht mit der diese richtungsvorgebenden USPD. Denn diese fühlten sich, was Ziele und Umsetzungsmöglichkeiten für einen Sozialismus in Deutschland betraf, im allein gültigen Besitz der Wahrheit. Schon deshalb kam hier der spontane Anklang der Steinerschen Dreigliederungsideen bei so großen Teilen der Belegschaftsangehörigen sowie die Ausbreitung einer regelrechten Dreigliederungsbewegung bei der sozialistischen Prominenz in Württemberg nicht gut an. Dass Steiner die auch von weiten Teilen der württembergischen USPD unterstützten Rätebewegung in geordnete Bahnen mit einem erstmals von ihm dafür konkretisierten Betriebsrätekonzept lenken wollte, interessierte sie letztlich wenig. Vielmehr fürchteten sie den Verlust ihrer sozialistischen Deutungshoheit samt verbands- und parteienabgesichertem Machtmonopol innerhalb der württembergischen Belegschaften. Und so verkündete am 5. Juni 1919 die Parteiführung der württembergischen USPD im Stuttgarter Gewerkschaftshaus schon einmal: „Die Lehren Steiners (versprächen) ein Himmelreich, täuschten aber den Arbeiter über seine Klassenlage hinweg und könnten ihn nicht von Ausbeutung und Lohnsklaverei bewahren. Ein befreiender Marxismus im Sinne der Partei sei das nicht." (ebd., S. 207 f.)

Trotz dieser von da an immer häufiger phrasenhaft wiederholten Funktionärsablehnungen führte Steiner seinen Dreigliederungskampf auch im Juni 1919 mit großem Engagement fort. Dabei kam es ihm zunehmend darauf an, durch Werben für den Ausbau und die Stärkung der Betriebsrätebewegung eine aussichtsreichere Basis für die politische Durchsetzbarkeit der von ihm auf dem Wege der

Dreigliederung angestrebten Sozialisierung in Deutschland zu erreichen. Er trifft diesbezüglich allerdings schnell auf dieselben Dilemmas wie viele demokratischen Sozialisten bereits vor ihm. Nämlich sich einerseits energisch gegen die Einbahnstraße der marxistischen Ideologie mit ihrem Primat der Eroberung der politischen Macht zu wehren und andererseits der Bedeutung der Machtaneignung „von unten" konkrete Umsetzungschancen zu verschaffen. Eine systemwandelnde Macht „von unten" wollte er über sich landesweit vereinigende Betriebsräteschaften erzeugen, „die durch ihre Arbeit ... die Kapitalisten alten Stils überflüssig machen ... das heißt ja gerade ‚sozialisieren'" (ebd., S. 176).

Realitätsfernes Elite- und Kulturversagen auf ganzer Linie

Zum weiteren Vorantreiben seiner zuletzt angedeuteten Sozialisierungs- und Dreigliederungsziele war Steiner nicht nur auf eine zumindest stillschweigende Duldung seitens der USPD und Gewerkschaftsführer angewiesen. Vielmehr bedurfte dieses Vorhaben zudem der Unterstützung durch den kulturellen Sektor über dessen Weiterentwicklung zu einem wirklich freien Geistesleben. Nur so konnte für Steiner vermieden werden, dass über die Betriebsrätebewegung letztendlich eine völlig einseitige, ökonomistische Kulturknebelung begünstigt würde. Und so kündigte er am 11. Mai 1919 in seinem sogenannten volkspädagogischen Vortrag den Versuch einer Revolutionierung des gesamten Bildungswesens an. Über diese Revolutionierung sollten die künftig Lehrenden „den Impuls bekommen, von sich aus in ein freies Unterrichtswesen einzugreifen", wofür die zukünftigen Lehrer vor allem ein Bewusstsein für die Zeitereignisse zu vermitteln sei. Der Lehrer „darf ... nicht in irgendeinem Winkel sitzen und vom Leben nichts ver-

2 Schicksalhafte Wegverfehlungen durch …

stehen, sondern er muss kennen, was geschehen muss … (dagegen) treffe man heute Menschen … welche von den Lebensbedingungen und Kämpfen der Arbeiterschaft überhaupt keine Ahnung haben … jetzt kämpfe das Proletariat gegen die bürgerliche Ordnung um die Befreiung der Arbeit. Dabei drohe aber die Gefahr einer Versklavung des Geisteslebens. Darum sei die Einrichtung eines Kulturrates eine Forderung allerersten Ranges". Wozu zu berücksichtigen sei, „dass die bürgerliche Nationalökonomie nur das Bestehende registriere, wie auch der Marxismus mit seiner Lehre von der selbstlaufenden Entwicklung … zur Willensschwächung geführt habe, wohingegen die Gegenwart die Forderung stelle ‚Handle jetzt! Handle menschlich aus deinem Wollen heraus!'" Um dann hinzuzufügen: „Falsche Erziehung schon auf der untersten Schulstufe (habe) die Deutschen zu einer Obrigkeitsmaschine gemacht, die blind der Obrigkeit folgt." (ebd., S. 178 ff.)

Inspiriert durch diese Revolutionierungsperspektiven, entwarf Carl Unger in der Nacht vom 30. zum 31. Mai 1919 einen Aufruf zur Gründung eines Kulturrates. Am Pfingstwochenende vom 7. bis 9. Juni 1919 fanden sodann verschiedene Versammlungen des Bundes für Dreigliederung statt, in denen der von Unger improvisierte Kulturratsaufruf überarbeitet wurde. Besonders einprägsam erschien damals der Hinweis auf die Gefahr einer einseitigen, ausschließlich wirtschaftlichen Zielsetzungen folgenden Sozialisierung. „In ihr würde die bisherige Zwangsherrschaft des Kapitalismus ersetzt werden durch eine alles nivellierende und jede freie menschliche Entfaltung hemmende Bürokratie … demgegenüber erscheine es notwendig, erneut den Weg zu den Vorkämpfern für ein freies Geistesleben im deutschen Idealismus zu finden" (ebd., S. 181 ff.). Dieser Aufruf wurde an zahlreichen Hochschulen und Institutionen des kulturellen Lebens verschickt sowie Arbeitsgruppen im In- und Ausland zugeleitet. Nur zeigte sich sehr bald, wie es der hieran mitwirkende Hans Kühn formulierte, dass damals in Deutschland „die bürgerlichen Kreise nicht erkannt hatten, was die Stunde geschlagen hatte", und man wie schon nach Steiners Vorträgen an der Universität Tübingen Anfang Juni die Erfahrung machen musste, „dass von allen Bevölkerungskreisen das Akademikertum jeden Alters und jeden Ranges für neue soziale Gedanken am allerwenigsten Verständnis aufzubringen vermochte" (Kühn 1978, S. 77).

Noch ernüchternder, um nicht zu sagen deprimierender mussten für Steiner die ab Mitte Juni 1919 einsetzenden, immer offeneren Widerstände gegen die Dreigliederungsbewegung seitens Gewerkschaften, USPD und schließlich auch der württembergischen Arbeitgeberverbände erscheinen. Denn diese begannen immer gezielter seine Verbindungen zu den Kernunterstützern seines bisher erfolgreichen Einsatzes für eine auf der Dreigliederungsidee aufbauenden Betriebsrätesystems zu zerschneiden. So beschloss die USPD-Führung noch im Juni 1919, ihre Mitglieder vor die Alternative zu stellen, sich entweder für die Dreigliederung oder aber die Partei zu entscheiden. Dazu muss man wissen, dass die meisten Mitglieder des Bundes für Dreigliederung der USPD angehörten. Hinzu kam, dass auch die Funktionäre von SPD und Gewerkschaften in Württemberg eine weitere Zusammenarbeit mit der Dreigliederungsbewegung abzulehnen begannen. Diese Tendenz hatte schon vorher die überregionale bürgerliche Presse verfolgt, die bereits am 21. Mai 1919 eine einseitige Kritik der Dreigliederungsbewegung ohne jedwede inhaltliche Auseinandersetzung mit derselben veröffentlicht hatte. Und so gelangte der Unternehmer und Dreigliederungsunterstützer A. Karl Stockmeyer bereits am 18. Juni 1919 zu dem Urteil, dass die Dreigliederungbewegung gescheitert sei: „Die Vorurteile der Menschen hatten gesiegt" (Schmelzer 1991, S. 213).

Steiner kam nunmehr nicht mehr umhin, das Scheitern der Dreigliederungsbewegung zu akzeptieren und auf die tieferen Gründe dafür zu blicken. Diese entdeckte er zunehmend, wie bereits oben angedeutet, in einer verbreiteten Erkenntnis- und Willensschwäche. Oder knapper formuliert: Es gab seinerzeit zu wenige „freie Menschen" in Deutschland. Einen freien Menschen hatte Steiner schon 1894 in seiner in den Vorabschnitten bereits häufig zitierten Philosophie der Freiheit als jemanden beschrieben, der aufgrund des „ideellen Teils seines individuellen Wesens sich jederzeit selbst zu folgen in der Lage ist". Solche Befähigungen aber, wie überhaupt der Wille dazu, fehlten, wie zuletzt exemplarisch nachgewiesen, bei allen einflussreichen Kadern der politischen Führungselite. Aber auch im Akademikertum und im publizistischen Mainstream war kaum ein ernsthaftes Engagement für die im ersten Kapitel dargestellten Universalideale trotz Katharsis erfordernder Weltkriegsniederlage zu erkennen. Ein sich unbeirrt fortsetzendes, vollständiges Kulturversagen der deutschen Eliten also. Deren anhaltendes Unverständnis für die Vermächtnisanforderungen der Großen Französischen Revolution sollte zumindest aus heutigem Rückblick als untergründiger Auslöser für das Abgleiten ganz Deutschlands in den freiheits- und menschenverachtenden Faschismus in den 1930er-Jahren gesehen werden.

Revolutionsverrat und Bürgerkrieg

Wie eine Art Vervielfältiger der Folgen aus dem Scheitern der Dreigliederungsbewegung in Württemberg wirkten sich einige parallel zu dieser Bewegung von Berlin aus in Gang gesetzte Aktionen von Reichskanzler Friedrich Ebert aus. Diese veranlasste Ebert allerdings nur in den wenigsten Fällen unmittelbar persönlich, sondern in aller Regel durch für ihn konspirativ und verdeckt handelnde Schergen. So insbesondere durch seinen sich selbst als Bluthund bezeichnenden Parteigenossen Noske. Vor allem dieser steuerte zunächst im Geheimen Aktionen, die im Gegensatz zur Dreigliederungsbewegung ausgesprochen blutig verliefen. Bei all diesen Aktionen ging es für Ebert nur um ein Ziel. Nämlich die im Herbst 1918 durch die Meuterei der Matrosen in Kiel ausgelöste Revolution mit den oben geschilderten, spontanen Räteeinsetzungen, wie von der OHL gefordert, zu ersticken bzw., wie Haffner dies beschreibt, „wieder zurückzurollen". Wozu man wissen muss: Ebert war zwar bekennender Sozialdemokrat und seit Jahren unangefochtener Vorsitzender dieser Partei. Dennoch verachtete er die nahezu ausschließlich von seinen SPD- sowie USPD-Mitgliedern getragene Revolutionsbewegung samt den aus dieser hervorgegangenen Räten. Hatte ihn diese doch ab 10. November 1918 zu einem Revolutionsführer wider seinen Willen und das auch noch mit dem ihm verhassten Titel „Volksbeauftragter" gemacht. Dabei wollte er schlicht ein vom preußischen Militär respektierter und auch von den bürgerlichen Eliten geachteter Reichskanzler sein und, wenn möglich, einmal ein bürgerlich-zuverlässiger Reichspräsident werden.

Ebert war, so charakterisiert ihn Haffner, „der Typ des deutschen Handwerksmeisters, (der sich) gewissenhaft … und bescheiden im Umgang mit vornehmer Kundschaft und herrisch in seiner Werkstatt (verhält). Die SPD-Funktionäre zitterten ein bisschen vor ihm wie Gesellen und Lehrlinge vor einem strengen Meister zittern … in den großen Debatten … über Revolution, Reform oder Parlamentarismus … hatte er kaum eine Rolle gespielt … da sie Eberts (spießbürgerliche) Fuchtel nicht mehr ertrugen … hatten sich 1917 alle … kritischen Geister über die Unabhängige Sozialdemokratische Partei (USPD) abgespalten … Ebert blickte auf diese mit Verachtung …(für ihn) ein Sauhaufen ohne Disziplin und Organisation" (Haffner 2018, S. 96). Nun aber wurde durch das für ihn unbotmäßige Verhalten seiner eigenen Parteimitglieder zu seiner Hauptsorge die Ungewissheit: Würden seine bürger-

2 Schicksalhafte Wegverfehlungen durch ...

lichen Parlaments- und Ministerkollegen und insbesondere die Oberste Heeresleitung (OHL) ihm trotz seines neuen Zusatztitels eines „Volksbeauftragten" weiterhin trauen?

Darüber immerhin beruhigte ihn am Abend des 10. November 1918 ein Anruf von General Groener über eine Geheimleitung der OHL vom belgischen Spa aus. In diesem später legendenumwobenen Telefonat bot der General dem Reichskanzler Ebert loyale Zusammenarbeit mit folgenden Hauptforderungen an: „Kampf gegen Radikalismus und Bolschewismus, Beendigung des Räteunwesens, (schnellstmögliche Einberufung einer) Nationalversammlung, Rückkehr zu geordneten Zuständen". Dem allen stimmte Ebert, wie sich später herausstellt, wohl aus vollem Herzen zu, war all dies doch anscheinend genau das, was er selbst wollte, und so beschreibt Haffner auch das Vereinbarungsergebnis zwischen den beiden: „Groener hat später von einem ‚Bündnis' gesprochen, das er an diesem Abend mit Ebert geschlossen hätte und schreibt später dazu: ‚Von da ab besprachen wir uns täglich abends auf einer geheimen Leitung zwischen Reichskanzlei und Heeresleitung über die notwendigen Maßnahmen. Das Bündnis hat sich bewährt'." (ebd., S. 120 f.)

Mit seinem zunächst verdeckt bündniskonformen Handeln gab Ebert Schritt für Schritt seine eigentliche Machtbasis auf, denn diese bestand ja genau in den aus der Revolution hervorgegangenen Räten, die ihn als Volksbeauftragten auf ihren Schild gehoben hatten. Immerhin fasste der erste Reichsrätekongress am 16. Dezember 1918 den Beschluss „zur völligen Umgestaltung des Militärwesens über eine Disziplinargewalt bei den Soldatenräten und freie Offizierswahl (Hamburger Beschlüsse)". Diese Hamburger Beschlüsse erkannte Hindenburg nicht an. General Groener protestierte gegen diese und drohte gegenüber Ebert mit Rücktritt. Letzterer bemühte sich erfolgreich, durch sein jede Art von Solidaritätsverpflichtung gegenüber seinen Parteigenossen verleugnendes und bis in den Januar

1919 fortgesetztes Doppelspiel zu verhindern. Nicht zuletzt wegen seiner strategischen Naivität merkte er dabei nicht einmal, dass er in Wirklichkeit gegen seine eigenen Machtinteressen spielte.

Groener und die gesamte OHL wussten Eberts Doppelspiel nicht nur zu schätzen, sondern auch sogleich im Sinne der ludendorffschen Strategie auszunutzen. So begann die OHL bereits Ende Dezember 1918 damit, auf den Truppenübungsplätzen um Berlin Freiwilligenformationen zusammenzuziehen. Diesmal als zuverlässige und schlagkräftige Organe für eine Gegenrevolution und diese Gegenrevolution setzte sich schließlich Heiligabend, also am 24. Dezember 1918 auf Anforderung von Ebert nach Berlin in Bewegung. Letzterer hatte dies von der OHL mit dem Ziel angefordert, das ihm als Volksbeauftragtem unterstehende Marinechor von mehr als 1000 Marineinfanteristen, das als übrig gebliebene Elite der Revolutionsarmee die Reichskanzlei besetzt hielt, zu entwaffnen. Schließlich gab Ebert nach tagelangem, zum Teil blutigem Hin-und-her zwischen den konterrevolutionären OHL-Truppen und den revolutionären Marineinfanteristen am 9. Januar 1919 – wohl auf Drängen von General Groener – den Befehl, sämtliche Revolutionstruppen in der Hauptstadt zusammenzuschießen. Das gelang den konterrevolutionären OHL-Truppen bis zum 11. Januar 1919 nach verlustreichen Kämpfen, bis sie sogar die Räumung des Verlagsgebäudes des „Vorwärts" erzwangen.

> „Die Vorwärts-Besatzung schickte sechs Parlamentäre mit der weißen Fahne, um über freien Abzug zu verhandeln. Einer von ihnen wurde mit Forderung nach bedingungsloser Übergabe zurückgeschickt, die übrigen wurden zurückgehalten, abgeführt, misshandelt und schließlich zusammen mit zwei abgefangenen Kurieren erschossen; dann wurde der Vorwärts gestürmt. Dreihundert Verteidiger wurden gefangengenommen. (Ein) Major von Stephani rief in

2 Schicksalhafte Wegverfehlungen durch ...

der Reichskanzlei an und fragte, was er mit den vielen Gegangenen anfangen solle. Nach eigener schriftlicher Beurkundung erhielt er die Antwort: ‚Alle erschießen!' „Das verweigerte er, ... ein Offizier alter Schule. Sieben Gefangene wurden trotzdem erschossen, ... ohne dass Stephani dies verhindern konnte."" (ebd., S. 163)

Dieser ausschließlich von Friedrich Ebert zu vertretende, blutige Revolutionsverrat sollte alsbald über dessen Komplizenschaft mit Noske noch blutiger und bis zu gemeinsten Meuchelmorden gesteigert werden. Noske als Eberts „Bluthund", so nannte er sich sogar fortan freimütig selbst, hatte inzwischen die Aufstellung erster auf ihn eingeschworener Freikorps abgeschlossen. Nach Erstürmung des Vorwärts marschierte er von diesem dem Landesjägerkorps Marker wie ein Standartenführer voran, über Lichterfelde auf den Potsdamer Platz in Berlin ein. Dies unter begeisterten Hochrufen von über die tatsächlichen Ereignisse völlig fehl informierter Berliner Bevölkerungskreisen. Das hatte sehr wohl die sich in ihrer Tagesberichtserstattung überwiegend konterrevolutionär einlassende bürgerliche Presse, aber auch der inzwischen einseitig antisozialistisch berichtende Vorwärts mit zu verantworten.

Der Einmarsch aber sollte nur Noskes offizielles Vorspiel sein, denn am 15. Januar 1919 übernahm die „Garde-Kavallerie-Schützendivision" den Westen Berlins, um, wie sie auf den von ihr mitgeführten Plakaten verkündete, „nicht eher die Hauptstadt zu verlassen, als bis die Ordnung endgültig wiederhergestellt ist". Wozu Haffner ergänzte: „Noch am Tage ihres Einzugs gab die Division ihre Visitenkarte ... mit der Ermordung Karl Liebknechts und Rosa Luxemburgs ab" (ebd., S. 167 f.). Beide hatten zwar mitnichten eine bolschewistische Revolution vorbereitet, wie ihnen fälschlicherweise unterstellt wurde, und im Falle Rosa Luxemburgs nicht einmal als solche gewollt, aber Rosa Luxemburg hatte eines erfolgreich geleistet, nämlich Aufklärung.

„Niemand hat die Wirklichkeit der deutschen Revolution 1918 und die Gründe ihres Scheiterns (Anfang 1919), die Unaufrichtigkeit der SPD und die Zerfahrenheit der USPD, … vom ersten Augenblick an so hellsichtig und so rückhaltlos analysiert wie Rosa Luxemburg. Tag für Tag in der ‚Roten Fahne'… Die einzige Wirkung, die sie damit erzielte, war, den tödlichen Hass der Durchschauten und (wie Friedrich Ebert) Bloßgestellten auf sich zu ziehen." (ebd., S. 174)

Die Morde am 15. Januar 1919 bildeten den Auftakt des mit Ausläufern bis in den Hochsommer 1919 andauernden blutigen Bürgerkriegs, tausende von Todesopfern und unsäglichen Hass und Bitterkeit hinterlassend. Es waren immer wieder Noskes Freikorps, die ab Februar 1919 zunächst die deutsche Nordseeküste mit Bremen im Mittelpunkt besetzten und dort die Räte liquidierten, sofern sie sich nicht vorher freiwillig unter Herausgabe ihrer Waffen aufgelöst hatten. Danach zog sich der Hauptkriegsschauplatz über das Ruhrgebiet mit dort tausenden Toten und von dort anschließend über Thüringen, Mitteldeutschland, wiederum nach Berlin und sodann Sachsen und im April schließlich nach Bayern. Was dort geschah, bezeichnete man als „weißen Schreck", der weit über den bisherigen Terror hinausging, wie ihn bis dahin noch keine deutsche Stadt, auch Berlin nicht, erlebt hatte.

„Eine Woche lang hatten die Freikorps Schießfreiheit, und alles, was ‚spartakusverdächtig' war, im Grunde die ganze Münchener Arbeitsbevölkerung, war vogelfrei. Die preußischen Freikorps fühlten sich (dabei) wie Sieger in einem eroberten Land (und auch das befeuerte ihre) wahllosen Erschießungen." (ebd., S. 211)

Die so massakrierten, wehrlosen Zivilisten einschließlich der in der „Roten Armee" Bayerns gefallenen Soldaten werden auf weit über 3000 Tote geschätzt.

Siegerdiktat mit demütigendem Unterwerfungszwang

1919 war nicht nur einerseits das Jahr des blutigen Revolutionsverrats Eberts an seinen SPD-Genossen samt den von ihm mit zu verantwortenden Meuchelmorden, andererseits das des Scheiterns der Dreigliederungs- und Betriebsrätebewegung. Beides stellt mit seinen schicksalhaften Folgewirkungen ein bis heute von nur wenigen erkanntes, sowohl innenpolitisches wie auch kulturelles Versagen Deutschlands dar. Es kam zu allem Überfluss am 28. Juni 1919 noch ein weiteres, diesmal außenpolitisches Versagen des nach Rücktritt der Regierung Scheidemann kommissarisch im Amte verbliebenen Außenministers hinzu. Dessen letztlich von Ebert mit zu verantwortendem Verhalten oder, besser gesagt, Nichtverhalten zum Friedensdiktat von Versailles. Letzteres betrifft die vorbehaltlose, schriftliche Annahme der von Clemenceau am 20. Juni 1919 als nicht verhandelbar eingeforderten Forderung nach schmerzhaften Gebietsabtretungen von rund einem Siebtel des Reichsgebietes, zusammen mit wirtschaftlich in ihrer Höhe gar nicht leistbaren Reparationszahlungen. An diesen Elementen des Friedensdiktats vermochte die Ebert und Scheidemann nachfolgende Regierung schon aus Gründen der alliierten Verhandlungsverweigerungen und deren militärischer Überlegenheit nichts wirklich Materielles mehr zu ändern, weshalb ihr diesbezüglich auch kein Verschulden angelastet werden kann.[16]

Ganz anders verhält es sich jedoch mit der zusätzlichen „Racheforderung" Clemenceaus, nämlich der nach einer widerspruchslosen Anerkenntnis der deutschen *Allein*schuld am Kriegsausbruch. Clemenceau forderte dies nochmals verschärft am 20. Juni 1919 entgegen inzwischen ver-

---
[16]Vergleiche dazu und zum Folgenden Gerd Krumeich, Die unbewältigte Niederlage, Das Trauma des Ersten Weltkriegs und die Weimarer Republik, (2018) Freiburg, Herder Verlag, Seite 160 ff.

söhnlicher klingenden Vorschlägen von Lloyd George für die Briten sowie US-Präsident Wilson. Ersterer verlangt unnachgiebig eine selbstbezichtigende, moralische Bankrotterklärung des Deutschen Reiches, und dies unter steter militärischer Gewaltandrohung. Aber: War es deshalb seinerzeit tatsächlich, wie von manchen behauptet, alternativlos, sich solchen Erpressungen kommentarlos zu unterwerfen? Nicht nur viele Diplomaten, sondern sogar erfahrene Militärs widersprachen der Behauptung Eberts und seines Kabinetts nach einer solchen Alternativlosigkeit. So sah es z. B. Oberst Schwertfeger vor einem Untersuchungsausschuss des Reichstages so, dass die alliierten Soldaten „nie und nimmer gegen Deutschland weitergekämpft hätten, solange Letzteres ehrlich Frieden angeboten hätte und dessen Truppen noch im Feindesland standen" (ebd., S. 199). Es wäre danach für die deutsche Verhandlungsdelegation mit durchaus vertretbarem Risiko möglich gewesen, zusammen mit ihrer Unterschrift unter den Diktattext der wahrheitswidrigen Alleinschuldunterstellung zu widersprechen. Zumindest hätten sie ihrer Unterschrift eine Protestnote in diesem Sinne anfügen können. Dazu standen ihr zum Verweis schon damals umfangreiche und Deutschland entlastende Dokumentationen des Auswärtigen Amtes zur Verfügung. Man hätte sogar noch wirkungsvoller der Unterschrift eine Fußnote mit Titelbenennung der den Alliierten und der internationale Presse bereits kurz zuvor eingereichten Professorendenkschrift der vier Gelehrten Hans Delbrück, Max Weber, Albrecht Mendelssohn-Bartholdy und Max Graf Montgelas hinzufügen können.[17]

---

[17] Insbesondere der international anerkannte Wissenschaftler Max Weber betonte in diesem Gutachten die Alliiertenverantwortung durch deren Unterstützung des serbischen Terrors gegen Österreich-Ungarn und später die verfrühte Mobilmachung Russlands. All dies wurde später durch den Staatssekretär des Auswärtigen Amtes von Bülow für Armente gegen die Friedensvertragsbedingungen systematisiert und aufbereitet. Siehe dazu Imanuel Geiss (o.J.) (https://www.degruyter.com/document/doi/10.1524/mgzs.198334.2).

2 Schicksalhafte Wegverfehlungen durch ...

Aber nichts geschah in dieser Hinsicht, obwohl Eberts SPD-Regierungschef Scheidemann schon Wochen vor der Diktatunterzeichnung verlautbart hatte: Wer dieses Diktat unterschreibt, dem müsse die Hand verdorren. Als auch das nicht fruchtete, demissionierte Scheidemann konsequenterweise. Aber warum hat dennoch dessen zum deutschen Außenminister bestellter Parteikollege Herrmann Müller das Diktat ohne jedwede Protestnote oder gleichwertige Vorbehaltshinweise unterschrieben? Darüber gibt es in der Geschichtsliteratur wie üblich widersprüchliche Spekulationen. Für mich jedoch nur eine plausible Erklärung: nämlich die so verdienstvoll durch Haffner laut obigen Ausführungen herausgearbeitete kleingeistige Feigheit und verdeckt feudalistisch geprägte Fremdbestimmtheit der Ebert-Regierung. Dazu habe ich ja bereits dokumentiert, dass seit dem 9. Januar 1918 eine verhängnisvolle mentale Abhängigkeit von Reichspräsident Friedrich Ebert und dadurch auch dessen Außenminister zu Richtungsvorgaben und Anforderungen der Obersten Heeresleitung (OHL) im belgischen Spa bestand. In wichtigen Entscheidungsfällen bewirkte dies des Öfteren, dass Wünsche und Handlungseinforderungen der OHL-Generalität im Zweifel Vorrang vor nationalen Interessen, aber auch Gefühlen und Befindlichkeiten der eigenen Parteigenossen hatten. Genau diese Grundorientierung erklärt auch Eberts feige anmutendes Verhalten in der Kriegsschuldfrage.

Die OHL-Generalität dürfte in Sachen der Kriegsschuldfrage nach der bereits erläuterten Strategie ihres Vordenkers Ludendorff nur ein einziges Interesse gehabt haben: dass das Versailler Diktat so schnell wie möglich und ohne Verzögerungen auslösende Diskussionen unterzeichnet werden solle. Denn: Nur so konnte der von Haffner enttarnte Ludendorff- bzw. OHL-Plan aufgehen, dem zufolge den der OHL verhassten Sozialisten und damit auch der neugewählten sozialdemokratischen Regierung die Alleinverantwortung für das militärische Scheitern der Armee, nebst dadurch notwendig gewordenen Friedensverträgen, angelastet werden konnte. Hätte sich die Regierung gegen Letzteren gewehrt, sei es auch „nur" mit dem Ziel einer Ehrenrettung, dann könnte das ja ein damit eventuell verbundenes Hinauszögern der rechtsgültigen Vertragsannahme die OHL-Strategie nur unnötig gefährden. Deshalb konnte die OHL-Reaktion auf die Anfragen des Ebert-Kabinetts, ob denn die Reichswehr zu einer Gegenwehr im Falle von militärischen Zwangsmaßnahen der Siegermächte bei einer Unterschrift Infragestellung willens und in der Lage sei nur folgerichtig lauten: Nein!

Dies wiederum alles mit der nachgeschobenen Begründung, dass laut angeblicher OHL-Befragung aller entscheidungserheblichen Offiziersebenen keine ausreichende Widerstandsbereitschaft mehr zu erwarten sei. Es sind aber erhebliche Zweifel an Begründetheit und überhaupt Beweiskraft dieser OHL-Antwort angebracht. Soweit mir bekannt, existieren keine belastbaren Quellen darüber, ob bzw. inwieweit eine solche Offiziersbefragung tatsächlich ernsthaft mit verständlicher Szenarien-Erläuterung von der OHL durchgeführt wurde.

Was aber in jedem Fall eine Tatsache ist: Ebert und seine neugebildete Reichsregierung unterwarfen sich nach Rücktritt der Regierung Scheidemann sofort und ohne Protestverlautbarungen dem Friedensdiktat. Dies auch noch mit einem unwürdigen Bußgang nach der von den Siegermächten vorgeplanten und Deutschland unverhältnismäßig demütigenden Unterwerfungszeremonie in Versailles.

Mit ihrer unwürdigen und vielen Deutschen als feige anmutenden Versailler Unterschriftshandhabung trug die Regierung Ebert wesentlich zur Verfestigung eines Deutschlands und dessen nahezu gesamte Öffentlichkeit belastenden, völlig verfälschten Geschichtsbildes bei. Dagegen half es im Nachhinein nur wenig, das der britische Weltkriegspremier David Lloyd George im Jahre 1933 verlautbarte, dass alle am Krieg beteiligten Staaten, also auch Deutschland, in den Krieg „hineingeschlittert" seien. Nach seiner dergestalt nachtäglich korrigierten Bewertung traf Deutschland zwar ein Mitverschulden, aber keinesfalls eine Alleinschuld am Ausbruch des Ersten Weltkrieges. Nach Georges Ansicht ereignetet sich dieser für alle Beteiligten eher „versehentlich" und somit auch von Deutschland nicht gewollt.

Diese Sicht wurde nach längeren kontroversen Thesenstreitigkeiten zur Kriegsschuldfrage von dem australischen Historiker Clark in seinem 2012 veröffentlichten Buch „The Sleepwalkers" („Die Schlafwandler") eindrucksvoll bestätigt. Im Unterschied zu nahezu allen Historikern vor ihm ging Clark in diesem Buch nicht nur auf die Rolle Deutschlands, sondern auch auf die der wichtigsten anderen am Krieg beteiligten Staaten ein. So wies er mit seiner umfangreichen Dokumentationsrecherche nach, dass eine anfängliche Schuld am Ersten Weltkrieg durch von der serbischen Regierung gesteuerte Attentäter gegen Österreich-Ungarn bei Serbien liege. In Übereinstimmung mit der oben erwähnten Stellungnahme von Max Weber im sogenannten Professorengutachten von 1919 sieht auch Clark eine wesentliche Teilschuld bei der damaligen Regierung in Russland, weil diese überstürzt mobilisiert habe. Im Übrigen handle es sich, wie 1933 bereits Lloyd Georg verlautbart hatte, um eine verheerende Kettenreaktion aufgrund des serbischen Attentats, bei dem sich nahezu alle kriegsbeteiligten Staaten wie „Schlafwandler" verhalten hätten (Clark 2013).

Clarks überzeugende Analyse teilen inzwischen weltweit die meisten Historiker. Leider geschieht das zu spät. Denn es reicht nicht (mehr) für eine in der breiten Öffentlichkeit wirksame Revision der verfestigten Alleinschuldverurteilung der Siegermächte aus. Dafür hat sich deren wahrheitswidrige Alleinschuldunterstellung über einen zu langen Zeitraum in das Allgemeinbewusstsein der nationalen und internationalen Öffentlichkeit nicht nur eingeprägt, sondern sich dort fest verinnerlicht.

Derart fehlgeleitete Prägungen gelten selbst für so scharfsinnige Denker und hervorragende Kenner der deutschen Geschichte wie den ehemaligen Bundespräsidenten Joachim Gauck. Dieser hat die eigentlich zu korrigierende Alleinschuldthese in seinem neuesten, ansonsten grandiosen Buch leider eher bestätigt: „Deutschland hat, da es gleich für zwei imperiale Kriege verantwortlich zeichnet, ein fortdauerndes Problem mit einem positiven Bezug zu seiner eigenen Geschichte" (Gauck 2023). Einen positiven Geschichtsbezug der Deutschen, wie Joachim Gauck ihn heute vermisst, hat in nicht unerheblichem Ausmaß in dem so weichenstellenden deutschen Schicksalsjahr 1919 allem voran Friedrich Ebert mit verhindert. Und dies als erster Reichspräsident der neuen deutschen Republik durch seine obrigkeitshörige Unverantwortlichkeit, seine atemberaubende Naivität gegenüber der reaktionären OHL, aber auch der Lügenhaftigkeit und Hinterhältigkeit seines schandhaften Revolutionsverrats.

Dolchstoßlegende und Putschversuche

Die Wirkung der geschilderten Katastrophenfolgen seit dem September 1917 auf die gesamte deutsche Öffentlichkeit, insbesondere auf deren für soziale Reformen offene Bevölkerungskreise, kann man nur als fatal bezeichnen. Es herrschte eine Mischung von Entsetzen über die erst so spät und so überraschend offiziell eingestandene militärische Niederlage mit einer noch größeren Wut auf das als inakzeptabel und ungerecht empfundene „Schanddiktat von Versailles". Speziell bei den SPD- und vor allem den

USPD-Anhängern kam noch deren Enttäuschung und Verzweiflung über den Verrat ihrer Revolution durch Ebert und die von ihm gesteuerten Regierungen hinzu. Da die Bevölkerung für all diese sich zumindest im heutigen Rückblick als apokalyptisch wirksam erscheinenden Miseren keinerlei Verschulden bei sich selbst sah, entwickelte sich spätestens ab Herbst 1919 ein sich immer weiter verstärkendes Bestreben nach dem Auffinden von Schuldigen für die als unzumutbar erscheinende Lage. Dieses Sündenbocksuchen und die darin schlummernden, potenziellen Demokratiegefährdungen wurden allerdings nicht im Geringsten von Friedrich Ebert und der von ihm verantworteten Regierungskoalition erkannt. Dafür aber umso intensiver vom ehemaligen OHL-Generalquartiermeister Ludendorff ab Oktober 1918 konspirativ mit Generalfeldmarschall Hindenburg befeuert. Letzterer tat dies erstmals offen mit seiner Stellungnahme vor einem parlamentarischen Untersuchungsausschuss mit der „Dolchstoßlegende", wie sie im Nachhinein genannt wurde.

Die Architektur der Dolchstoßlegende hatte Ludendorff nach der von Haffner ausgewerteten Quellenlage schon Anfang Oktober 1918 als Teil seiner damaligen, von mir schon in den Vorabschnitten ausgeführten Strategie, dem Kaiser in etwa wie folgt offenbart: „Wir sollten jetzt diejenigen Kreise an die Regierung bringen, denen wir es in der Hauptsache zu danken haben, dass wir so weit gekommen sind. Wir werden also diese Herren jetzt in die Ministerien einziehen sehen. Die sollen nun den Frieden schließen, der jetzt geschlossen werden *muss*. Sie sollen die Suppe jetzt essen, die sie uns eingebrockt haben." (Haffner 2018, S. 43) Sodann hatte Ludendorff dies an Ebert, wie bereits geschildert, über General Groener im November 1918 weitertransportiert. Ebert sollte in die so gestellte Falle mit seiner diesbezüglich atemberaubenden Naivität voll umfänglich hineintappen. Und die Falle schnappte vor allem mit

Hindenburgs Aussagen vor dem oben angesprochenen Untersuchungsausschuss durch die ungeheure Breitenwirkung seiner folgenden Aussagen vom Gewicht eines in der Bevölkerung anerkannten Helden des Sieges von Tannenberg wie folgt zu:

- Zunächst behauptete Hindenburg auf Befragung, dass „der Zusammenbruch des Heeres wegen der ‚revolutionären Zermürbung' gekommen sei; auch sei die mehrfache Forderung der OHL, solchen Bestrebungen mit neuen Gesetzen, Verurteilungen von Rädelsführern und anderen Maßnahmen zu begegnen, leider ungehört geblieben"
- und agitierte dann in Anspielung auf die Ende 1918 veröffentlichte Stellungnahme des britischen Generals Sir Frederick Maurice weiter: „Ein englischer General sagt mit Recht: Die deutsche Armee ist von hinten erdolcht worden … Wo die Schuld liegt, ist klar erwiesen: Bedurfte es noch eines Beweises, so liegt sie in dem angeführten Ausspruch des englischen Generals und dem maßlosen Staunen unserer Feinde über ihren Sieg."
- Um sodann polemisch auszuholen: „Wir waren am Ende! Wie Siegfried unter dem Speerwurf des grimmigen Hagens, so stürzte unsere Front."
- Wobei er zur Vorgeschichte dieses Geschehens behauptete: „Man (also die Sozialisten) denkt nicht mehr an die Folgen für das Ganze, sondern nur noch an die Durchsetzung der eigenen Leidenschaften … Denn gibt es … wahnwitzigere, als (die) dem Heere das weitere Leben unmöglich zu machen? War je ein größeres Verbrechen menschlichem Denken und menschlichem Hasse entsprungen?".[18]

---

[18] G. Krummeich, Die unbewältigte Niederlage, a. a. O., Seite 190.

Gegen diese in ihrer Zielrichtung und Realitätsverdrehung von gestandenen Politikern leicht durchschaubaren Unterstellungen hatte sich bereits im Spätsommer 1919 der SPD-Abgeordnete Erzberger im Reichstag mit der Einlassung gewandt, „die Revolution habe nichts mit dem Waffenstillstand zu tun ... der Zusammenbruch sei erfolgt durch den Mangel an innerer und äußerer Einsicht der Konservativen und der OHL ..." – um dann hinzuzufügen: „wir haben (deshalb) die Verantwortung übernehmen müssen für das, was sie verbrochen haben" (ebd., S. 188). Für solche den Nagel auf den Kopf treffende Argumente erhielten SPD-Abgeordnete wie Erzberger von ihrem Präsidenten so gut wie gar keine Unterstützung. Denn Friedrich Ebert vermied peinlichst jedwede öffentliche Schuldzuweisung an die OHL und den abgedankten Kaiser wegen deren viel zu spät eingeleiteter Waffenstillstandsinitiative. Eine solche hätte bekanntlich unmittelbar nach Kriegseintritt der USA, noch vor Ende des Jahres 1917, erfolgen müssen. Denn spätestens von da an war der Krieg für das Deutsche Reich gegen die nunmehr weit überlegenen militärischen Ressourcen der Alliierten auf Dauer nicht mehr zu gewinnen. Ebert jedoch unterließ solche erst recht nach Annahme des Versailler Friedensdiktat überfälligen Klarstellungen und ging bis Ende 1919 und auch noch lange danach jeder Konfrontation mit Hindenburg aus dem Wege. Eberts Naivität und Unterlassungen gegenüber der heimtückischen Strategie Hindenburgs geschahen anscheinend auch deshalb, um Unterstützungen der gegenüber dem Generalfeldmarschall informell ergebenen Reichswehrführung durch Anbiederungen an diese zu erkaufen.

Doch Eberts Anbiederungsstrategie konnte nicht verhindern, dass ihm die Reichswehrführung genau diese Unterstützung bei erster sich bietender Gelegenheit verweigerte. Und diese Gelegenheit wurde bereits am 13. März 1920 offen von Ludendorff durch den sogenannten Kapp-

Lüttwitz-Putsch herbeigeführt. Letzterer nahm seinen Lauf, nachdem General von Lüttwitz sein von der Reichsregierung gefordertes Ausscheiden aus der Reichswehr verweigert hatte. Stattdessen erteilte er der sogenannten „Brigade Erhardt" den Befehl zum Marsch auf Berlin, was diese auch sogleich feldmarschmäßig wie in Feindesland ausführte. Viele Soldaten der Brigade trugen dabei als Ausdruck ihrer völkischen Gesinnung, ein weiß bemaltes Hakenkreuz auf dem Helm und besetzten ohne Gegenwehr der zum Schutz des Regierungsviertels abkommandierten Reichswehreinheiten die Reichshauptstadt. Den durch Kriegsminister Noske auf Veranlassung von Ebert an die Reichswehreinheiten erteilten Befehl zur Gegenwehr gegen die Putschisten hatten Erstere durch Einschreiten des Chefs des Truppenamtes Hans von Seeckt verweigert. Dieser soll gesagt haben: „Reichswehr schießt nicht auf Reichswehr". Die mit dieser Putschlizenz Berlin ohne Gegenwehr besetzenden, meuternden Truppen riefen sodann Kapp zum neuen Reichskanzler aus.[19] Reichspräsident Ebert sollte, das wurde schon in den Folgetagen offenbar, möglichst umgehend durch Wilhelm II. als wieder inthronisierten Kaiser ersetzt werden.

Der Putschplan sollte sich sehr schnell als zumindest überstürzt und unausgereift erweisen, was nicht zuletzt daran lag, dass Ebert gegen diesen, abweichend von seinem bisherigen Regierungsstil, nun auf einmal überraschend entschlossen und sogar taktisch klug reagierte. So wurde auf seine Weisung schon am Vormittag des 13. März 1920 ein Aufruf des Pressechefs der Reichskanzlei, Ulrich Rauscher, zum Generalstreik im Namen des Reichspräsidenten und der SPD-Fraktion sowie deren Minister verbreitet, welcher

---

[19] Vergleiche hierzu und zum folgenden Johannes Erger, Der Kapp-Lüttwitz-Putsch. Ein Beitrag zur deutschen Innenpolitik 1919/1920, Droste, Düsseldorf 1967.

lautete: „Arbeiter! Genossen! Wir haben die Revolution nicht gemacht, um uns heute wieder einem blutigen Landknechtsregime zu unterwerfen ... Es geht um alles!...legt die Arbeit nieder! Streikt ... Kämpft mit jedem Mittel für die Erhaltung der Republik ... Es gibt nur ein Mittel gegen die Diktatur Wilhelm II.: Lahmlegung jeden Wirtschaftslebens ... Generalstreik auf der ganzen Linie!"

Diesem Aufruf schlossen sich der Allgemeine Deutsche Gewerkschaftsbund (ADGB) und die Arbeitsgemeinschaft freier Angestelltengewerkschaften (AfA) sowie am nächsten Tag auch noch die KPD an. Dagegen solidarisierten sich die Mitglieder der DNVP mit den Putschisten und unterstützten zum Teil aktiv deren Umsturzversuch. Von der DVP sympathisierten zumindest Teile mit den Putschisten. Deren Parteiführung unter Stresemann fasste immerhin den Beschluss, den Putsch nicht zu verurteilen. Es sollte sich sehr bald zeigen, dass alle vier bürgerlichen Parteien die Hauptgefahr nicht in reaktionären, konterrevolutionären Kräften, sondern eher in einer „Bolschewisierung" und damit im Zweifel in sozialistischen Parteienlagern erblickten. Alles in allem sah es deshalb spätestens am 15. März 1920 so aus, als ob das Deutsche Reich unweigerlich am Vorabend zu einem blutigen Bürgerkrieg stand.

Zu einem Bürgerkrieg kam es tatsächlich alsbald, wenn auch nur für kurze Dauer und auf einzelne Regionen des Reiches begrenzt. Dafür sorgte zum einen der Generalstreik, der der Putschregierung in Berlin vom zweiten Tag ihrer Existenz an jede Möglichkeit zum Regieren nahm. Alle Verbindungen zwischen Hauptstadt und Provinzen waren abgeschnitten. Selbst ihre örtlichen Truppenteilen konnten die Putschisten nur über Kuriere und Meldegänger erreichen. In der Generalstreikwoche vom 14. bis 21. März 1920 sollten sich noch einmal die in den Vorabschnitten beschriebenen Leistungen der Revolutionswoche vom 4. zum 10. November 1918 wiederholen. Wieder geschah alles ohne zentrale Planung und Führung aus einer spontanen Solidarität der Arbeiterschaft heraus. „Wie damals war der Charakter der Massenaktion nicht sozialistisch, sondern demokratisch und antimilitaristisch … wie damals bestand die große Masse der Streikenden aus Sozialdemokraten (und USPD-Mitgliedern)" (Haffner 2018, S. 227). Zum anderen sorgten für einen raschen Putschzusammenbruch militärische Niederlagen der Putschisten in bestimmten Regionen. Zwar behielt das Putschmilitär nach wechselvollen, blutigen Kämpfen mit anderen Reichswehreinheiten in Thüringen und Sachsen schließlich die Oberhand. Dafür aber geschah im Ruhrgebiet ein militärisches Wunder, als hier eine improvisierte „Rote Armee" wie eine Lawine durch das Revier rollte. Am Ende der Streikwoche stand das ganze Ruhrgebiet unter der Herrschaft der bewaffneten Arbeiter. Damit war die Kapp-Regierung auch angesichts des disziplinierten und erfolgreichen Generalstreiks nicht mehr zu halten. Sie trat schließlich zurück, worauf am 23. März 1920 die Streikenden ihre Arbeit wieder aufnahmen. Damit aber war das Putschproblem nur vordergründig gelöst. Denn das Hauptproblem dieses Putsches bestand in den erst durch diese transparent gewordenen, konspirativen Beziehungen zwischen reaktionären Reichswehrkreisen und der Anführermehrheit der bürgerlichen Parteien. Letztere waren, wie es sich alsbald zeigte, zur Unterstützung reaktionärer Konterrevolutionen auch nach Putschbeendigung eher mehr bereit, als sie es schon zuvor ohnehin gewesen waren. Nur wollte Ebert dies in seiner naiven Verblendung immer noch nicht als die zentrale politische Bedrohung der noch jungen Republik wahrhaben.

So verfügte Ebert aus seiner völligen Fehleinschätzung seiner damaligen Lage per kurzfristigem Ultimatum über seine damalige Regierung in leichtfertigster Weise die unverzügliche Waffenniederlegung für alle Rotarmisten. Und damit nicht genug: All dies nicht lediglich zu kontrollieren, sondern sogar schnellstmöglich „durchzusetzen", das überließen Ebert und seine Regierung der angeblich „auf den Boden der Verfassung zurückgekehrten" Reichswehr. Und die wertete diesen Auftrag als Lizenz zum Töten. Dafür setzte sie in bezeichnender Weise vor allem putschverdächtige, ehemalige Freikorpsverbände ein, die alsbald wie in einem Blutrausch gegen tatsächlich oder angeblich noch bewaffnete Arbeiter vorgingen. Was Haffner treffend so kommentierte: „So endete der Kapp-Putsch mit einem mörderischen Strafgericht der immer noch sozialdemokratisch geführten Regierung über ihre Retter, ausgeführt von denen, vor denen sie gerettet worden waren." (ebd., S. 233)

Mit diesem zweiten blutigen Verrat an den aufopferungsvollsten Genossen und Unterstützern seiner eigenen Partei war nicht nur in dieser jedwede Hoffnung auf sozialdemokratisch angeführte Sozial- und Bodenreformen samt Rückführung des immer noch dominierenden Einflusses ostelbischer Großgrundbesitzer wie ausgelöscht. Vielmehr hatte sich Ebert so vollständig den reaktionären Militärkreisen ausgeliefert. Diesen hatte Ebert nunmehr entlastend das verhasste Versailler Friedensdiktat willfährig abgenommen. Und deshalb brauchten sie ihn von da an nicht mehr. Genauso wenig wie seine in der Reichstagswahl vom 6. Juni 1920 in Folge des Verrats stark geschwächte SPD. Diese sollte wie geplant weiter für die Ehre der Reichswehr, durch die die Weltkriegsrealitäten auf den Kopf stellende Dolchstoßlegende, an den Pranger gestellt werden. Das wiederum wurde durch die im Sommer 1920 neu gebildete, bürgerliche Minderheitsregierung bereitwilligst zu deren konspirativer Machterweiterung ausgeschlachtet. Mit Verrat und Lügen aber lässt sich weder Zuversicht noch Aufbruchsstimmung erzeugen, sondern eher, wie sich alsbald erwies, Resignation und vor allem Hass. Denn die Dolchstoßlegende lieferte zumindest potenziell Schuldige an der ganzen Misere, in die sich die Bevölkerungsmehrheit unverschuldet hineingeworfen fühlte. Was sich aus solcher Art Lügen und Verrat in Deutschland zusammenbraute, das schildert eindrucksvoll Hannah Arendt:

> „In diesen Nachkriegsjahren wuchs (der Hass) zu einem entscheidenden politischen Faktor in allen öffentlichen Angelegenheiten heran. Die Atmosphäre des öffentlichen Lebens der zwanziger Jahre schien geladen mit der schwülen und unheilvollen, diffusen Irrationalität einer Strindbergschen Familientragödie. Der Hass konnte sich auf niemanden und nichts konzentrieren … so drang er in alle Poren des täglichen Lebens und konnte sich nach allen Richtungen verbreiten, konnte die phantastischsten, unvorhersehbarsten Formen annehmen; nichts blieb vor ihm geschützt, und es gab keine Sache in der Welt, bei der man sicher sein konnte, dass der Hass sich nicht plötzlich auf sie konzentrieren würde. Diese Atmosphäre des Zerfalls hing über ganz Europa, aber sie war dichter und spürbarer in den besiegten Ländern." (Arendt 2021, S. 561)

Zwischenresümee für die Folgekapitel

Die zuletzt ausgeführten, historischen Analysen sind in dieser Ausführlichkeit, wie bereits mehrfach angedeutet, für ein wirkliches Verständnis der in diesem Buch ab Kap. 3 begründeten Rettungsstrategien und Handlungsorientierungen unentbehrlich. Dies schon deshalb, weil bis heute gerade in der BRD über das Scheitern der Weimarer Republik in fast allen politischen Lagern ebenso oberflächliche wie auch leider deren wahren Verursachungskern verkennende Vorstellungen herrschen. Geprägt sind diese bis heute durch die schon damals außerhalb von KPD und USPD herrschende Sozialismusphobie. Diskurse über Erbrecht- und Eigentumsfragen waren und sind für die sich der politischen Mitte zurechnenden Bevölkerungskreis damals wie auch heute verbreitete „no go areas". Wer sich sogar für einen solidarischen Systemwandel einsetzte, lebte zumindest damals als bolschewismusverdächtig nicht ungefährlich. Für all das werden wohl auch einige verehrte Leser ihr Geschichtsbild korrigieren müssen, wenn sie sich den ab Kap. 3 dargestellten, heute und in Zukunft so notwendigen kulturellen und zivilisatorischen Rettungsstrategien bewusst zuwenden wollen.

Zerfallsatmosphäre und liberales Wirtschaftsversagen

Die europaweite Zerfallsatmosphäre und die zusätzlich in Deutschland das politische Bewusstsein vergiftende Dolchstoßlegende riefen schon gegen 1920 Faschisten und mit diesen am 24. Februar 1920 den zum Parteivorsitzenden der NSDAP bestellten Adolf Hitler auf den Plan. Dessen Agitationsfokus richtete sich unter Ausschlachtung der Dolchstoßlegende im Kern auf den Kampf gegen das aus seiner Sicht „Schanddiktat" von Versailles, gegen das demokratische System und daneben auch gegen Bolschewismus und Judentum. Da die Befriedigung sozialer Systemwandlungswünsche seitens Sozialdemokraten und USPD nach dem zweifachen blutigen Revolutionsverrat durch Ebert allen reformerhoffenden Bürgern als inzwischen aussichtslos erschien, hielten so manche dadurch Unzufriedene Hitlers Faschismusversprechen trotz ihrer Radikalität dennoch für eine Problemlösung. So konnte die NSDAP schon kurz nach ihrer Gründung einen beachtlichen Zulauf an für sie aufopferungsbereiten Mitgliedern verzeichnen, von denen alsbald Zehntausende innerhalb der auf Adolf Hitler als ihrem Führer eingeschworene SA-Verbände organisiert und für den Umsturz der Weimarer Republik militärisch trainiert wurden. Für einen solchen Umsturz wertete Hitler gegen Ende des Jahres 1923 die Weimarer Republik bei

Unterstützung durch ausreichend einflussreiche Mitverschwörer als genügend sturmreif. Und so befahl er seinen SA-Einheiten unter der Mitführung von Göring und Röhm am 9. November 1923 den „Marsch auf die Feldherrenhalle" in München, der eigentlich nach den Zielen Hitlers und seines Mitverschwörers, des ehemaligen Generalquartiermeister Erich Ludendorff, ein „Marsch auf Berlin" werden sollte.

Jedoch: Dieser erneute Putschversuch Ludendorffs, jetzt anstelle von Freikorps mit Hitlers SA-Verbänden, sollte viel schneller als seinerzeit der Kapp-Putsch gleich im ersten Anlauf grandios scheitern.[20] Danach folgte knapp ein Jahr Festungshaft für Hitler, ohne dass dies die Ausweitung seiner Bewegung besonders beeinträchtigte. Er konnte sogar eher mehr als bis zum Putsch bei einem nicht unwesentlichen Teil von Justiz, Militär, Großindustrie und auch bei manchen Polizisten mit Sympathien und sogar offener Unterstützungsbereitschaft für sich und seine Bewegung rechnen. Das aber eröffnete ihm in den folgenden sieben Jahren, also bis zum Jahr 1930, noch lange keine legalen Perspektiven für einen Systemwandel Deutschlands in einen faschistischen Staat. Dazu bedurfte es wesentlich wirkungsmächtigerer und destabilisierenderer Ereignisse, als sie Hitler durch seine ständigen Agitationen gegen missgünstige Feindesmächte und Vaterlandsverräter herbeizuführen vermochte. Nein: Solche Ereignisse konnten nur die jeweiligen Machtinhaber der Republik selbst herbeiführen. Und sie mussten zudem geeignet sein, die Grundfesten der Weimarer Republik übernahmereif zu erschüttern.

Zu den Machtinhabern, die zwar nicht absichtlich, sondern aus schierer Unfähigkeit heraus im Jahr 1930 das Deutsche Reich für den Faschismus quasi „sturmreif schos-

---

[20] Dieser „Hitler-Ludendorff-Putsch" verlief mit 16 gefallenen Putschisten und vier getöteten Polizisten, verglichen mit dem Kapp-Putsch, ausgesprochen unblutig, was zugleich dessen Aussichtslosigkeit beweist. Vgl. dazu Deuerlein (1962).

2 Schicksalhafte Wegverfehlungen durch …

sen", zählten der in diesem Jahr von Reichspräsident Hindenburg in konspirativer Weise neu ernannte Reichskanzler Heinrich Brüning mit seinem Kabinett. Damals stand das Brüningsche Kabinett vor der herausfordernden Aufgabe, das Schiff der Deutschen Wirtschaft durch die aufgepeitschte See und Sturmböen der seit dem Herbst 1929 wütenden, durch den Börsencrash des „Schwarzen Freitag" in New York ausgelösten Weltwirtschaftskrise zu lenken. Diese verursachte einen massiven weltweiten Konjunktur- und Nachfrageeinbruch. Dazu holte sich das Kabinett mangels eigener Wirtschaftskompetenz als Lotsen die Wirtschaftsweisen Prof. Dr. Josef Schumpeter und den damals noch jungen und später, wie wir noch sehen werden, so berüchtigten Prof Dr. Friedrich August von Hayek an Bord. Jedoch lotsten diese das deutsche Wirtschaftsschiff nicht in ruhige und sicherere Gewässer, sondern vor allem in seichte und schließlich im wahrsten Sinne des Wortes „auf Grund".

Die Ursachen für dieses In-den-Sand-Setzen lagen in einer für die damaligen Herausforderungen völlig verqueren Therapiekonzeption oder genauer, naiven Marktgläubigkeit beider Professoren. Diese glaubten nämlich als typische Vertreter der schon damals dominierenden, klassisch liberalen Wirtschaftstheorien an den Gleichgewichtsautomatismus freier Märkte. Demzufolge hielten sie staatliche Konjunkturstützungsmaßnahmen zur Nachfrageankurbelung für völlig überflüssig. Ganz im Gegenteil: Da wie üblich bei Konjunktureinbrüchen das Steueraufkommen sinkt, empfahlen diese „Wirtschaftsweisen" rigorose staatliche Ausgabenkürzungen bei gleichzeitigen Steuererhöhungen zur Vermeidung jedweder Schuldenaufnahmen. Außerdem rieten sie zu staatlicher Anordnung von Lohn- und Gehaltssenkungen um mindestens 20 %, um so über eine Verminderung des inländischen Preisniveaus die internationale Wettbewerbsfähigkeit der deutschen Wirtschaft zu steigern (= Brüningsche Deflationspolitik).

Zum Ausgangsproblem dieser jede Art von Solidarität und Empathie mit den Werktätigen missachtenden Politik wurde die Tatsache, dass die wichtigsten auf den Weltmärkten konkurrierenden Staaten ebenfalls exportfördernde Maßnahmen ergriffen und zudem ihre Zölle erhöht hatten. Deshalb verpuffte der beabsichtigte exportfördernde Effekt der Brüningschen Deflationspolitik. Dafür aber brach in Folge der Lohnkürzungen bei gleichzeitigen Steuererhöhungen die Inlandsnachfrage massiv ein. Die Regierung begegnete dem mit weiteren Steuererhöhungen und Lohnkürzungen, die für einzelne Bereiche bis zu 50 % reichten. So setzte sich eine konjunkturelle Schraubenbewegung nach unten mit exponentiell ansteigender Arbeitslosigkeit in Gang. In einer solcher Art abwärts führender Konjunktur- und Strukturentwicklung samt steigender Arbeitslosigkeit sparte die Regierung Brüning immer wieder und immer weiter prozyklisch dem Konjunktureinbruch hinterher.

Das wiederum führte letztlich in eine stets ansteigende Massenarbeitslosigkeit und -armut in Deutschland. In Zahlen ausgedrückt bedeutete das: Die bereits im Winter 1929/30 hohe Zahl von 3 Mio. Arbeitslosen in Deutschland stieg bis Ende Februar 1932 auf 6,1 Mio. registrierte Arbeitslose. Zusammen mit den „unsichtbaren Arbeitssuchenden" waren bis zum Frühjahr 1932 nach seriösen Schätzungen rund 40 % der arbeitsfähigen Bevölkerung im Deutschen Reich ohne Beschäftigung. Deren Lage verschärfte das Kabinett Brüning zudem noch dadurch, indem es die Arbeitslosenunterstützung kürzte. Volle Unterstützung gab es nur noch für eine Maximaldauer von fünf Monaten. Danach lediglich eine sogenannte „Krisenunterstützung", die jedoch kaum zum Überleben reichte. So fielen immer mehr Familien in bittere Armut und hatten sich in einer Art Hungermodus durchzuschlagen.

2 Schicksalhafte Wegverfehlungen durch ...

Brüning hätte für diese jedwede Sozialverantwortung ausblendende Politik des rigorosen Vollzugs sogenannter „gesamtwirtschaftlicher Reinigungsprozesse"[21] selbst damals niemals eine parlamentarische Mehrheit gefunden. Diese meinte Brüning, nach seiner eigenwilligen Verfassungsinterpretation, auch gar nicht mehr zu benötigen. Vielmehr hielt er sich mittels konspirativer Unterstützung seitens Hindenburg nach Artikel 48 der Weimarer Reichsverfassung (WV) per präsidialer Notverordnung für bevollmächtigt, einfach am Parlament vorbeiregieren zu dürfen. Und so vollzog sich die Brüningsche Deflationspolitik stets als Hindenburg-Brüning-Komplott gegen Geist und Regelungszielsetzung der Weimarer Reichsverfassung. Dies durch eine Art faktisch-autoritärer Herrschaftsausübung innerhalb einer nur noch formell demokratisch dahinsiechenden Republik. Verfassungsrechtlich genauso zweifelhaft wie wirtschaftspolitisch fatal. Beides zusammen führte über die in 1932 abgehaltenen Reichstagswahlen nunmehr endgültig zum Erschallen der Todesglocke für die ja bereits vorher schwer angeschlagene Republik. Dafür maßgebend mitverantwortlich war, wie oben ausgeführt, der Revolutionsverrat Eberts, die Art des Zustandekommens des Versailler Siegerdiktats, die nachfolgenden Putsche und vor allem anderen das orthodox-liberale Politikversagen.

In den daraufhin 1932 durchgeführten Wahlen erzielte die NSDAP einen Erdrutschsieg mit 37,4 % aller Stimmen (1928 hatte sie gerade einmal 2,6 % aller Stimmen erreicht). Insbesondere wegen der vielen verzweifelten Arbeitslosen

---

[21] Die Vertreter solchermaßen kruder und menschenwürdeverachtender Anschauungen, nämlich der „Liquidationsthese", sahen in Arbeitslosen notwendige Kollateralschäden eines gesamtwirtschaftlichen Reinigungsprozesses. Dieses damals bei Wirtschaftsliberalen wie Hayek und Schumperter vorherrschende Denken findet sich heute immer noch bei einzelnen Marktradikalen in FDP, AfD und sogar CDU.

konnte auch die KPD einen Stimmenzuwachs auf immerhin 16,9 % aller Wahlberechtigten (1928 nur 10,6 %) verbuchen. Alle übrigen Parteien mussten dagegen herbe Stimmenverluste in Kauf nehmen. Die offen demokratiefeindlichen Parteien hatten damit eine komfortable absolute Mehrheit errungen. Was aber das allein richtungsweisende Wahlergebnis ausmachte: Hitler konnte sich mit seiner explosionsartig verstärkten NSDAP in Anbetracht der für ihn zu erwartenden Unterstützungen durch das reaktionäre, rechte Parteienspektrum als konkurrenzloser Zugriffsberechtigter auf die seit 10 Jahren angestrebte „Führerschaft des Deutschen Reiches" wähnen.

Führergesteuerte Höllenfahrten schaffen Gegenbilder zu Steiners Dreigliederung

Nach seinem 1932 erzielten Wahltriumph gab es gegen Hitler kein Halten mehr. Bereits Anfang 1933 ernannte ihn Reichspräsident Hindenburg zum Reichskanzler. Wenige Monate später erfüllte der Reichstag durch Verabschiedung des von der NSDAP eingebrachten Ermächtigungsgesetzes Hitlers Verlangen nach absoluter Herrschaft und ermöglichte damit die sofortige Beseitigung aller demokratischen Einrichtungen mit seinem neu etablierten Führerprinzip für das danach sogenannte Dritte Reich. Was dann damit zunächst einherging, war die allen Lesern bekannte Ermordung und KZ-Inhaftierung politischer Gegner und ab 1935 der ersten Juden. Es folgten sodann die massenweise KZ-Inhaftierung von Juden und Roma und schließlich durch die Wannseekonferenz 1942 eine generalstabsmäßig organisierte „Endlösung" der Judenfrage, mit dem Ergebnis von rund 6 Mio., überwiegend durch industrielle Vergasung ermordeten, wehrlosen, jüdischen Zivilisten. Das dadurch ausgelöste und in seiner Perversität schwer vorstellbare Grauen des Holocaust werden die meisten durch Filme wie

2 Schicksalhafte Wegverfehlungen durch ...

„Schindlers Liste" zumindest in Teilaspekten nachempfunden haben. Daneben erscheint der sogar noch blutigere und diesmal im Gegensatz zum Ersten Weltkrieg allein durch Deutschland verschuldete Zweite Weltkrieg als wenigstens noch halbwegs zivilisatorischen Regeln unterliegend. In diesem erkannten die Kriegsparteien über die Genfer Konvention zumindest noch gewisse Normen als für sich verbindlich an. So wurden zumindest Gefangene von allen Kriegsparteien, grundsätzlich sogar von der deutschen Waffen SS, nicht einfach gefoltert und/oder erschossen. Dasselbe galt für Zivilisten in den jeweils eroberten Gebieten. Das verhinderte jedoch keinesfalls die Massenerschießungen unschuldiger Zivilisten, ja sogar ganzer Dorfbevölkerungen durch die SS als Racheaktion gegen Partisanenüberfälle, wie auch die todbringende Mangelversorgung von Millionen russischer Kriegsgefangener in Deutschland.

Zu all dem werden sich viele von Ihnen schon des Öfteren gefragt haben: Wieso wurde gerade ein Land wie Deutschland zum Vollstrecker dieses entsetzlichen Holocaust und zugleich zum todbringenden Anstifter des Zweiten Weltkrieges? Warum konnte sich gerade in diesem „Land der Dichter und Denker" eine so diabolische, totale Herrschaft in rasender Geschwindigkeit ausbreiten? Wäre das auch in dessen sich kulturell weniger in den Vordergrund stellenden Nachbarländern oder den angeblich so oberflächlichen USA möglich gewesen? Und schließlich: Lassen sich aus diesem furchtbaren Geschehen Erkenntnisse für eine menschenwürdigere Zukunftsbewältigung nicht nur für Angehörige des deutschsprachigen Kulturkreises, sondern auch weltweit für verantwortungsbereite und kulturoffene Bürger gewinnen?

Diesen Fragen kann man sich auf zweierlei Art und Weise nähern, zum einen nach der kausalen und zum anderen nach einer finalen Methode. Die in der aktuellen Geschichtsforschung herrschende kausale Methode versucht die Verursachungsketten zwischen verschiedenen Bedingungen und Ereignissen in logisch nachvollziehbarer Form aufzuzeigen. Man beginnt mit einer Ausgangskonstellation und leitet aus dieser Folgewirkungen im Sinne von Ursachen- und Folgeverkettungen ab. Was dann als nicht erklärbar verbleibt, das bezeichnet man schlicht, wie von mir einleitend hervorgehoben, als Zufall.

Manche Geschichtsbetrachter glauben aber nicht immer gleich an Zufälle. Das gilt, was die Erklärung der absoluten Herrschaftserringung von Hitler betrifft, zumindest für die unübertroffenen Analysen von Hannah Arendt:

1. Die totale Herrschaft wie die Hitlers, aber auch Stalins, wurde absolut strukturlos exekutiert (nebenbei: auch heute noch durch Xi Jinping und Putin in vergleichbarer Weise weitergeführt): „Weil Strukturlosigkeit sich vorzüglich dazu eignet, das zu verwirklichen, was die Nazis das Führerprinzip nannten. Die dauernde Konkurrenz von Instanzen, deren Funktionen sich nicht nur überschneiden, sondern die mit den gleichen Aufgaben betraut sind, macht Opposition oder Sabotage nahezu unmöglich."
2. Abschaffung von Freiheit und Eliminierung menschlicher Spontaneität: „Um die Abschaffung der Freiheit sowie die Eliminierung von menschlicher Spontanität überhaupt geht es der totalen Herrschaft ... der Wille des Führers kann sich jederzeit überall verkörpern, und er selbst ist an keinerlei Hierarchie, auch nicht die von ihm selbst etablierte, gebunden."
3. Jeder wird direkt mit dem Führerwillen konfrontiert: „Die Multiplikation von Instanzen ..., die alle auf nichts und niemanden verpflichtet waren als auf die Person Hitlers selbst, schuf gerade wegen der ihr innewohnenden Konfusion eine Situation, in der sich jedermann mit dem Willen des Führers direkt konfrontiert fühlen musste." (Arendt 2021, S. 841 ff.)

2 Schicksalhafte Wegverfehlungen durch ...

Vergleicht man die zuletzt verdichteten Wesensmerkmale der hitlerischen, totalitären Herrschaft mit den politischen und kulturellen Besonderheiten von Steiners Dreigliederungsplan, so erkennt man sehr bald, dass es sich um zwei Gegenbilder handelt, wie sie unterschiedlicher nicht sein können. In der hier gebotenen Kürze möge eine Kontrastierung der zuletzt aufgezählten Analyseergebnisse von Hannah Arendt mit den Dreigliederungsgrundsätzen Steiners verdeutlichen, wie sich die Gegenbilder im Kern unterscheiden.

4. Das durch Hitlers totalitäre Herrschaft errichtete Führerprinzip wurde die individuelle Selbstbestimmung vernichtet: In Steiners Dreigliederungsplan wird der Individualität und dessen Selbstbestimmtheit ein weit höherer Stellenwert zugemessen, als sie bis dahin sowohl in der Verfasstheit der Weimarer Republik als auch in den klassischen Demokratien des Westens verwirklicht war. Dafür sollte nach der von Steiner geplanten Dreigliederung sowohl die strikte Trennung von Arbeit und Einkommen als auch das von Wirtschaft und Staat unabhängige und dadurch wirklich freie Bildungswesen sorgen. So sollte jede Individualität selbstbestimmt ihren eigenen Lebensweg finden und beschreiten können, unabhängig von wirtschaftlichem Zwang.

5. Freiheit- und Spontaneität wurden abgeschafft: Das Steiners Dreigliederung zugrunde liegende Gesellschaftskonzept richtet sich vor allem, wie bereits erläutert, auf die Entwicklung auch innerlich freier Menschen. Dies wiederum über solidarische und initiativfördernde Gesellschaftsorganismen. Was zudem auch der Befeuerung von Eigeninitiative dient. Selbst in diesen Punkten reicht Steiners Dreigliederungsplan wesentlich weiter als die damalige Verfassungs- und Lebenswirklichkeit der Weimarer Republik. So steht bereits

Letzteres, aber insbesondere das daraus hervorgehende Führerprinzip zur steinerschen Dreigliederung wie Feuer zu Wasser. Hitlers Führerprinzip als das ultimative Böse durch Entrechtung, Gleichschaltung und jedweder Spontaneität beraubende Unterwerfung der deutschen Bevölkerung durch Hitler.

Es sind nicht nur diese gegenbildhaften, extremen Gegensätze, die in mir Zweifel an der verbreiteten Auffassung hervorrufen, Hitlers Machtergreifung sei aufgrund kausal aufeinanderfolgender Prozesse aus typisch deutschen Anfälligkeiten entstanden. Dagegen sprechen für mich schon die oben aus Hannah Arendts Werk zitierten „genialen Konfusionen" des von Hitler personifizierten Faschismus. Diese Konfusionen sind nach der einprägsamen Darstellung von Hannah Arendt ein äußerst raffinierter, diabolischer Prozess, welcher schwerlich lediglich einem offenkundig eher begrenzten, bestenfalls leicht überdurchschnittlichen Denkvermögen wie dem Hitlers entspringen konnte. Machte doch diese so geniale Konfusion seine totale Herrschaft nahezu unverwundbar. Welcher selbst überdurchschnittlich begabte Mensch vermag denn derart diabolisch Geniales so ohne Weiteres vorzudenken und so dann auch noch unangreifbar über Millionen von Mitläufern innerhalb kürzester Zeit wirksam zu exekutieren?

Weitere Zweifel an der Unterstellung, es hätten besondere, faschistoide Anfälligkeiten einer Bevölkerungsmehrheit in Deutschland entscheidend Hitlers Machtergreifung befördert, sehe ich in Folgendem begründet:

Zum einen in der Tatsache, dass selbst nach zehn Jahren intensivster Nazi-Agitation mit erlogener Dolchstoßlegende und antidemokratischen Tiraden nur ein unbedeutender Teil der deutschen Wähler von weniger als 5 % Hitlers NSDAP in der Reichstagswahl von 1928 gewählt haben. Mehr als doppelt so viel stimmten damals selbst für die in der Bevölkerungsbreite wenig populäre KPD. Erst das maßgeblich von liberalen Professoren zu verantwortende Wirtschaftsdesaster der Brüningschen Deflationspolitik führte zu der entscheidenden Machtverschiebung und damit zu der „Höllentoröffnung" über die Reichstagswahlen von 1932.

Zum anderen scheinen mir neben unbestreitbar vorhandenen kausalen Verursachungen doch vor allem finale, also schicksalhafte Zeitenlenkungen am stärksten zur endgültigen Machtergreifung Hitlers, mit dessen anschließenden Völkermord- und Kulturvernichtungsaktionen beigetragen zu haben. So frage ich mich: Wieso gelingt es in Deutschland genau 14 Jahre nach dem Scheitern der epochal fortschrittlichen Reforminitiativen Steiners einem bis 1919 von seinen Mitmenschen als „normal" angesehener Maler und Wehrmachtsgefreiten, das in seiner Rückschrittlichkeit genaue Gegenbild in Szene zu setzen? Dies auch noch, kaum angreifbar, als totale Terrorherrschaft? Wirkten hier neben den sich ohnehin ständig vollziehenden Kämpfen zwischen Gut und Böse nicht doch besondere Einflüsse bedeutender Schicksalsmächte?

Tatsache ist jedenfalls, dass das Jahr 1919 mit dem Scheitern von Betriebsräte- und württembergischer Dreigliederungsbewegung eine für Deutschland schicksalhafte Zielverfehlung bedeutete und umwälzende Folgewirkungen einleitete. Anstelle eines mutigen, zukunftsweisenden Aufstiegs für frei werdende Individualitäten als menschheitliches Entwicklungsvorbild gewann ein obrigkeitsergebener Abstieg über finsterste und reaktionärste Vergangenheitskräfte die Oberhand. Dies mitveranlasst durch Eberts blutigen Revolutionsverrat, samt dessen würdelosem Akzeptieren des demütigenden Versailler Friedensdiktats. Den dadurch vorgeglühten Sargnagel für die 14 Jahre später eingeleitete Höllenfahrt Deutschlands und Mitteleuropas in längst als überwunden geglaubte Vergangenheitszeiten schlug 1930 besonders verhängnisvoll der sich als liberal bezeichnende Wirtschaftstheoretiker Ernst August von Hayek durch seine Fehlberatung von Reichskanzler Brüning in Richtung zu dessen so katastrophal exekutierter Deflationspolitik ein.

2.5 Neoliberale Mythologien dominieren nur wenig verändert den wirtschaftswissenschaftlichen Mainstream

Nach Beendigung von Deutschlands Höllenfahrten ereignete sich diesmal für die Bewohner der westalliierten Besatzungszonen eine verglichen mit Versailles äußerst glückliche Schicksalsfügung. Und dies durch den US-amerikanischen Marshallplan. Wodurch vor allem der über das Grundgesetz neu konstituierten BRD bzw. deren Führungselite eine zumindest oberflächliche Rückbesinnung auf einzelne der im ersten Kapitel ausgeführten Universalien der Großen Französischen Revolution gelang. Dies allerdings schon wegen des federführenden politischen, kulturellen Einflusses der USA nur begrenzt, da Letztere, wie oben mehrfach ausgeführt, fokussiert waren auf die gerade dort traditionell lebendigen Ideale von Freiheit und Gleichheit. Sehr viel weniger hingegen auf das früher vor allem in Frankreich und bis zu einem gewissen Grad auch im ehemaligen Mitteleuropa wertgeschätzte Ideal der Brüderlichkeit. Letzteres behielt allenfalls für die Programmatik von SPD und Gewerkschaften während der 50er-Jahren sowie danach noch für deren späteres Bestreben nach Verhinderung von Ausbeutung eine gewisse Bedeutung. Ansonsten ging es der politischen Führungselite der jungen BRD nach dem Vorbild der USA bis Mitte der 60er-Jahre,

2 Schicksalhafte Wegverfehlungen durch ... 159

dies auch mit Blick auf die Systemrivalität mit der sowjetisch beherrschten DDR und überhaupt dem gesamten Ostblock, in aller erster Linie um den Überlegenheitsbeweis für eine in ihrem Kern liberale Marktwirtschaft à la Ludwig Erhardt. Dieser nannte sie sodann euphemistisch unter Bezug auf das deutsch-traditionelle, bismarcksche Zwangsversicherungssystem „Soziale Marktwirtschaft". Jeder Wirtschaftsverständige hätte allerdings schon damals durchschauen müssen, dass es *soziale* Märkte weder zuvor gab noch systemisch geben konnte. Umso mehr aber markt- und vor allem erbschaftsbedingte Ungleichheiten in der Vermögens- und Einkommensverteilung.

All das spielte für das Solidaritätsempfinden der Bundesrepublikaner so lange keine große Rolle, als in der BRD bei stets voll ausgelasteten Produktionskapazitäten als Folge von kriegsbedingtem großen Investitions- und Konsumnachholbedarf Schritt für Schritt beachtliche Lohn- und Gehaltssteigerungen erreicht werden konnten. Mit diesem sogenannten deutschen Wirtschaftswunder wuchs auch in der BRD, wie schon vorher in den USA über den Rooseveltschen New Deal und nahezu dem gesamten Westen, der Glaube an ein ewig währendes Wirtschafts- und Wohlstandswachstum. Und das alles, so lautete ja die dazu sich seit Adam Smith immer weiter verfestigende Mythologie, am allerbesten ermöglicht über freie Märkte bei, wenn irgend möglich, wenig staatlicher Regulierung.

Erste Risse bekam unabhängig von der bereits geschilderten Weltwirtschaftskrise der Glaube an diese Mythologie durch den ersten bedeutenden Konjunktureinbruch der BRD Ende der 60er-Jahre. Gegen diesen Einbruch erwies sich sehr bald das in benannter Mythologie beengte, abstrakt-marktliberale und dadurch in weiten Bereichen realitätsferne Volkswirtschaftsverständnis von Professor Ludwig Erhardt als wenig zielführend. Und so wurde er von dem bekennenden Keynesianer und als solchem durchaus geachteten Hamburger Volkswirtschaftsprofessor Karl Schiller als Wirtschaftsminister abgelöst. Für den Keynesianer Schiller war es im absoluten Gegensatz zu Erhardt schon als Lehre aus der Weltwirtschaftskrise völlig selbstverständlich, dass freie Märkte allein, also ohne staatliche Steuerung, früher oder später in Ungleichgewichte abdriften, mit der Folge mehr oder weniger gefährlicher Beschäftigungsschwankungen, die im schlimmsten Fall durchaus Massenarbeitslosigkeit und damit systemische Zusammenbrüche verursachen können. Um dieser Gefahr zu begegnen, setzte Schiller das klassische keynesianische Konjunkturbelebungsinstrumentarium von defizitfinanzierter staatlicher Investitions- und Konsumförderung (Fiskalpolitik) ein. Und dies wiederum unterstützt durch geldpolitisch koordinierende Wachstumsimpulse der Deutschen Bundesbank. All dies zusammen mit schlagartigem Erfolg. Damit begannen ab Anfang der 70er-Jahre Keynesianer mehr und mehr die wirtschaftspolitischen Schaltstellen, zumindest was die Konjunktursteuerung der BRD betraf, wenn nicht zu beherrschen, so doch zu beeinflussen. Diesbezüglich holte die BRD also nach, was sich in den USA, England sowie anderen westlichen Ländern schon seit Jahrzehnten, impulsiert durch den New Deal, fest etabliert hatte.

Wirtschaftsliberale Mythen überdauern selbst Keynes

Mit der Anerkenntnis von Unentbehrlichkeit und Wirksamkeit des Instrumentariums keynesianischer Konjunktursteuerung war jedoch keinesfalls, wie sich immer mehr seit Mitte der 80er-Jahre zunächst in und über die USA und England erwies, die internationale Wirkungsmächtigkeit von wirtschaftsliberalen Mythen in ihrem Kern überwunden. Das zeigte sich alsbald auch in der BRD und den übrigen westlich geprägten Demokratien und erstreckte sich nach dem Mauerfall 1989 sogar auf den weltweiten wirtschaftswissenschaftlichen Mainstream. Was sodann als wirtschaftsliberale Mythen selbst die keynesianische Ökonomiereformation überdauerte, war einerseits der Mythos von der laut Adam Smith allen menschlichen Eigennutz zum gemeinschaftlichen Vorteil wandelnden, unsichtbaren Hand des Marktes. Dieser Mythos wurde zwar durch die keynesianischen Theoriekorrekturen relativiert oder, besser gesagt, aufgeweicht, wonach die unsichtbare Hand zumindest nicht mehr automatisch in der Lage sei, Märkte in ein Gleichgewicht zu versetzen bzw. in diesem zu erhalten. Dennoch werden zumindest Aspekte dieses Mythos von der angeblich so vorteilsstiftenden, unsichtbaren Hand vom weltweiten Mainstream der Ökonomen selbst heute noch überwiegend dahingehend quasi verehrt, indem selbst wirtschaftserfahrene Professoren Märkten sehr viel mehr Weisheit zutrauen, als diese bisher tatsächlich unter Beweis gestellt haben. Denn nicht selten verhalten sich Marktteilnehmer und dadurch letztlich auch Märkte, insbesondere Kapitalmärkte, ausgesprochen dumm.

Zum anderen überdauerten Keynes die schon traditionell und dies durchgängig von liberalen Wirtschaftswissenschaftlern als gesellschaftlich unentbehrlich dargestellten Arbeitsmärkte. Das schon mit einer solchen Begriffsanwendung jeder sogenannte Arbeitnehmer als Ware behandelt und so seiner Menschenwürde immer mehr entfremdet wird, das wurde und wird bis heute leider sogar von den meisten Keynesianern, wie auch schon seinerzeit von Keynes selbst, billigend in Kauf genommen. Für die immer noch die Wirtschaftswissenschaften dominierenden Neoliberalen sind obige Bedenken ohnehin kein Thema. Nicht einmal die moralischen Verführungen durch die in den üblichen Arbeitsmarktmodellen unterstellte Eigennutzmaximierung sogenannter „Arbeitgeber". Wohl dem

„Arbeitnehmer", kann man dem nur entgegenhalten, der sich dieser verdeckten Rechtfertigung von Ausbeutung mit einer starken Gewerkschaft oder zumindest einer zur Fürsorge befähigten Gesetzgebung über sozial tragfähige Mindestlöhne erwehren kann. Aber selbst solcherart Mindestlöhne stellte der neoliberal dominierte Sachverständigenrat in der BRD bis vor wenigen Jahren noch als „beschäftigungsschädlich" infrage. Der Markt, nicht die Menschenwürde, war also für den bundesrepublikanischen Sachverständigenrat offensichtlich vorrangig.

Neoliberale Gefangenschaften wirtschaftswissenschaftlicher Communitys

Der erstmals von Adam Smith so wirkungsmächtig in die Welt gesetzte Mythos von der unsichtbaren Hand des Marktes, kraft dessen die Teilnehmer staatsfreier Märkte ungebremst und unschädlich für die Gesellschaft ihre egoistischen Triebe ohne Weiteres gefahrlos austoben dürfen, weil eben die unsichtbare Hand all die Ergebnisse dieses Austobens letztendlich doch zum bestmöglichen Gemeinwohl wendet, der verführte nicht nur zu den zuletzt umrissenen Arbeitsmarktmythen. Vielmehr verführte er im Laufe der letzten beiden Jahrhunderte sogar das Gros der Wirtschaftswissenschaftler zu der Ansicht, dass die Wirtschaftswissenschaften etwas den Naturwissenschaften insoweit Ähnliches seien, als dass man mit ökonomischen Modellen die Zusammenhänge und Auswirkungen gesellschaftlichen Handelns vor allem unter dem Gesichtspunkt der Maximierung von Arbeitsproduktivität zwecks Herstellung von Wohlfahrtsoptima erklären und berechnen könne, und dies, wenn möglich, *ohne* jedwedes Werturteil. Dafür sollten Ideale wie auch jede Art von Moral möglichst keine oder allenfalls eine vernachlässigbare Rolle für die Ökonomie spielen. Denn Moral kann man schlecht in eine Formel zwängen, geschweige denn, überhaupt mathematisieren. Von dieser Anschauung wandte sich Keynes zwar nicht in seinem Hauptwerk, nämlich der „General Theory" aus dem Jahre 1936, ab. Aber immerhin tat er seine grundsätzlich abweichende, innere Grundhaltung dazu doch sehr deutlich kund, als er 1945 sinngemäß sagte, dass viele der Markt- und Wachstumsmythen „verbannt gehören, (damit sich) Herz und Kopf wieder mit unseren wirklichen Problemen befassen können – den Fragen nach den menschlichen Beziehungen, nach der Schöpfung, nach unserem Verhalten und nach der Religion". Um als Fazit dieser auch für ihn nicht gerade gewöhnlichen Feststellungen hinzuzufügen: „Economics is essentially a moral science" (Keynes 1945).

Die zuletzt zitierten Einlassungen von Keynes beweisen, dass er sich im Gegensatz zum Gros seiner Kollegen der herausragenden, politisch-kulturellen Bedeutung der Wirtschaftswissenschaften, die sie im Vergleich zu allen anderen Erfahrungswissenschaften wie Soziologie, Psychologie und Geschichtsforschung hat, voll bewusst war. Zudem kann man an den Schwerpunkten seiner Theoriebildung und auch an praktischen Politikerratschlägen erkennen, dass er sozialen Problemen, einschließlich Verteilungsfragen, eine besondere Bedeutung beimaß, weshalb er auch nicht völlig zu Unrecht von den ihn bekämpfenden Neoliberalen als Sozialist eingeordnet wurde.

Kurzum: Keynes dürfte in krassem Gegensatz zu seinem langjährigen Widersacher F. A. von Hayek stets bewusst gewesen sein, dass die Wirtschaftswissenschaft sich von vornherein an dem Wertekanon der Großen Französischen Revolution hätte orientieren sollen. Sie hätte nicht, wie es mit und nach Adam Smith geschehen ist, ohne fundierte Wertediskurse und menschliche Verhaltenserforschung einfach abstrakte und überwiegend realitätsferne Modelle in die Welt setzen dürfen. Wissenschaftlich ausgedrückt: Sie hätte nicht, wie überwiegend geschehen, ohne normative Kompetenz und erkenntnistheoretische Grundlegung mittels ungeprüfter, von jedweder Moralität losgelöster Annahmen einfach drauflosforschen und schlussfolgern sollen. Stattdessen hätten sich Ökonomen eines den Errungenschaften und Universalien der Aufklärung angemessenen Wertekanons versichern müssen. Ihr Forschungsschwerpunkt hätte dann ganz im Gegensatz zur unkritischen Beförderung von Eigennutz sowie wirtschafts- und nützlichkeitsüberfrachteter Kulturknebelung auf Systemverbesserungen zur Belebung und Stärkung von Brüderlichkeit, sprich Gesellschaftssolidarität ausgerichtet werden sollen. Nur: Dem haben sich während des Wirkens von Keynes wie auch danach die allermeisten Ökonomen weitgehend verweigert. Dies betont auch der Marktliberale und derzeitige Vizepräsident des Instituts für Weltwirtschaft (IfW) sowie Vorsitzende der Hayek Gesellschaft Stefan Kooths ausdrücklich. Dieser behauptet als bekennender Vertreter und orthodoxes Urgesteins der Neoliberalen in Deutschland in einem Streitgespräch im „Spiegel" ohne jeden Skrupel: „Solidarität ist keine ökonomische Kategorie, dazu können sich Ökonomen nur als Privatleute äußern" (Kooths und Schnitzer 2022, S. 66 f.).

Wie sehr Vertreter der zuletzt zitierten, neoliberalen Orthodoxen mit ihren jedwede moralische Verantwortlichkeit verneinenden Auffassung von Wirtschaftswissenschaft selbst manchen Keynesianer unter Druck gesetzt haben, das veranschaulichte 2019 der frühere Leiter des Kieler Instituts für Weltwirtschaft, Dennis Snower. Dieser sagte in einem Interview mit der „Zeit" (30.01.2019):

> „Das Fach akzeptiert jemanden nur als Ökonomen, wenn er glaubt, dass Menschen einen eindeutigen Nutzen haben und diesen maximieren. Man versucht also vorzuschreiben, welche gedanklichen Instrumente man nutzen sollte, um die Wirtschaft zu analysieren. Das gibt es in anderen

2 Schicksalhafte Wegverfehlungen durch ...

Wissenschaften nicht ...(Ideen-)Wettbewerb darf (in dieser Wissenschaftsgemeinschaft) nicht stattfinden, denn alles ist ausgeschlossen außerhalb dieses Rahmens, der mit der Zeit immer enger geworden ist."

Zu der dadurch bedingten Realitätsferne samt Lösungsverweigerung für akute Zeitprobleme passen laut dem Leiter des Lehrstuhls für Makroökonomik der Ruhr-Universität die Jahresberichte des bundesrepublikanischen Sachverständigenrats zur Begutachtung der gesamtwirtschaftlichen Entwicklung zwischen 2009 und 2019. In den Jahresberichten wird in bemerkenswerter Weise die Bekämpfung ökologischer Krisen nicht als zentrale Zukunftsaufgabe dargestellt. Laut Roos „könnte man sogar sagen, dass die ökonomischen Argumente (des Sachverständigenrats) Fortschritte in der Bewältigung der ökologischen Krise aktiv behindern" (Roos).

Wohin solcherart Behinderungen von Solidarität, gepaart mit mystischer Marktverehrung, sozialer Empathielosigkeit und offenkundiger Plutokratiebeförderung, führen kann, das sehen inzwischen sogar manche Ökonomen durchaus kritisch. So der bekannte Ökonom Daron Acemoglu:

„Die meisten Politikerinnen und Politiker haben sich Scheuklappen aufgesetzt. Sie reden sich ein, die zunehmende Ungleichheit sei entweder unvermeidlich oder in Ordnung. Viele Politiker haben sich für eine extreme Version des Marktradikalismus ohne gesetzliche Leitplanken entschieden ... demnach ist alles gut, was vom Markt hervorgebracht wird ... unsere Zukunft wird dystopisch sein, wenn wir (dadurch) einen enormen Anteil der Bevölkerung irrelevant machen." (Acemoglu 2023, S. 69)

Danach erscheint es nicht abwegig zu hinterfragen, ob es inzwischen den Hayek-Nachfolgern und insbesondere deren weltweit agierenden Agitationsorganen wie der Mont Pelerine Society gelungen ist, über immer breitere Kreise der wirtschaftswissenschaftlichen Community auch einen internationalen Politikermainstream in eine Art dogmatische Gefangenschaft des Marktradikalismus verführt zu haben.

2.6 Führen Gesellschaftszerfall und Klimakatastrophen doch noch zur Überwindung des Neoliberalismus?

Selbst immer bedrohlichere Klimakatastrophen führen offensichtlich nicht automatisch zu einer wachsenden Bereitschaft, die zuletzt umrissenen, zivilisationszerstörerischen Mythen zu überwinden. Das haben in den letzten beiden Jahren, also 2023 und 2024, auch die besorgniserregenden tektonischen Verschiebungen der politischen Landschaft nicht nur weltweit, sondern auch speziell in der BRD, bewiesen. Letztere waren nicht zuletzt auch das Resultat unkoordinierter und unzureichend kommunizierter Klimaschutzmaßnahmen. Was zugleich bedeutet, dass sich die Disruptionen aus Gesellschaftszerfall und Klimakatastrophe bei ungeschicktem Bekämpfungsmanagement sogar noch weiter verstärken können. Das lässt sich besonders eindrucksvoll veranschaulichen an den desaströsen Auswirkungen des unter Federführung von Wirtschaftsminister Habeck im Frühsommer 2023 durch die Koalition in gewohnter Zerstrittenheit in den Bundestag eingebrachtem Gebäudeenergie- und Heizungsgesetz.

Dessen Ausgangsstrukturierung und kommunikativer Vorbereitung ermangelte es von vornherein in naivster Form der notwendigsten aller Umsetzungsvoraussetzungen, nämlich einer vertrauenserweckenden und großzügigen *sozialen* Abfederung. Genau gegen solchermaßen soziale Abfederungen, wie auch jedwede Umverteilungsbemühungen und nicht zuletzt alle ordnungspolitische Transformationsinitiativen ihres grünen Koalitionspartners kämpft seit nunmehr gut drei Jahren bekanntlich geradezu fanatisch die FDP. Wer aber treibt deren nicht selten offenkundig zerstörerischen und dennoch von der veröffentlichten Meinung verständnisvoll kommentierten und dazu überwiegend schlau eingefädelten Widerstand an?

Zumindest Christian Lindner bekannte sich früher offen zu seiner Schülerschaft gegenüber dem Vordenker des Neoliberalismus, nämlich dem ursprünglich in Freiburg lehrenden und nach seiner ominösen Nobelpreisverleihung später weltweit agierenden Wirtschaftswissenschaftler und politischen Agitator Friedrich August von Hayek. Hayek vereinigt mit seiner äußerst reduktionistischen Philosophie zweierlei. Nämlich eine weitreichende Wissenschaftsskepsis und eine in krasser Gegnerschaft zu Keynes ins Extrem weitergeführten Gläubigkeit an die oben wiederholt kritisierte Marktmythologie von Adam Smith. Mit extremer Weiterführung meine ich vor allem die Unterstellung Hayeks, dass Märkte mit vielen Marktteilnehmern quasi allwissend seien. In diesen würden sich nämlich die Intelligenzen von oft Tausenden und manchmal sogar von Millionen Marktteilnehmern vernetzen und dadurch insgesamt potenzieren. Zumindest Massenmärkte verfügen danach, so würde ich es in meinen Worten ausdrücken, über eine geballte „Schwarmintelligenz", und weil dies so sei, bedeutete es für Hayek eine „Anmaßung von Wissen", überhaupt steuernd in Märkte eingreifen zu wollen. Der Markt ist für Hayek also sakrosankt.

Daraus hat Hayek weitergehende Schlussfolgerungen abgeleitet und politische Indoktrinationen angestiftet. So vor allem den in manchen sich liberal nennenden Kreisen verbreiteten Wissenschaftsskeptizismus. Denn an keinem Ort der Welt könne man nach Hayek genug Wissen zusammentragen, um zentral gute Entscheidungen für eine komplexe Gesellschaft zu treffen. Eine Lösung dafür bot für Hayek, siehe oben, allein der Markt. Und so erweiterte Hayek seine marktfundamentale Ökonomie zu einem Einfallstor für die Aushöhlung von Wissenschaft und Philosophie über eine Art postmoderner Beliebigkeit. Als Multiplikator und Verbreitungsplattform nutzte er dafür weltweit die von ihm in den USA gegründete Mont Pelerine Society sowie das von dieser errichtete Atlas Network. Letztere avancierten bezeichnenderweise in der Tradition von Hayeks reduktionistischer Erkenntnistheorie zum Knotenpunkt im globalen Netz der Klimawandelskeptiker (Beckers 2021).

Die toxische Mischung aus Wissenschaftsskepsis, Klimaleugnung, bedingungsloser Marktvergötterung und Solidaritätsverweigerung bildet wiederum die Antriebsfedern für den extremen Dogmatismus von Christian Lindner. Dies immerhin mit für ihn und seine Partei, keinesfalls aber zugunsten der zivilisatorischen Absicherung dieses Landes bemerkenswerter Wirkungsmächtigkeit. Schon in seinem Wahlkampf hatte er streng im Geiste von Hayek verkündet, dass im Grunde zwei Konzepte zur Wahl stünden: Freiheit für den Menschen und ihre Ideen einerseits, mehr Staat und damit mehr „Anmaßung von Wissen" andererseits. Um sodann im Koalitionsvertrag mit den Grünen und der SPD mit der euphemistischen Überschrift „Fortschrittskoalition" in Sachen Klimasolidarität neben ganz wenigen substanziellen Zugeständnissen lediglich Formelkompromissen zuzustimmen. Daraus erwuchs dann faktisch eine Blockade jeder Art von Verbesserung unserer ohnehin notleidenden Verteilungsgerechtigkeit, wie erst recht sozialer Abfederungen von notwendigen, umwelt- und klimagerechten Eingriffen. Anstelle eines ehrlichen, die Ampelkoalition dann allerdings beendenden Eingeständnisses, nämlich dass es der FDP letztendlich nur um marktradikale Verankerungen ihrer kruden Ideologie geht, hat sie Die

Grünen konsequent ausgebremst und anstelle „grüner" Transformationspolitik das zukunftsverantwortlich klingende Totschlagargument „Technologieoffenheit" zu popularisieren versucht.

So ist aktuell nicht erkennbar, wie zumindest in absehbarer Zeit die immer noch neoliberale Systemverhaftung der BRD nachhaltig aufgebrochen werden kann. Dasselbe sehe ich als sogar noch viel unwahrscheinlicher für die USA wie auch für Großbritannien an. All das aber dürfte nicht gerade eine Entschärfung der sich abzeichnenden Klimakatastrophe wie auch des Ausfransens (noch) demokratisch verfasster Gesellschaften in immer radikalere Strömungen und Splittergruppen erleichtern. Denn der Neoliberalismus mit seinem marktmythologischen Wachstumszwang erlaubt ja kaum eine diesbezügliche Problemlösung, sondern ist vielmehr wesentlicher Teil dieser Probleme. Die insbesondere zuletzt kritisierte Marktvergötterung, Wissenschaftsfeindlichkeit und Klimawandelleugnung seitens Hayek samt seiner internationalen Indoktrinationsplattformen tragen nicht nur zu einer Zivilisationsgefährdung bei. Vielmehr führen sie bereits offenkundig, wie z. B. in den USA durch den Medienmogul Murdoch, zu einer Bewegung für ein Spencer-ähnliches „Survival for the Richest". Dies subtil verdeckt und deshalb noch gefährlicher als „Freedom for the Richest". Das erkannte auch der verdiente Verfechter demokratischer Freiheitprinzipien Timothy Garton Ash: „Eines der schlimmsten Dinge, die dem Liberalismus in diesen Jahren widerfuhr, war, dass er als Ideologie der Reichen und Mächtigen angesehen wurde". (Ash 2023, S. 303)

3
Menschenwürdiger Paradigmenwechsel versus chaosstiftendem Schlafwandeln

Im letzten Kapitel habe ich mich nicht nur bemüht, deutsche Wegverfehlungen im 19. und 20. Jahrhundert mit deren schicksalhaften Folgen insbesondere für deutsche, aber auch andere Länder dieses Kontinents zu verdeutlichen, gerade mit deren Auswirkungen auf den aktuellen Problemlösungsbedarf. Vielmehr habe ich zudem die weltweiten Ausstrahlungen derselben samt dadurch bewirkter globaler Disruptionen zu beleuchten versucht. Letztere haben sich leider in den ersten 24 Jahren des neuen Jahrtausends teilweise sogar verstärkt fortgesetzt. Eine wesentliche Verursachung dafür sehe ich in der Tatsache, dass das Gros demokratischer Führungseliten einer ernsthaften Auseinandersetzung und einer engagierten Ursachenbekämpfung von Gesellschaftszerfall, Klimakrise sowie globalen Freiheits- und Gleichheitsunterdrückungen schon aufgrund der Dominanz unreflektierter ökonomischer Mythen gegenüber einer Erkenntnisgewinnung aus den Vermächtnissen der Aufklärung aus dem Wege geht. Was Michel Friedman für die BRD so deutet: „Die wohlhabenden, kosmopolitischen, bürgerlichen Milieus wollen ihre Freizeitgewohnheiten genießen (und) nicht davon gestört werden, dass nebenan Armut, Gewalt, Obdachlosigkeit und Verzweiflung wohnen" (Friedman 2023, S. 26).

Wenn ich den demokratischen Eliten nicht zuletzt deshalb zumindest Tendenzen zum Schlafwandeln attestiere, so nicht wegen eines von mir bei diesen vermuteten Unwissen über die durch ihr Verhalten den demokratischen Gesellschaften drohenden Gefahren. Nein: Aktuell sehe ich im Unterschied zu dem schlafwandelnden Versagen der europäischen Führungselite vor dem Ersten Weltkrieg nicht die Hauptgefahren in einem schlichten Unwissen, sondern vielmehr in einem völlig unzureichenden Bewusstsein. Die Hauptursachen für das heutige Schlafwandeln liegen demnach auch in einem Nicht-wissen-*Wollen*. Also in einem ständigen Verdrängen der schon jetzt offensichtlich ständig zunehmenden Gefährdungspotenziale. Was seit 1989 auch nach den Beobachtungen des diesbezüglich besonders sensiblen M. Friedman gerade in Deutschland zu einer Verfestigung der Ego-Zentrierung sowie einer Vernachlässigung des Engagements füreinander und damit zu einer „maximal entsolidarisierten Gesellschaft" beigetragen hat (ebd., S. 35).

Worauf die zuletzt angedeuteten Fehlentwicklungen zurückzuführen sind, habe ich in dem vorangestellten Kapiteln ausführlich zu erklären versucht. Danach sind in den letzten beiden Jahrhunderten die für unsere Epoche und damit für die Zukunftsbewältigung zentralen Vermächtnisse wie Freiheit, Gleichheit und Brüderlichkeit – Letzteres würden wir heute als „Geschwisterlichkeit" bezeichnen – extrem „unter die Räder gekommen". Dies alles begünstigt und befeuert durch Materialismus, Bildungsmängel, Philosophiedämmerung und nicht zuletzt religiöse Degeneration. Wie wir uns gegen solche Verfallserscheinungen samt anhaltender neoliberaler Marktvergötterung, Wissenschaftsskepsis und Klimawandelleugnung mittels positiver Zukunftserzählungen erfolgreicher als bisher zur Wehr setzen können, das möchte ich im Folgenden untersuchen.

3.1 Gegen weitere Polarisierung sowie Chaosverbreitung helfen nur vermächtniskonforme Rettungsstrategien und spirituelle Vertiefungen

Ben Rhodes, einst Obamas Redenschreiber, konstatiert in seinem neuen Buch „After the Fall", dass insbesondere in Folge der zuletzt geschilderten neoliberalen Marktvergötterung nahezu im gesamten sogenannten Westen „Superreiche und Normalos nicht mehr die gleiche Welt bewohnen". Und dass nicht zuletzt auch dadurch die universelle Geltung der Menschenrechte wie auch weltweit respektierte Rechtsprinzipien auf dem Rückzug seien. Weshalb es ihm auch um die Renaissance eines liberalen und demokratischen Idealismus gehe. Dafür müssten Menschenrechte das zentrale Thema im weltweiten Dialog werden, wofür aus seiner Sicht der Klimawandel das Tempo und die Richtung vorgeben möge (Minkmar 2022). Solche sich aufdrängenden Forderungen finden allerdings keinerlei positiven Widerhall bei den meisten Superreichen, was auch kaum überraschen dürfte. So lehnt z. B. Jeff Bezos jede Art von Umverteilung ab und attackierte die Pläne von US-Präsident Biden, die Steuer für Reiche zu erhöhen, um neue Programme für Schulbildung und gegen den Klimawandel zu finanzieren. Dabei führen viele Superreiche gerade in den USA kaum noch Geld an den Fiskus ab. Genau deshalb kritisierte ein Rechercheteam des „Spiegel" zu Recht, dass trotz immer neuer Weltkrisen unser Wirtschaftssystem „perverse Züge aufweise" und deshalb „vollends aus dem Ruder zu laufen drohe". So sei unter Ökonomen bereits von „Neo-Feudalisierung" die Rede. Das oberste Prozent der Amerikaner, so fand das Rechercheteam heraus, besitzt 16-mal so viel wie die unteren 50 %. Im Jahre 2000 waren es nur 4-mal so viel. Dies sei eine gefährliche Verschiebung, denn: „Ungleichheit und Extremismus gehen Hand in Hand. Die Konsequenzen sind überall zu spüren: Trump, Brexit, AfD, Marin Le Pen" (Spiegel, 22.5.22).

Ergänzend zu diesen Grundeinsichten greift ein Jahr später ein weiteres „Spiegel"-Rechercheteam die sinkende Unterstützungsbereitschaft für eine engagierte Energiewendepolitik auf, womit der Tenor meiner obigen Kritik am Gebäudeenergiegesetz der Ampelkoalition bestätigt wird. Diese teilt der Makrosoziologe Steffen Mau auch bezüglich der desaströsen Kommunikation zum Gebäudeenergiegesetz: „Dieses Gesetz wurde den Menschen praktisch vor die Füße geworfen ... das Ende der Welt aber interessiert die (vom Wohlstandszuwachs ausgeschlossenen) Menschen wenig, wenn das Geld nicht einmal zum Monatsende reicht" (Mau 2023).

Die zuletzt aufgeführten Pressestimmen werfen Schlaglichter auf Teilaspekte von Ursachen und auch Symptomen der aktuellen Chaosverbreitungen und Polarisierungen. Was aber vor allem in den Wirtschaftsteilen der deutschen wie auch internationalen, überregionalen Presse weitestgehend fehlt, das sind Wegweisungen zu einer diesbezüglichen Problemeinhegung und erst recht Problemlösung. Mit Ausnahme einzelner Gastartikel ermangelt es den Wirtschaftsredaktionen offensichtlich an Mut wie anscheinend auch der Fähigkeit zu tiefergründigen Ursachenanalysen für das bisherige Scheitern von Klima-, Umwelt-, Sozial- und Wirtschaftspolitik. Die sich so offenbarende redaktionelle Oberflächlichkeit und Kapitalismusverhaftung mag man in

Teilen mit der in den letzten Abschnitten geschilderten, desolaten Verfasstheit der Wirtschaftswissenschaften entschuldigen. Wie sollen die durch Letztere geradezu verbildeten Wirtschaftsredakteure danach überhaupt auf die Idee kommen, den nicht nur bei den orthodoxen Neoklassikern verwurzelten marktmythologischen Wachstumsglauben unter dem Aspekt der Vorrangigkeit von Menschenwürde und den anderen Universalien der Großen Französischen Revolution zu hinterfragen? Von mit sozialer Phantasie ausgestatteten Keynesianern sollte man dennoch zumindest erwarten, dass sie frei nach den oben zitierten Äußerungen von Keynes über Wege zu einer Symbiose von Moral, Religion und Solidarität in den Wirtschaftswissenschaften zumindest nachdenken und über dadurch gewonnene, neue Erkenntnisse auch zu schreiben vermögen.

Derartiges soll samt strategischen Umsetzungsinstrumenten im Folgenden im Mittelpunkt stehen, und zwar in der Reihenfolge von Klimasolidarität, Geldwesen-Reform sowie Neugestaltung eines assoziativen Pressewesens wie auch demokratischen Internets. Vorgestellt werden diese Systemumwandlungen für die so angedeuteten Bereiche nicht als Insellösungen, sondern Elemente eines umfassenden Paradigmenwechsels mittels synergetischer Strategienbündel. Für deren jeweilige Ausgestaltung und ganzheitliche Beziehungsverflechtung werde ich die im zweiten Kapitel skizzierten Dreigliederungsideen Steiners insoweit berücksichtigen, als sie mir unter den heute völlig veränderten Rahmenbedingungen und Kulturverhältnissen in dafür von mir abgeänderter Ausgestaltung noch als vermittelbar und zielführend scheinen. Denn im Unterschied zu der Zeit unmittelbar nach dem Ersten Weltkrieg haben sich insbesondere durch US-amerikanische Einflüsse das alles beherrschende Primat der Wirtschaft samt deren Marktvergötterung wie auch diesen dienende kapitalistische Eigentumsnormen in allen westlich geprägten Gesellschaften erheblich verfestigt. Das betrifft vor allem die inzwischen nahezu sakrosankt gewordene Vererblichkeit des Eigentums an Produktionsmitteln wie auch am nackten (unbebauten) Grund und Boden, einschließlich der beliebigen Spekulationsmöglichkeiten damit. Dagegen wird es zunehmend schwerer, ethische Verantwortlichkeiten, z. B. über eine Assoziierung des Wirtschaftslebens, neu zu beleben. Das gilt erst recht für eine damit erst mögliche Emanzipierung von freier Presse und Internet über ein freies Geistesleben. Wir müssen dementsprechend heute unter dem Gesichtspunkt des diesbezüglich überhaupt noch Vermittelbaren sowie politisch Umsetzbaren weitgehend Neuland betreten und vor allem vordenken.

3.2 Ein klimasolidarisches Grundeinkommen als Gamechanger

Die am weitesten tragfähige Ausgangsbasis für eine Wiederbelebung der unter die Räder gekommenen Vermächtnisse der Großen Französischen Revolution sehe ich in dem überfälligen Bemühen um die Einführung eines klimasolidarischen Grundeinkommens (KSG). Dies vor allem deshalb, weil wir nur mit dieser Variante eines bedingungslosen Grundeinkommen (BGE) den zwei Hauptbedrohungen unserer aktuellen Zivilisation wirksam entgegentreten können: der Klimakatastrophe einerseits und dem wirtschaftlichen Auseinanderdriften unserer Gesellschaften mit den daraus sich verstärkenden Spaltungs- und Radikalisierungsprozessen andererseits. Dass vor allem Letzteres wirksam nur über ein KSG bekämpft und zumindest eher eingehegt werden kann, das sollten die nachfolgenden Ausführungen verständlich vor Augen führen.

3 Menschenwürdiger Paradigmenwechsel ...

Darauf, warum die uns zunehmend bedrohende Klimakatastrophe nicht ohne ein KSG in den Griff zu kriegen ist, deuten eigentlich schon die zuletzt zitierten Presseartikel über Widerstände in der BRD gegen die Klimapolitik der Ampelkoalition. Diese wurden nach inzwischen herrschender Meinung vor allem durch das sozial nicht genügend abgefederte Gebäudeenergiegesetz befeuert. All das aber hätte die Ampel schon bei glaubhafter Ankündigung eines KSG mit Sicherheit verhindern können. Den hierfür von mir verwendeten KSG-Begriff bilden verschiedene Elemente.

Zum einen die international anerkannten Standards eines bedingungslosen Grundeinkommens (BGE). Die meisten davon werden schon seit nahezu 200 Jahren als Elemente eines ganz besonderen Sozialsystems beschrieben. Inzwischen wird diesbezüglich als BGE ein System pauschalierter staatlicher Zuwendungen an einen bestimmten Begünstigtenkreis verstanden. Die Zuwendungsgewährung erfolgt ohne Auflagen bzw. Gegenleistungspflicht sowie ohne Bedürfnisprüfung, also bedingungslos. Dementsprechend besteht ein individuelles und einklagbares Recht auf Zuwendungen in jeweils gesetzlich bestimmter Höhe. Genau diese Kriterien treffen auch auf ein KSG zu. Dennoch erfüllt nicht jedwedes BGE die Anforderungsprofile eines KSG. Jedoch bezeichne ich als KSG nur solche BGEs, die durchgehend solidarisch wirken und zugleich zur Bewältigung der Klimakrise substanziell ausreichend ausgestattet sind. Dazu sagte ja schon 2020 der Klimaforscher und Begründer des PIK Hans Joachim Schellnhuber: „Um die Klimakrise zu bekämpfen, muss die Weltgemeinschaft eine noch nie da gewesene Solidarität beweisen." (Schellnhuber 2020) Schellnhubers PIK-Kollege Renn prägte dazu den Begriff „Klimasolidarität". Ebendiese These griff auch Claudia Kemfert auf, für die nach der „Corona-Solidarität die Klima-Solidarität kommen muss" (Kemfert 2020).

Obigen Anforderungen entsprechend, muss ein KSG also so gestaltet sein, dass es nicht nur solidarisch umgesetzt, sondern darüber hinaus auch ausreichende klimasolidarische Wirkungen entfaltet. Wobei die klimasolidarischen Wirkungen so weitreichend sein müssen, dass sie sowohl das aktuelle Bürgergeld vollständig ersetzen, als auch darüber hinaus allen Menschen trotz Belastungen durch notwendige Klima- und Umweltschutzmaßnahmen eine ausreichende kulturelle Teilhabe ermöglichen. Zudem dürfen sie keine Einkommensgruppen der arbeitenden Bevölkerung benachteiligen. Dafür waren in der BRD bis vor zwei Jahren nach meinen Recherchen für Alleinerziehende ohne sonstige Einkünfte € 1600 an steuerfreien Pauschalzuwendungen pro Monat erforderlich. Hinzu kommen sodann ausgabendeckende Zuwendungen pro Kind. Für Verheiratete verminderte sich diese Basispauschale auf steuerfreie € 1400 (wegen des für diese zu berücksichtigenden „ehepartnerschaftlichen Doppelbezuges"). Diese Werte decken sich ungefähr mit den seinerzeitigen Eischätzungen von Goetz Werner und später auch David Precht. Keinesfalls jedoch mit den jüngst von Straubhaar (2021) veröffentlichten, der sich mit seinem Vorschlag von € 1000 pro Monat mit der diesbezüglichen Wertung des ehemalige Ifo-Chefs H. W. Sinn auseinandersetzen möge, wonach man das Thema Grundeinkommen bei nicht ausreichend ausgestatteten Pauschalen „auch gleich ganz sein lassen könne".

Dass ein KSG in der von mir oben gesetzten Höhe und Struktur nur mittels eines strikt solidarischen Konzepts finanziert werden kann, das erschließt sich für jede(n), der (die) sich der Mühe unterzieht, dessen Finanzierbarkeit fachkundig zu überprüfen. Er (sie) wird dann nämlich bei Anlegung realistischer Maßstäbe sehr bald feststellen, dass die Finanzierung eines derartigen, klimasolidarischen Grundeinkommens ohne sozial differenzierte Einschränkungen unmöglich ist. Was aber sind bzw. was bedeuten sozialdifferenzierte Einschränkungen? Dazu möchte ich mit der besonderen Methodik des KSG beginnen, also mit dessen Kernprinzip, dass sozial differenzierte Einschränkungen *nicht* schon bei Auszahlung der Zuwendungspauschalen zur Anwendung kommen sollen und faktisch auch gar nicht können. Sondern, und das gilt es genau zu verstehen, erst im Nachhinein. Denn Zuwendungspauschalen sollen zunächst ja zur zugesagten Höhe und dies pauschaliert nach dem Gießkannenprinzip ausgezahlt werden. Was den großen Vorteil hat, dass die Zuwendungen ohne jedwede Bedürftigkeitsprüfung erfolgen können. Sonst würde im Übrigen ein KSG ja auch nicht alle Kriterien eines BGE erfüllen. Denn Letzteres erfordert ja ein System pauschalierter staatlicher Zuwendungen an einen bestimmten begünstigten Kreis ohne jedwede Bedürftigkeitsprüfung. Die Umsetzung der Zuwendungen soll über eine darauf spezialisierte Bundeskasse geschehen. Diese Bundeskasse benötigt für solcherart ungeprüfter Pauschalauszahlungen, anders als bisher die Sozialämter sowie Jobcenter, keinerlei ausgebildetes Verwaltungspersonal. Insoweit kann also die Einführung des obigen KSG, so wie von vielen BGE-Unterstützern seit langem gefordert, mit einem weitreichenden Bürokratieabbau einhergehen.

Sicherlich werden Sie jetzt, sofern Sie das System nicht bereits kennen, allmählich ungeduldig werden und fragen: Ja, wo bleiben denn nun die soeben geforderten, sozial differenzierten Einschränkungen? Und wie sollen diese denn bitteschön demokratisch legitimiert und mit viel weniger Bürokratie als bisher das Bürgergeld umgesetzt werden? Nun, die Antwort darauf ist wie das Bundeskassenkonzept sehr einfach und lautet: Die Umsetzung sollte mithilfe der uns allen vertrauten und für diese Aufgabe schon jetzt bestens ausgerüsteten Finanzbehörden erfolgen.

Diese unterliegen nicht, wie die neu einzurichtende Bundeskasse, dem allgemeinen Verwaltungsrecht, sondern der schon seit 100 Jahren bestehenden hoch spezialisierten Finanzgerichtsbarkeit. Zusammen mit dieser können die Finanzbehörden des Bundes und der Länder mit ihrem für die Bewertung von Sozialstandards hoch qualifizierten Personal ohne auch nur einen zusätzlichen Beamten sozial differenzierte Einschränkungen für obiges KSG problemlos bewältigen. Dies aber nicht vor Auszahlung der obigen Zuwendungspauschalen, sondern erst danach. Sie werden also nicht als Genehmigungsbehörden tätig, sondern bleiben wie bisher reine steuerliche Veranlagungsbehörden.

Was sie für die nachträgliche KSG-Individualisierung lediglich brauchen, sind auf die KSG-Begünstigungen abgestimmte Besteuerungsreformen, samt solidaritätsfördernder Nachschärfungen des Einkommensteuerregimes. Ersteres betreffend den Wegfall des Grundfreibetrages, wie auch sonstiger Freibeträge und Steuerbegünstigungen neben Tarifänderungen mit einer Anhebung des Spitzensteuersatzes auf 55 % (ungefähr gleichlautend mit dem Spitzensteuersatz zu Zeiten der Kohl-Ära). Mit dem so reformierten Einkommensteuerregime lassen sich sozial differenzierte Einschränkungen von nahezu 30 % obiger Pauschalzuwendungen erreichen.

In absoluten Zahlen ausgedrückt, sind das rund € 315 Mrd. an reformbedingter Wegbesteuerung von Pauschalzuwendungen – dies als Nebeneffekt der obigen Steuerreformen. Dadurch können neben der vorgenannten Wegbesteuerung auch aufgrund der oben aufgezeigten Sozialsystemreformen mit umfassenden Verwaltungsvereinfachungen und nicht zuletzt dadurch möglichen Einsparungen und Umwidmungen innerhalb unseres derzeitigen Sozialsystems von rund € 213 Mrd. pro Jahr realisiert werden.

Das bedeutet für die Finanzierbarkeit des substanziellen BGEs, dass von den gesamten als Vorauszahlungen zu leistenden **Zuwendungspauschalen von € 1090 Mrd.** im Nachhinein durch reformbedingte **sozial differenzierte**

Wegbesteuerung € 315 Mrd. sowie durch Einsparungen **und Umwidmungen beim Sozialbudget um € 213 Mrd.** ein (Netto-)**Finanzbedarf für das klimasolidarische KSG von € 562 Mrd.** übrig bleibt.

Nur um diesen Restbetrag von etwas mehr als 50 % der Summe aller Zuwendungspauschalen geht es bei der KSG-Finanzierung. Wobei über diese Finanzierung nach den Solidaritätsgrundsätzen des KSG nur diejenigen begünstigt werden sollen, die die Zuwendungspauschalen, sei es vollständig oder zumindest zu Anteilen, auch tatsächlich benötigen. Das genau wird über die Ex-post-Wegbesteuerung der ex ante ausgezahlten Zuwendungspauschalen vollumfänglich erreicht. Dadurch wird ein ursprünglich reines Gießkannenprinzip in ein individuelles Solidaritätskonzept ohne jedweden bürokratischen Mehrauswand transformiert.

Was Sie nunmehr noch vermissen dürften, ist eine schlüssige Beantwortung der alles entscheidenden Frage, ob und inwieweit der Netto-KSG-Finanzbedarf von € 562 Mrd. politisch realistisch überhaupt aufgebracht werden kann. Dazu das Ergebnis vorweg: Ja, die Aufbringung durch obige Wegbesteuerung ist, wenn auch nur mit größter Mühe, grundsätzlich möglich. Dies aber nur unter Nutzung aller dafür, ohne ungewollte Inflationsrisiken und Wirtschaftsbelastungseffekte, verwendbaren Steuer- und Abgabearten. Und Letzteres auch nur dann, indem wir die teilweise schon angesprochenen Reformen direkter Besteuerungsregime mit indirekten Konsumsteuern und ähnlichen Abgabensystemen kombinieren. Was wiederum mutige ökologische Transformationsstrategien voraussetzt.

Zunächst möchte ich zu all dem an das bisher zu notwendigen Einkommensteuerreformen Gesagte anknüpfen und dementsprechend mit den davon überhaupt verwendbaren direkten Steuerregimen beginnen. Für deren Auswahl sind neben ihrer jeweiligen Umverteilungseffizienz vor allem die Vermeidung von unerwünschten Preissteigerungen und nicht gewollten Wirtschaftsbelastungen maßgebend. Innerhalb all dieser Anforderungsprofile und Parameter erweisen sich das Einkommens- und Erbschaftssteuerregime als am meisten geeignet. Leider lässt sich allein mit diesen keinesfalls der gesamte BGE-Finanzbedarf abdecken. Denn es sind z. B. über das Einkommenssteuerregime über die ausgeführten Wegbesteuerungen hinaus nur noch finanzierungsrelevante Mehrsteuern von gut € 100 Mrd. pro Jahr generierbar. Immerhin kann dies mit moderaten Steuererhöhungen bei unbeachtlichen Preissteigerungs- und Wirtschaftsbelastungseffekten (= Steuersäule I) erreicht werden.

Mit noch höherer Umverteilungseffizienz und so gut wie ohne Preissteigerungs- und Wirtschaftsbelastungseffekte funktioniert die Steuersäule II. Diese kann schon durch eine weitgehend tariferhöhungsfreie Reform des Erbschafts- und Schenkungssteuerregimes und sogar unter Beibehaltung von deren bisherigen Freibeträgen erreicht werden. Allerdings, und das ist ganz entscheidend, nur bei vollständiger Abschaffung der aktuell systemverzwergenden Besteuerungsverschonung von Unternehmens-(beteiligungs-)erbschaften. Dadurch können laut meinen mehrfach veröffentlichten Berechnungen zusätzliche Erbschafts- und Schenkungssteuern von rund 85 Mrd. pro Jahr realisiert werden (Schloen 2023). Voraussetzung für deren Umsetzbarkeit ist allerdings die Anwendung des dazu von mir ebenfalls mehrfach veröffentlichten Steuerstundungskonzepts, das auch die besonders zu unterstützenden Mittelstandsunternehmen gebührend liquiditätsmäßig schont.

Weniger umverteilungseffizient, aber ansonsten gleichermaßen unproblematisch ist die Steuersäule III mit einem Finanzierungsbeitrag von rund 84 Mrd. pro Jahr. Diese besteht aus einer Finanztransaktionssteuer (€ 45 Mrd.), „automatischen Umsatzsteuererhöhungen" und Luxussteuern. Diese drei Steuersäulen erreichen zusammen jährlich € 269 Mrd. an Steuermehreinnahmen und decken immerhin bereits knapp 50 % des Gesamtfinanzbedarfs für das oben definierte KSG ab. Dadurch wird nicht nur das Einkommen, sondern auch, was besonders wichtig ist, das Vermögen des wohlhabendsten und einkommensstärksten Viertels der Bevölkerung um zusammen € 185 Mrd. pro Jahr abgeschmolzen. Zudem entsteht ein Doppeleffekt, weil sowohl von unten aufstockend und von oben abschmelzend sozial transformiert wird. Dadurch kann zusammen mit der gleichzeitigen Aufstockung des Einkommens, der unteren Bevölkerungsschichten um € 269 Mrd. pro Jahr eine Verteilungsumschichtungen von mehr als 10 % des bisherigen Brutto-Inlandsprodukts erreicht werden.

Bis hierhin dürften mir alle reformaufgeschlossenen Finanzexperten und selbst BGE-Gegner wie H. W. Sinn sowie hoffentlich die meisten Leser ohne Weiteres folgen (können). Handelt es sich doch durchweg um unter Steuerjuristen vielfach, wenn auch politisch oft kontrovers, diskutierte Finanzierungsalternativen. Außerdem sind die oben für diese Alternativen vorgeschlagenen Reformschritte durchweg in einer für deren Zielsetzung einleuchtenden und zumutbaren Dimensionierung und Erhebungsform ausgeführt. Sie müssten demnach, wenn nur sie allein zur Finanzierung des oben ausgeführten KSG benötigt würden, im Idealfall sogar selbst die bisher bemerkenswert strukturkonservativen BRD-Bevölkerungsschichten, richtig kommuniziert, überzeugen.

Nur nützt die bis zuletzt als durchaus aussichtsreich vermutete Umsetzbarkeit wenig, wenn es nicht gelingt, auch die noch offene KSG-Finanzierungslücke von € 293 Mrd. jährlich (€ 562 Mrd. minus € 269 Mrd.) zu schließen. Wozu ich oben bereits angedeutet habe, dass dafür keinerlei weitere, direkte Steuerregime, insbesondere nicht Unternehmenssteuern wie Körperschaft- und Gewerbesteuern wegen deren unerwünschten Wirtschaftsbelastungseffekte mehr zur Verfügung stehen. Es verbleiben somit nur noch diejenigen indirekten Steuern, die keine unerwünschten

Preissteigerungseffekte bewirken. Zu Letzteren gehören, weil sie nur gewollte Preissteigerungseffekte erzeugen, die erst seit Beginn dieses Jahrhunderts praktizierten Konsumsteuerarten, wie z. B. die CO_2-Steuern und die in ihrer Wirkung diesen ähnelnden Zertifikathandelsabgaben.

Nach den für mich angestellten Berechnungen des Ökologieingenieurs Ulrich Schachtschneider könnten z. B. über diese konsumsteuerähnlichen Quellen € 130 Mrd. pro Jahr bei einer über diese vollzogene Belastung von € 400 pro Tonne CO_2-Verbrauch vereinnahmt werden. Eine derart hohe Verbrauchsbelastung kann selbstverständlich nur mit deren Rückvergütung im Rahmen des oben ausgeführten KSG-Systems politisch durchgesetzt werden. Mit der über dieses KSG-System automatisch gewährleisteten, sozialen Abfederung aber, und das bleibt in diesem Zusammenhang besonders hervorzuheben, kann erheblich wirksamer als allein mit der bisher diskutierten, pauschalierten CO_2-Steuerrückvergütung zur rascheren Absenkung der CO_2-Emissionen beigetragen werden. So relativiert, stimme ich ansonsten indirekt mit den Forderungen prominenter Klimaforscher wie auch Wirtschaftswissenschaftler, soweit diese für marktbasierte CO_2-Emissionsreduzierungen plädieren, durchaus überein, etwa mit dem Chef-Ökonom des PIK Ottmar Edenhofer und dem Chef des Ifo-Instituts Clemens Fuest (s. Edenhofer und Jacobs 2019; Füst 2021).

Mit der begründbaren Annahme erzielbarer CO_2-Steuer- bzw. Zertifikathandelseinnahmen von zusammen rund € 130 Mrd. pro Jahr verbleibt immer noch ein über andere Konsumsteuern bzw. ähnliche Abgaben darzustellender KSG-Finanzierungsrest von rund € 163 Mrd. Dafür kommen neben weiteren Luxussteuern[1] vor allem Abgaben

---

[1] Bisher wurden an Luxussteuern im obigen finanzierungsnachweis solche für SUV-PKW-Käufe von 3 Mrd. jährlich und für Fleischverbräuche 5,3 Mrd. jährlich berücksichtigt. Siehe dazu Schloen (2023, S. 60 ff.).

auf bestimmte Rohstoffverbräuche (Ressourcenverbrauchabgaben) wie auch Zertifikatshandelseinnahmen für gesondert geregelte Importerlaubnisse oder Produktionsrechte in Betracht. All dies sind dem Klima- bzw. Umweltschutz dienende Einnahmen, die nicht das gesamte Preisniveau erhöhen, sondern sich in erster Linie nur für bestimmte Produkte verteuernd auswirken. Deshalb kommen auch allgemeine Umsatzsteuererhöhungen in größerem Umfang nicht für die KSG-Finanzierung in Betracht, da diese generelle Preissteigerungen und dadurch sehr leicht ein „Teufelskreisdilemma" in Richtung unbeherrschbarer Inflationsprozesse auslösen können.[2]

Ob bzw. inwieweit sich über die zuletzt umrissenen Instrumente die noch verbliebene KSG-Finanzierungslücke von € 163 Mrd. tatsächlich schließen lässt, bleibt notgedrungen eine offene Tatfrage. Sollte dies nicht vollständig gelingen, dann sehe ich für eine Problemabhilfe nur noch zwei Möglichkeiten. Zum einen eine Kürzung der Zuwendungspauschalen. Diese sollte aber, sofern man dabei nicht das gesamte KSG-Konzept infrage stellen will, deutlich unter 10 % der oben ausgeführten Zuwendungspauschalen liegen. Zum anderen über eine Defizitfinanzierung auf Grundlage der im nächsten Abschnitt ausgeführten Geldwesen-Reformen. Natürlich ließe sich all dies kombinieren. So lässt sich quasi als Fazit das bereits oben vorangestellte Urteil bestätigen, dass das hier vorgestellte KSG zwar grundsätzlich finanzierbar ist, hierfür aber eine Symbiose von umfassenden Steuerreformen mit einer wesentlich mutigeren Klima- und Umweltpolitik erforderlich ist. Isoliert nur über Steuerreformen oder gar lediglich über Neu-

---

[2] Auf solche „Teufelskreisdilemma" weist auch Straubhaar zu Recht im Falle einer Umsetzung der von Goetz Werner in viel zu großen Dimensionen und dies auch noch wenig differenziert vertretenen Konsumsteuerfokussierung hin (Straubhaar 2021, S. 46 ff.).

gestaltungen des Einkommensteuerregimes lassen sich die Anforderungen an ein substanzielles BGE nicht lösen.

Von jetzt an jedenfalls sollten wir obige Problemlösungsvorschläge als Zukunftsnarrative in möglichst wirksamer Form beharrlich weiter kommunizieren. Dazu nahm ich Ende September 2023 an einem interdisziplinär durchgeführten Workshop mit dem Themenschwerpunkt „Das BGE als ökonomisches Narrativ" an der Universität Freiburg teil. Es bleibt zu hoffen, dass über die dort anwesenden, hoch qualifizierten Wissenschaftler auch unsere politische Führungselite erreicht werden kann. Für Letztere hielt ja der Sachverständigenrat noch im Dezember 2021 ein substanzielles BGE für nicht finanzierbar. Nur muss man dazu wissen: Woran es sowohl dem Sachverständigenrat als auch den im Bundestag vertretenen Parlamentariern durchgängig ermangelte, das war und ist die Bereitschaft zu einer ganzheitlichen BGE-Analyse. Und genau auf eine diesbezügliche Mängelbeseitigung ist ja die oben ausgeführte Architektur ausgerichtet. Wobei selbstredend ein derart konkret und darüber hinaus engagiert zu bewerbendes KSG allein die oben dargestellten existenziellen Probleme unserer realitätsentkoppelten Ökonomie samt Klimakrise und Gesellschaftszerfall nicht lösen kann. Aber ohne ein solches KSG werden diese Probleme mit Sicherheit nicht zu lösen sein.

All dies sollte nicht nur potenziellen KSG-Unterstützern zu denken geben, sondern auch allen Klimaaktivisten. Erstere werden ohne einen stärkeren Bezug zur drohenden Klimakatastrophe ihr KSG-Anliegen immer weniger allein für sich öffentlichkeitswirksam vertreten und politisch voranbringen können. Umgekehrtes aber gilt auch, wie im nächsten Kapitel noch ausführlich zeigen ist, für die Klimaaktivisten. Denn Menschen, die nicht mehr wissen, wie sie weiter über die Runden kommen sollen oder sich sozial abgehängt bzw. abstiegsbedroht fühlen, die wird man für die

Unterstützung von Klimaaktivitäten immer schwerer, wenn denn überhaupt noch, gewinnen können. Aus ihnen werden eher verbitterte oder zumindest politisch enttäuschte Nichtwähler oder sogar AfD-Unterstützer. Schon deshalb sollten Klimaaktivisten auch Einforderungen zur Klimasolidarität und damit letztlich zu einem für dessen Verwirklichung unentbehrlichen KSG in ihren Fokus stellen, damit sie nicht früher oder später bedeutungslos werden.

In jedem Fall wage ich zu behaupten, dass ohne ein Grundverständnis für das obige KSG eine breitere Umsetzungsbereitschaft für notwendige und noch rechtzeitige ökonomisch-soziale Systemwandlungen sowie den Klimawandel noch rechtzeitig stoppende Transformationen politisch nicht erreichbar sind. Mehr noch: Ohne konkrete Vorstellungen davon, inwieweit ein KSG überhaupt finanzierbar ist und welche Implikationen eine klimasolidarische Umsetzung desselben für unsere Gesellschaft und deren Wirtschaftssystem bedeutet, fehlen die Orientierungsgrundlagen dafür, sich überhaupt mit den notwendigsten Wandlungsbedingungen zu befassen, geschweige denn, sich dafür mit dem erforderlichen Mut samt Entschlossenheit einzusetzen.

3.3 Geldwesen-Reformen zur nachhaltigeren Transformations- und Verteidigungsfinanzierung

Es ist nicht nur die soziale Empathielosigkeit eines Blockadekartells aus FDP, AfD und orthodox-konservativen CDU/CSU-Parlamentariern, die ein klimasolidarisches Grundeinkommen und damit einen menschenwürdigen Paradigmenwechsel in der BRD und auch für die EU oft geradezu fanatisch zu verhindern versuchen. Vielmehr trägt auch ein verbreitetes, dogmatisch verengtes ökonomisches Bewusstsein mit unseligem Fixiert-Sein auf die sogenannte „Schwarze Null" zu dessen Verhinderung bei. All dies wiederum verschärft durch die Hintertreibung jedweder Steuererhöhungen selbst in Sachen der oben geforderten, überfälligen Entzwergung der Erbschaftssteuer. So aber lassen sich notwendige Beschleunigungen von Transformationen wie auch klima- und umweltgerechten Strategien, aber auch die überfällige Aufstockung unseres Verteidigungsetats nicht sozial abfedern. Schon deshalb ist die von den Grünen auf deren Schild gehobene Transformationspolitik zumindest in der jetzigen Ampelkoalition letztendlich zum Scheitern verurteilt.

Das Festkleben nicht nur gewichtiger Parlamentarierkreise, sondern insbesondere breiterer Bevölkerungsschichten an der so unseligen „Schwarzen Null" ist die logische Folge verbreiteter Bildungsdefizite in Sachen Volkswirtschaft und erst recht Staatsfinanzierung. Dies führt zu gravierenden Fehlbeurteilungen der Notwendigkeit und Funktion von Staatsschulden. Allein schon die Erwähnung des Wortes Schulden erweckt in der Regel völlig zu Unrecht negative Assoziationen. Diese sind besonders ausgeprägt in deutschsprachigen Kulturkreisen. Letzteres schon durch die Tatsache, dass das Wort Schuld in diesen schon instinktiv als etwas moralisch Negatives insinuiert. Ganz im Gegensatz zu den englischsprachigen Ländern, die für Schulden im Rechtssinne das wertungsfreie und rein technische Wort „debt" verwenden. Denn Schulden sind im rechtlichen Sinne (und damit auch Staatsschulden) per se keinesfalls etwas moralisch Schlechtes. Vielmehr gäbe es ohne rechtliche Verschuldungen kaum noch wirtschaftliche Entwicklung.

Ein weiteres Problem vor allem wiederum in der BRD, aber auch international ist die Inflationsangst vor steigenden Staatsschulden. Das rührt vor allem daher, dass Staatsschulden aufgrund verbreiteter volkswirtschaftlicher Kenntnisdefizite irrtümlich mit Schulden von Privatpersonen oder Firmen verwechselt werden. So entsteht bei wachsenden Staatsschulden der Eindruck, dass auch jedem Bürger ein Mehr an Zukunftsbelastung und im Zweifelfall ein nicht mehr beherrschbares Maß an Mithaftung zugemutet wird. Vor allem von Parteiangehörigen der FDP sowie der CDU/CSU hört man bei steter Zustimmung durch die AfD, als ständig wiederholtes Mantra, dass wir mit jeder zusätzlichen Schuldenaufnahme unseren Kindern und Enkeln eine unverantwortliche Hypothek bzw. Belastung aufbürden. Überspitzt gesagt: Dass wir bei zusätzlicher Verschuldung auf Kosten künftiger Generationen wirtschaften. Was ja gerade für die BRD angesichts von deren jahrzehntewährender Leistungsbilanzüberschüssen sowie ihren heutigen Klima-, Sicherheits- und Transformationsdefiziten nicht nur fehlleitend, sondern völlig unsinnig ist.

Nur durchschauen diesen Unsinn selbst unsere Führungseliten bestenfalls nur insoweit, als sie an makroökonomischer Finanzwissenschaft interessiert sind und sich ein eigenständiges Urteil zu bilden vermögen. Ganz und gar aber durchschaut dies nicht die Mehrzahl der Bundestagsabgeordneten, die schon für übliche volkswirtschaftlichen Zusammenhänge nur selten einen weiterreichenden Durchblick erkennen lassen. Leider sieht es bei vielen Wirtschaftsredakteuren – sogar von überregionalen Tageszeitungen und Magazinen – auch nicht viel besser aus. All dies hat schon viel zu lange das Bemühen um verstärkt den Klimawandel bekämpfende Transformationen samt deren großzügiger sozialer Abfederung paralysiert. Dies wird auch gegenüber dem im Vorabschnitt dafür als Gamechanger ausgeführten KSG-Paradigmenwechsel geschehen, wenn es nicht als bald gelingt, zu vertieften diesbezüglichen Einsichten vorzudringen und mit darauf basierenden Geldwesen-Reformen umzusteuern.

Die zuletzt eingeforderten Umsteuerungen sind, abstrakt ausgedrückt, auf dreierlei Reformziele zur Fundierung auch der im Vorabschnitt aufgezeigten KSG-Systemwandlungen zu adressieren. Nämlich auf:

- Die Optimierung und bessere Ausschöpfung wohlfahrtsspendender Ressourcen
- Dies stets bei gezielter Einhegung inflationärer Risiken
- Und das alles bei Minimierung von Neuverschuldungen und Kapitalspekulationen

Zur Erreichung all dieser Ziele bedarf es in jedem Fall ganzheitlicher staatlicher Haushaltsplanungen einerseits und der Erweiterungen des Instrumentariums von Zentralbanken zur Preisentwicklungskontrolle und Kapitalmarktsteuerung andererseits.

Wie können durch bessere Ressourcenausschöpfung Potenziale gestärkt werden?

Praktisch erfordern eine optimale Ressourcenausschöpfung und eine Potenzialoptimierung vor allem, dass eine auf langfristige Ziele ausgerichtete Wirtschaftspolitik verankert wird. Diese wiederum sollte möglichst ohne zusätzliche Staatsverschuldung auskommen. Das alles sollte sie trotz Absicherung des im Vorabschnitt eingeforderten sozialen Ausgleichs, der Optimierung von klima- und umweltgerechten Produktionsstrukturen und einem zur Verteidigungssicherheit ausreichenden Wehretat leisten können. Dies bei steter Gleichgewichtserhaltung der realen Güter- sowie Dienstleistungsmärkten und der Absicherung bestmöglicher Bildungs- und Kulturförderungsziele. Kennzeichen einer solchen Politik kann es nicht wie bisher üblich sein, lediglich einen ausgeglichenen Haushalt zu präsentieren bzw. einen solchen in reiner Buchhaltungsmanier abzuarbeiten. Vielmehr geht es vorrangig darum, das vorhandene Potenzial an kreativen Fähigkeiten und wirtschaftlichen Ressourcen optimaler, gemäß einem längerfristig ausgelegten Plan weiterzuentwickeln.

Genau darum geht es überwiegend auch den Anhänger:innen der „Modern Monetary Theory (MMT)" in den USA. So sagt Stephanie Kelton, Professorin und Wirtschaftsberaterin von Bernie Sanders und zugleich prominente Anhängerin der Theorie, in der Wahlkampfkampagne 2016: „Nicht wir sollten den Etat ausgleichen, sondern der Etat sollte die (angestrebte) Wirtschaftsentwicklung ausgleichen" (Kelton 2018). Dafür sollten sich alle Finanzverantwortliche nach Keltons Credo stets bewusst machen, dass ein staatlicher Etat etwas völlig anderes als ein privatwirtschaftlicher Haushalt ist. Denn jeder privatwirtschaftliche Haushalt muss alle seine aufgenommenen Kredite durch seine späteren Einnahmen termingerecht zurückzahlen (können), sofern er nicht seine Insolvenz riskieren will. Ein souveräner Staat jedoch kann seine Kredite (Schuldverschreibungen) auch über eigene Geldschöpfungen tilgen, und dies sogar zu einem beliebigen Anteil. Ja, er muss sogar zur Aufrechterhaltung von Beschäftigung und wirtschaftlichem Gleichgewicht für ständige Geldschöpfungen Sorge tragen, wenn nicht schon über seine Zentralbank, so doch zumindest über die Geschäftsbanken, wenn er nicht ein allmähliches Absterben der gesamten Volkswirtschaft riskieren will.

Warum, so mag sich mancher Leser und manche Leserin an dieser Stelle fragen, sind fundierte Kenntnisse über die zuletzt umrissenen, wohlfahrtsentscheidenden Zusammenhänge so wenig verbreitet? Nun, woran das über die im Vorkapitel bereits geschilderten Bildungsmängel hinaus im Einzelnen liegen mag, darüber ließe sich lange diskutieren. Belastbares dazu lässt sich aber schon bei marktradikalen Politikern wie dem aktuellen BRD-Finanzminister feststellen. Dieser gehört offensichtlich zu jenen Führungspersönlichkeiten, die sich mit der zuletzt umrissenen Thematik auf keinen Fall grundsätzlich auseinandersetzen wollen. Denn für sie wie für alle übrigen Marktradikalen im Sinne meiner obigen Ausführungen sind staatliche Geldschöpfungen eher des Teufels. Nach ihrer dogmatisch extrem verengten Wirtschafts- und Weltsicht sollen Kapitalmärkte ja von sich aus als möglichst staatsfreie Märkte für ausreichende Geldschöpfungen sorgen. Dass dies jedoch keinesfalls störungsfrei funktioniert, mögen einige kurze Zwischenerläuterungen veranschaulichen.

Geldschöpfung bedeutet, wie schon das Wort besagt, die Schaffung neuen bzw. zusätzlichen Geldes. Das kann zum einen über Zentralbanken mittels des diesen allein zustehenden Rechts auf die Emittierung von Banknoten im Sinne von „Gelddrucken" geschehen (= Bargeldschöpfung). Zum anderen aber auch durch Giralgeld-Schöpfung, sowohl durch Zentralbanken als auch, was allerdings sehr vielen Bürgern durchaus nicht bekannt sein dürfte, durch Geschäftsbanken. Und um das, was deren Beitrag zur Giralgeld-Schöpfung betrifft, soll es im Folgenden im Kontext mit einer verschuldungsfreien Defizitfinanzierung bei gleichzeitiger Einhegung von Inflationsrisiken genauer gehen.

Da ich gewisse Grundfunktionen der Giralgeld-Schöpfung nicht bei jedem Leser als vertraut voraussetzen kann, bedarf es zum besseren Verständnis für das zuletzt angesprochene Untersuchungsvorhaben zunächst des Hinweises, dass zu den Geschäftsbanken sowohl Kreditgenossenschaften und Sparkassen als auch Privatbanken zählen. Deren Geldschöpfung erfolgt in der Regel dadurch, dass diese Geschäftsbanken ihren Kunden Neukredite gewähren. So erschaffen sie regelmäßig, wie man in Fachkreisen sagt, zusätzliches „Giralgeld aus dem Nichts", und dies jeweils in Höhe der Neukredite. Solche Geldschöpfungsakte erfolgen für sie gewinnneutral. Sie verbuchen diese jeweils per „Kundenkredite" an „Kunden- und

Mindestreserveeinlagen". Also als Verlängerung ihrer Bilanzsumme. Ihre dafür bei den Zentralbanken zu haltenden Mindestreserven sind aktuell nahezu unbeachtlich und betragen zurzeit lediglich 1 % der Neukreditvergaben. Was aus solcherart Giralgeld-Schöpfung durch Geschäftsbanken netto entsteht, wird auch als Buchgeld bezeichnet. Die Buchgeldmenge, und das ist für unsere weiteren Überlegungen besonders wichtig, übersteigt die Zentralbankgeldmenge derzeit um das Zehnfache.

Deshalb sollten wir uns an dieser Stelle vergegenwärtigen, dass das Gros privatwirtschaftlicher Investitionen und damit des Wachstums vor allem auf ständig neuen Buchgeldschöpfungen durch Geschäftsbanken beruht.

Was aber hat dieses Faktum mit verbesserten instrumentellen Möglichkeiten zur Einhegung von Inflationsrisiken und vor allem mit verschuldensfreier Defizitfinanzierungen zu tun?

Nun, die Antwort lautet: Bewusst bisher (leider) viel zu wenig. Aber genau das sollte künftig grundlegend anders werden. Und dies dadurch, indem den Zentralbanken zur bestmöglichen Einhegung von Inflationsrisiken bei verschuldungsfreien Defizitfinanzierungen sehr viel umfangreichere Instrumente zur Steuerung von Neukreditvergaben (sprich: Giralgeld-Schöpfungen) durch Geschäftsbanken an die Hand gegeben werden. Wie und wodurch das geschehen kann, darauf gehe ich gleich noch ausführlicher ein. Zunächst aber mögen wir uns die eigentliche Zielsetzung solcher Handlungserweiterungen für die Zentralbanken verdeutlichen. Und die besteht, ganz vereinfacht gesagt, darin, dass Staaten ohne Inflationsrisiken ihre Defizite aus Ausgabenüberhängen über deren Steuerannahmen im Zweifel *ohne* weitere Neuverschuldungen finanzieren können – also Defizitfinanzierungen allein durch Zentralbankgeldschöpfungen und ohne die Begebung neuer Schuldverschreibungen. Darauf genau laufen die oben von Stephanie Kelton für MMT gegebenen Standardempfehlungen ja hinaus.

Verschuldungsfreie Defizitfinanzierung ohne Inflationsrisiken

Nicht wenige Ökonomen befürchten allerdings, dass eine Ausweitung der Zentralbankgeldmenge via verschuldungsfreier Geldschöpfung zum Zwecke von Defizitfinanzierungen tendenziell inflationsfördernd wirkt. Dies insbesondere dann, wenn dadurch die Geldmenge stärker zunimmt als die Produktivität. Dagegen kann man überzeugende Einwendungen erheben. Politisch wirksam können jedoch solche Einwendungen nach meinem Urteil aber erst über eine Art New Deal zwischen Staaten und deren jeweiligen Zentralbanken widerlegt werden, dem zufolge

1. die jeweiligen Zentralbanken grundsätzlich kraft eigener Geldschöpfungskompetenz nationalstaatliche Haushaltsdefizite auch auf Dauer anstelle wie bisher durch Begebung staatlicher Schuldverschreibungen ausgleichen können und sogar sollen
2. und dafür aber den Zentralbanken seitens ihres Nationalstaaten mehr Instrumente an die Hand gegeben werden, um unerwünschte Preissteigerungen schneller und gezielter als bisher bekämpfen zu können, z. B. über pauschale Zinsregulierungen.

Mit dem unter der Ziffer 2 Angeführten möchte ich wiederum an meine obige Faktendarstellung zur Bedeutung der Geschäftsbanken für Giralgeld-Schöpfungen anknüpfen. Für diese sollte gemäß Ziffer 2 den Zentralbanken politisch und, falls notwendig, auch rechtlich, die Möglichkeit eingeräumt werden, die Geldschöpfung der Geschäftsbanken, also deren Neukreditvergaben, bei erkennbaren Inflationsrisiken gezielter als bisher regulieren zu können. Das sollte z. B. bei extremen Inflationsgefahren sogar so weit reichen, dass Zentralbanken den Geschäftsbanken

3 Menschenwürdiger Paradigmenwechsel ...

Neukreditvergaben zumindest temporär verbieten dürfen. In der Regel sollten allerdings derartige Verbote bzw. Einschränkungen für Neukreditvergaben nur für bestimmte Kreditarten (z. B. Immobilienkredite, falls dort wie in der Immobilienkrise im Jahre 2007 extrem hohe Preissteigerungen über Neukreditfinanzierungen verursacht werden) oder speziell für Unternehmen in preissteigerungsbedrohten Branchen oder Lieferketten verfügt werden.

Mindestens genauso wirksam könnte es sein, Neuverschuldungskontingente seitens der Zentralbanken zu verfügen. Zudem könnten die Zentralbanken von den Geschäftsbanken für Neukreditvergaben temporär verschärfte Eigenkapitalanforderungen verlangen. Durch all diese Instrumente ließe sich das Vergabevolumen für Neukredite als Vorsorge gegen drohende oder schon tatsächlich eingetretene Inflationsrisiken erheblich einschränken und, falls nötig, auf null reduzieren. Damit könnte zugleich jedwedes Inflationsrisiko für jeden verantwortlich geführten Staat vollständig und sofort beherrschbar ausgeschaltet werden.

Speziell für die BRD könnte dadurch endlich deren haushaltpolitische Strangulierung via dem bisher alles beherrschenden Mantra der „Schwarzen Null", wie sie auch der Präsident des Weltwirtschaftsinstituts, Moritz Schularick, im Interview vom 2.9.23 im „Spiegel" beklagt, der Vergangenheit angehören. Der im Vorabschnitt dargestellte strategische KSG-Gamechanger würde zudem eine dessen Umsetzung erheblich erleichternde Fundierung erhalten.

Solche Vorschläge mögen manche Leser an die vor gut zehn Jahren nach den ursprünglichen Ideen des bekannten US-Ökonomen Irving Fischer wieder auflebende, sogenannte „Vollgelddiskussion" erinnern (Mayer und Huber 2014). Nach den Ideen Fischers sollte ja den Geschäftsbanken das Privileg autonomer Geldschöpfung zugunsten von Zentralbanken mit dem Ziel der Begrenzung weiterer Staatsverschuldungen vollständig entzogen werden. Mit derart radikalen Einschränkungen der Geschäftsbanken hätte man jedoch die Zentralbanken in Sachen Neukreditvergaben bezüglich ihrer Management- und Verwaltungskapazitäten nach dem auch von mir geteilten, berechtigten Urteil der Fachwelt hoffnungslos überfordert.

Ganz anders jedoch können meine obigen Vorschläge wirken, die nicht nur ohne nennenswerten Verwaltungsmehraufwand der Zentralbanken, sondern immerhin mit einem tendenziell ähnlichen Ergebnis, nämlich der Verhinderung bzw. zumindest dem Einhegen weiterer Staatsverschuldungen im Falle notwendiger Defizitfinanzierungen, ohne Weiteres umsetzbar sind.

Mit den zuletzt umrissenen zusätzlichen Zentralbankinstrumenten soll also bei preisstabiler Wirtschaftsentwicklung jeder in einem außenwirtschaftlichen Gleichgewicht befindliche Staat in die Lage versetzt werden, seine Zukunft nach dem vorrangigen Ziel einer bestmöglichen Kapazitätsauslastung im Rahmen seiner angestrebten Wirtschafts-, Sozial-, Kultur- sowie klima- und umweltgerechten Potenzialentwicklung zielgerecht zu gestalten. Der jeweilige Staat sollte dabei eventuell auftretende Haushaltsdefizite, soweit möglich, ohne zusätzliche Schuldenaufnahmen durch Schöpfung von Zentralbankgeld ausgleichen können. In der BRD fände, wie schon gesagt, die unselige und deren gesamte Infrastrukturentwicklung lähmende Anbetung der „Schwarzen Null" endlich ein Ende.

Niedrigzinsen und Spekulationseinhegungen

Den soeben skizzierten Zielen sind FED und schließlich auch die EZB im Jahrzehnt vor Ausbruch der Coronakrise eher notgetrieben und zufällig als strategisch gezielt schon sehr nahegekommen. Beide Zentralbanken haben nämlich nach Abflauen der letzten Finanzkrise eine drohende Deflation über niedrige Zinsen über durch bis dahin in unbekannte Dimensionen ausgeweitete Zentralbankgeldschöpfungen erfolgreich abgewehrt. Die dadurch tatsächlich erreichte Deflationsabwehr gelang, für viele Ökonomen überraschend, ohne abträgliche Nebenwirkungen. Vor allem ohne unerwünschte Preissteigerungseffekte. Und das für die Dauer von immerhin knapp einem Jahrzehnt. Womit der Beweis erbracht wurde, dass selbst eine gigantische Ausweitung von Zentralbankgeldmengen *keinerlei* inflationäre Prozesse verursachen muss.

Inflationäre Prozesse werden demnach keinesfalls notwendigerweise durch Geldmengenvermehrung angetrieben, sondern eher durch aus anderen Gründen überhitzte Gütermärkte. Das heißt, wenn die Güter- und Dienstleistungsnachfrage deren Produktionsmöglichkeiten übersteigt. Wenn solches droht, dann müssen Nationalstaaten und deren Zentralbanken durch Einsatz der zuletzt vorgeschlagenen Zusatzinstrumente alle die Produktionskapazitäten übersteigenden Güter- und Dienstleistungsnachfragen schnellstmöglich zurückführen können. Sie sollten dafür nicht erst auf die bestenfalls mittelfristig wirksame Inflationsbekämpfung per Anhebung des Rediskont-Satzes wie auch der Offenmarktpolitik ausschließlich angewiesen sein. Wegen deren äußerst schädlichen Nebenwirkungen sollten sie vielmehr über den Einsatz der zuletzt geschilderten, viel dosierter und gezielter einsetzbaren Instrumente viel schneller wirksam handeln können. Erst wenn sie Letzteres vermögen, können verantwortlich handelnde Staaten Defizitfinanzierungen auch nachhaltiger, ohne die Begebung von Schuldverschreibungen, das heißt im Klartext: ohne Zusatzverschuldungen, ausgleichen. Defizitausgleiche, also möglichst ausschließlich via Zentralbankgeldschöpfungen und ohne weitere Staatsverschuldungen. Punkt!

Ziel einer so gewandelten Haushaltsplanung samt beschriebenem Instrumenten-Einsatz sollte zumindest für die USA, GB und die Eurozone die Wiederherstellung eines

Niedrigzinsniveaus wie dem vor der Pandemie sein. Nach Überwindung der aktuellen Lieferkettenschwierigkeiten und energiebedingten Preissteigerungen dürfte dieses Ziel für demokratische Volkswirtschaften grundsätzlich auch wieder erreichbar werden. Für die führenden Volkswirtschaften wird es außerhalb von deren transformationsrelevanten Investitionsgütermärkten ohnehin früher oder später wieder zu digitalisierungs- und KI-bedingten Überkapazitäten und dadurch letztlich auf mittlere bis längere Sicht wieder zu generellen Deflationsrisiken kommen, sofern nicht der Ukrainekrieg weiter expandiert. Dafür sprechen zumindest die traditionellen Vergangenheitserfahrungen, wie sie Keynes noch vor dem Zweiten Weltkrieg für seine General Theory beobachtet und herausgearbeitet hat.[3]

Allerdings müssen Betrachtungen über die immer noch relevanten Erkenntnisse von Keynes und die oben umrissenen, jüngsten geldpolitischen Erfahrungen auch die im Umbruch befindlichen Beziehungen zwischen multinationalen Konzernen und deren weltumspannende Lieferketten einbeziehen (vgl. Tooze 2018, S. 17, sowie Tooze 2021, S. 326 f.). Zusätzlich den voranschreitenden Zerfall der Weltwirtschaft in einen mehr oder weniger demokratischen Wirtschaftsblock einerseits und ein autokratisches Großimperium unter chinesischer Führung andererseits. Für eine erfolgversprechende Antwort auf diese Herausforderungen und Entwicklung bedarf es überfällig eines krisenresilienteren Geldwesens über die oben beschriebenen Reformen. Für die auch notwendigen Spekulationseinhegungen innerhalb der westlich dominierten Kapitalmärkte sind allem voran in den USA eine ge-

---

[3] „Das richtige Mittel gegen Konjunkturschwankungen ist…(diese) dauerhaft in einem Quasi-Boom zu halten … Daraus schließe ich, dass die Aufgabe, das laufende Investitionsvolumen zu regeln, nicht einfach der privaten Hand überlassen werden kann" (Keynes 2007, S. 266 ff.).

rechtere Besteuerung ihrer Großvermögenden und dabei insbesondere der Eigentümerschaft von Internet-Konzernen notwendig. Dazu gehört auch die Einhegung von deren Machtzuwachs durch werteorientiertere Kartellstrategien.

3.4 Entflechtung freiheitsbedrohender Tech-Monopole bei demokratischer Neukonstituierung des Internets

Ein stärkeres Eingreifen der US-Kartellbehörden gegen die immer marktbeherrschenderen und manipulativ als Monopolisten agierenden Internetkonzerne wird nicht nur in den USA, sondern auch seitens der mit diesen Problemen befassten EU-Kommissare und den verschiedensten Institutionen ihrer Mitgliedsländer seit längerem gefordert. Inzwischen aber haben sich bei nicht wenigen der zuletzt Genannten berechtigte Zweifel daran verfestigt, ob denn die US-Kartellbehörden überhaupt jemals mit der dazu politisch erforderlichen Rückendeckung bereit sein werden, gegen die internetbeherrschenden US-Konzerne wirksam vorzugehen. Was bedeuten müsste, sie weitgehend zu zerschlagen bzw. zu entflechten. Zumindest dürfte dies nicht ansatzweise mit der Entschlossenheit geschehen, wie sie die US-Kartellbehörden noch Anfang des letzten Jahrhunderts bei der Zerschlagung der Big-Oil-Monopole, wie z. B. den Rockefeller-Konzern, eindrucksvoll bewiesen haben.

Warum und wodurch hat sich deren Handlungsbereitschaft so grundlegend geändert? Und: Warum ist genau dies für alle demokratischen Gesellschaften so bedrohlich? Wodurch unterscheiden sich die heutigen Internet-Monopole denn so grundsätzlich von den damaligen Big-Oil-Konzernen? Wer sind die Persönlichkeiten, die diese

Internet-Monopole mit welchen Methoden und Zielen begründet, ertragsmäßig erfolgreich und politisch nahezu unangreifbar etabliert und demokratiebedrohend vernetzt haben? Und schließlich: Warum stellen die aktuell sogar gesamtwirtschaftlich viel zu einflussreich gewordenen Digitalkonzerne und Internet-Monopole so ernst zu nehmende Bedrohungen auch für unsere Pressefreiheit und faktenbasierte Kommunikation dar? Nicht zuletzt aber: Wie können und sollte die BRD und mit ihr möglichst viele EU-Länder, wenn schon nicht die gesamte EU, all diese Gefährdungen abwehren, verwandeln oder problemlösend einhegen?

Impulse des California Dreaming mendeln sich zu weltweit agierenden Internetmonstern

Was sich inzwischen zu einem Albtraum zumindest für klar blickende und überzeugte Demokraten entwickelt hat, das begann im Jahre 1968 mit dem WHOLE EARTH CATALOGUE eines gewissen Steward Brand, noch gänzlich harmlos klingend. Dieser Katalog erreichte parallel zur damaligen Ausbreitung der Hippiebewegung von Kalifornien aus die gesamte USA und schließlich auch bestimmte Technik-Freaks in Europa. Damals wurde der inzwischen bei vielen Hackerfans berühmt gewordene Katalog mit anarchisch, kreativ und linksintellektuell scheinendem Impetus von einem revolutionären Anspruch, die alte Ordnung des Staats und der Institutionen mitsamt ihrer kommerziellen Fremdbestimmung zu überwinden, getragen. In einem neuen Zeitalter sollte das Individuum von seinen Fesseln befreit werden, so lautete die eigentliche Verheißung (Andree 2023).

Steward Brand und auch andere Mitverfasser des Whole Earth Catalogue waren im Übrigen echte, wie man sie teilweise nannte, Underdog Hippies aus linken Kommunen in

San Francisco. Sie bewarben mit diesem Katalog „Formen eines alternativen Lebensstils durch einen bunten Mix aus Subkultur, Kunst, Drogenkonsum, New Age und (sogenannter) Esoterik. Bemerkenswerterweise empfahlen sie schon damals den Einsatz von Computern und anderen IT-Produkten zum Zweck der persönlichen Weiterentwicklung und des gesellschaftlichen Wandels." Genau damit wurde der Katalog nichts anderes als die „Keimzelle einer positiven digitalen Ideologie, die uns bis heute massiv prägt. Die Hippie-Urheber verstanden sich schon damals als Outlaws, was sodann" das ideologische Interface für eine (geradezu) faszinierende Weiterentwicklung lieferte. Von hier waren es nur wenige Millimeter bis zur symbolischen Figur des Hackers. Facebooks Headquarter hat (bezeichnenderweise) die Adresse „I Hacker Way" (ebd., S. 208 f.).

Das Wort Hacker erschien vielen IT-Freaks als mindestens ebenso geeignete Täterbezeichnung für sich und ihre Revolutionsgenossen wie früher das Wort Pirat oder Freibeuter. Wie Letztere wollten sie jedenfalls erobernd etwas Etabliertes umstürzen, vor allem mit ihrer neuen digitalen Ordnung die alte, langweilige, überkommene analoge Welt ersetzen. Und dafür scherten sich viele der modernen Piraten – als Hacker bezeichnet – wie schon frühere Revolutionäre grundsätzlich wenig um geltendes Recht, denn das war und ist bis heute für sie ohnehin alles Plunder, der eh weg muss (deshalb auch die Namen der früheren Plattformen „Pirate Bay" sowie „Chaos Computer").

Mit diesem revolutionären Impetus begannen noch lange vor Ende des letzten Jahrhunderts Jim Berners-Lee und mit ihm andere idealistische Erfinder mit dem Aufbau eines „World Wide Web" nach Prinzipien von „wohltätigen" Medientechnologien (ebd., S. 70 ff.). Danach sollten diese Technologien keinem Erfinder gehören und allen Menschen für alle Zeiten zugänglich sein. Offene Standards sollten vielen konkurrierenden Anbietern eine freie Zirkulation ihrer Daten ermöglichen, was auch bedeuten sollte:

Nutzer des Internets sollten von einem zum anderen Anbieter problemlos wechseln können. All dies sollte eine „Internet Engineering Task Force (IETF)" als gemeinnützige Organisation akribisch überwachen. Wer, insbesondere von den tech-affinen, jüngeren Jahrgängen, wollte Derartiges nicht liebend gerne nutzen und deshalb auch vehement unterstützen wollen und zudem für seine persönliche Nutzung engagiert einfordern?

Nur hatten diese vielversprechenden „Open-Source"-Bestrebungen keine sehr lange Halbwertszeit. Denn bereits nach der Jahrtausendwende wurde diese freie Natur des Internets frontal angegriffen und zerstört, und zwar durch die Entstehung neuer Plattformen. Mit diesen übernahmen alsbald von Ehrgeiz und letztlich auch Geldgier getriebene, teilweise durchaus genial operierende Einzelpersonen, und diese immer noch überwiegend im Hackeroutfit, die Führung des westlichen Internets. Deren Logik und Erfolgsrezept war ebenso schlau wie hinterhältig. Schlau vor allem deshalb, weil diese Persönlichkeiten es verstanden, mittels raffinierter Strategien über jeweils eigene Plattformen durch sogenannte „Knotenpunkte" das freie „World Wide Web" zu überbauen. Überbauen bedeutet, dass die genannten Unternehmer mit ihren jeweils neuartigen Plattformen das immer noch frei gebliebene Netz als unterliegende Infrastruktur nutzten. Nur setzen sie innerhalb ihrer neuartigen Plattformen anstelle von offenen ausschließlich auf geschlossene Standards.

Hinterhältig war dabei, dass all diese Plattformführer gegenüber ihren Usern so taten, als wäre nichts weiter geschehen. Sie operierten scheinbar weiterhin altruistisch, indem sie den Usern ermöglichten, ihre jeweiligen Plattformen gratis zu nutzen. Was sie allerdings verschwiegen, war die Tatsache, dass dafür die User mit einer zunächst verdeckten und immer rigoroseren Ausbeutung ihrer persönlichen Daten bezahlen mussten. Oder in den Worten von

Andy Rubin von Google: „Wir monetisieren nicht die Dinge, die wir erschaffen ... Wir monetisieren die Leute, die sie benutzen" (Höppener und Piepenbrock 2023, S. 295).

Die Folgen dieser Strategie über geschlossene Standards einzelner Plattformen haben zumindest jene Plattformnutzer schmerzhaft erfahren müssen, die in diese auch Geld investiert haben. Das gilt nicht nur für viele Blogger und Netzaktivisten, sondern auch Firmen, die wie Erstere auf bestimmten Plattformen umfangreichere Follower-Verbindungen aufgebaut und gepflegt haben. Wenn jemand von diesen auf eine andere Plattform wechseln wollte, dann musste er feststellen, dass er aller seiner oft mühsam aufgebauten, bisherigen Follower-Potenziale verlustig ging und bei Nutzung einer anderen bzw. neuen Plattform wieder ganz von vorne mit einem Follower-Aufbau beginnen musste. Das können sich die meisten Blogger, aber auch Firmen finanziell gar nicht leisten. Derartige finanzielle Abhängigkeiten sind aber die Folge geschlossener Standards und aggressiver Monopolausweitungen der führenden Internet-Giganten.

Zu Zukunftsverheißungen der (ver-) führungsmächtigsten IT-Monopolisten

Bevor wir einen genaueren Blick in die Manipulationsstrategien, Machtmissbräuche und vor allem Demokratiegefährdungen der führenden Internet-Giganten werfen, möchte ich vorab noch in gebührender Kürze auf deren wirkungsmächtigste Konzernführer eingehen. Zu diesen zählten bzw. zählen zum einen der allen Lesern bekannte Bill Gates und der inzwischen verstorbene Steve Jobs sowie der über die Durchsetzung geschlossener Standards und manipulativer Nutzerausbeutung so berüchtigt gewordene Mark Zuckerberg. Zu dessen Brüdern im Geiste zählt seit kurzem über Twitter auch Elon Musk und zudem die hinter Google stehenden Eigentümergruppierungen. Zu solcherart Geistesbrüdern zählt ferner, wenngleich andere Anwendungsfelder monopolisierend, Jeff Bezos. Auch die zuletzt genannten, monopolaffinen Geistesbrüder verstecken sich, trotz ihrer vielfältigen Tabubrüche, ebenfalls gerne hinter den oben geschilderten Mythen des California Dreaming. Vor allem befeuern sie weiter das Versprechen einer besseren, auf reiner Internetkommunikation basierenden, durchdigitalisierte, schönen neuen Welt, welche die analogen Strukturen weitestgehend hinter sich gelassen hat. Dazu kleiden sie sich ebenfalls gerne als Hacker- bzw. Piratenmanier bewusst lässig und am liebsten im Turnschuh-Outfit.

Die Vorreiterrolle für Ausbau und Popularisierung des Internets übernahmen die Älteren der Vorgenannten, nämlich Bill Gates und Steve Jobs. Ersterer knüpfte geschickt an Hackererzählungen an, indem er stets seine frühere Underdog-Situation zusammen mit der Tatsache betonte, dass er seine Unternehmungen aus Garagen heraus starten musste. So eher minderbemittelt gründete er 1975 zusammen mit Paul Allen das Unternehmen Microsoft, mit dem er es bis heute zu einem geschätzten Vermögen von 118 Mrd. US-Dollar brachte. Nicht ganz so bilderbuchhaft, aber dennoch letztlich durchaus erfolgreich verlief die Unternehmerlaufbahn von Steve Jobs. Dieser Stanford-Absolvent gründete 1976 mit Partnern Apple und entwickelte zunächst über MacIntosh schließlich ein geradezu ikonenhaftes Tablet und Handy-Design und im Jahre 2007 das die Handybranche revolutionierende iPhone. Insbesondere Letzteres brachte ihm bis zu seinem Tode immerhin ein Vermögen von 8,3 Mrd. US-Dollar ein. Er erschien vielen wie auch Bill Gates als grundsätzlich ehrbarer IT-Unternehmer.

Das jedoch galt nicht annähernd für deren Nachfolger. Letztere begannen schon kurz nach der Jahrtausendwende mit dem Tabubruch der plattformbasierten Netzbeherrschung über die schon erwähnten geschlossenen Standards. Für ihre jeweiligen Plattformen strebten sie offen nach monopolistischer Marktbeherrschung. Ihnen gelang so ein wesentlicher Beitrag zum phänomenalen Siegeszug der IT-Kommunikation und Expansion. Zu einflussreichen Mitwegbereitern dieses Siegeszuges avancierten Schritt für Schritt Larry Page und Sergey Brin, zunächst noch als Doktoranden an der Stanford University. Sie begannen daneben bereits 1996 mit der Arbeit an Google, welches sie neben Microsoft zur digitalen Hauptbibliothek und Suchmaschine für das Internet über immer monopolistischere Eroberungsstrategien durchsetzten. 2015 gründeten beide für ihre Beteiligungen an Google und anderen IT-Unternehmen die Muttergesellschaft Alphabet. Das Vermögen von Brin und Page wird zusammen aktuell auf mehr als 200 Mrd. US-Dollar geschätzt, allein im Jahre 2022 mit einem Zuwachs von mehr als 40 Mrd. US-Dollar.

Beinahe noch im Schlepptau von deren Monopolisierungen begann der sehr viel später, nämlich 1984 geborene Mark Zuckerberg seine geradezu atemberaubende IT-Karriere. Zunächst studierte er Informatik und Psychologie an der Harvard University und gründete 2004 zusammen mit Dustin Moskovitz, Chris Hughes und Eduardo Savarin das Netzwerk Facebook. Dieses Netzwerk entwickelte sich via hochmanipulativer Nutzerdatenausbeutung, extrem monopolistischer (potenzieller) Konkurrenten-Aufkäufe und aggressivem Expansionsstreben seines Gründers zum inzwischen skandalträchtigsten Konzern des Internets. Dazu zählen die Duldung von Wahlmanipulationen seitens Donald Trump über die Facebook-Plattformen durch die diese Machenschaften unterstützenden Cambridge Analytica wie auch sonstige demokratiefeindliche und auch rassistische Auswüchse. „Dump Fucks" (Dämliche Schwachköpfe) hat Zuckerberg die Nutzer seiner Plattform genannt, eben weil sie ihm trotz seiner Machenschaften vertrauen (Carlson 2010).

Trotz oder gerade wegen all dem hat es Zuckerberg inzwischen zu einem Vermögen von rund 104 Mrd. US-Dollar gebracht. Das wirkt immer noch geradezu bescheiden im Vergleich zu dem geschätzten Vermögen von rund 242 Mrd. US-Dollar von Elon Musk, als wohl reichstem Mann der Welt. Und genau dieser will nun dieses Vermögen auch für Erweiterungen seines politischen Einflusses nutzen, indem er über „Space X" und Tesla hinaus durch seinen 2022 vollzogenen Kauf von Twitter die politisch führenden IT-Plattformen in seinen Herrschaftsbereich eingliedert. Was das wiederum bedeuten kann, stellte er gleich nach seiner Twitter-Übernahme unter Beweis, indem er über Nacht die Hälfte von deren Mitarbeitern, darunter alle zur Qualitätsüberwachung und Löschung von Hetze und Fake News eingesetzte Personen, fristlos entließ. Zugleich und immer mehr wurde neben diesen beunruhigenden Erfahrungen deutlich, dass Elon Musk den Anliegen und Ansichten von Donald Trump viel näher stand, als man es in der politisch aufgeschlossenen Öffentlichkeit lange Zeit wahrhaben wollte. Viele fragen sich nun: Wird das Internet über seine meinungsführenden Plattformen theokratisch bis reaktionär und dann auch noch von vielleicht technisch genialen, aber ansonsten moralisch labilen Monopolisten beherrscht?

Man wird diesbezüglich nicht Entwarnung geben können, wenn man zusätzlich den indirekten Einfluss von Jeff Bezos auf bestimmte Internet-Anwendungen berücksichtigt. Bezos gründete ja 1994, wie seinerzeit Bill Gates und Steve Jobs, von einer Garage aus den inzwischen ebenfalls weltweit agierenden Online-Versandhändler Amazon. Mit diesem ist er bisher nicht gerade als sozial und demokratisch gesinnt aufgefallen. Vielmehr zeigt er eher Attitüden eines machtbesessenen, aggressiven Monopolisten. Inzwischen hat er so mit diesem Online-Imperium ein Vermögen von 153 Mrd. US Dollar angehäuft.

Mit Letzterem zusammen bringen es die fünf vorgenannten IT-Beherrscher auf ein Gesamtvermögen von 825 Mrd. US Dollar. Nahezu so viel wie das jährliche Sozialbudget Deutschlands. Und ein Vielfaches des gesamten Eigenkapitals aller westlichen Zeitungsverlage und TV-Privatsender zusammen. Dazu kommt: Im Unterschied zu Letzteren stützen sich die IT-Beherrscher, wenn es um die Verteidigung ihrer Monopolinteressen geht, auch noch gegenseitig.

Wie konnten beinahe über Nacht derart kapitalkräftige und monopolartige IT-Riesen heranwachsen?

Das so manchem nahezu überfallartig anmutende Vordringen der zuletzt umrissenen, plattform- und marktbeherrschenden Monopole lässt sich auf eine Reihe von Ursachen zurückführen. Für diese sind vor allem folgende Tatsachen wichtig:

a. Das Internet ist ein völlig neuartiges Medium, welches erst seit gerade mal gut 20 Jahren immer mehr Nutzer in seinen Bann zieht und eine sagenhafte Verbreitung erfährt, dabei immer differenziertere Erscheinungsformen und Anwendungsfelder entwickelt und mit zunehmender Ausbreitung unsere Zivilisation immer mehr durchwirkt und prägt.
b. Wobei es nur Wenige waren, die seine Potenziale vorzudenken vermochten und noch weniger, die sie erfolgreich wirtschaftlich auszunutzen verstanden.
c. Wohingegen sich alsbald Milliarden IT-Nutzer und von diesen viele unendlich naiv IT-Vordenkern und Gestaltern anvertrauten und letztlich auslieferten.

d. Während sowohl die zur diesbezüglichen Gefahrenabwehr zuständigen staatlichen Aufsichtsbehörden wie auch sonstige Exekutivorgane nebst allen Parlamenten den vielen Auslieferungsbedrohten bisher jeglichen wirksamen Schutz verweigerten.

Bei Anwendung profunder Geschichtserfahrungen bleibt einzuräumen, dass ein Durchschauen der unter den Ziffern (a) bis (d) aufgelisteten Verursachungs- und Wirkungszusammenhänge Jahre erfordert. Selbst den Vertretern der zur Aufdeckung von Machtmissbräuchen geschulten Kartellbehörden sollte man eine gewisse Beobachtungszeit zugestehen, in der sie verstehen lernen, die technischen Funktionen, marktmäßigen Wechselbeziehungen und schließlich wirtschaftlichen Auswirkungen eines neuen, ihnen bis dahin völlig unbekannten Mediums zu verstehen. Allerdings hätte diese Lern- und Beobachtungsperiode sehr viel kürzer sein müssen als bis heute, wo sie allem Anschein nach immer noch in sehr befremdlicher Weise anhält. Dabei gibt es in etwa seit 2010 immer eindringlicher warnende Stimmen und Buchveröffentlichungen darüber, dass im Internet nicht nur Einiges, sondern Wesentliches mit dem Potenzial einer nachhaltigen Gesellschafts- und Demokratiegefährdung falsch läuft.

So schildert dies z. B. bereits eindringlich 2018 Schlecky Silberstein in seinem Buch „Das Internet muss weg", womit er im Kern das Social Media Internet meint. Und in diesem Buch informiert er eine immerhin breite Leserschaft anschaulich, warum und womit die oben genannten Tech-Konzerne so viel Geld verdienen, nämlich ganz einfach: mit den Nutzerdaten ihrer User. „Diese Daten werden unter anderem für den Einsatz personalisierter Werbung ausgewertet, … für die eine 200-Milliarden-Industrie auffällig unauffällig in der Gesellschaft auftritt." Für diese Industrie „kaufen Daten-Broker Nutzerdaten von sozialen Netzwerken … dafür beschäftigen Daten-Broker die talentiertesten Mathematiker und Statistiker der Welt, die den ganzen Tag nichts anderes tun, als Zusammenhänge zwischen unterschiedlichen Daten zu finden. Über verschiedene statistische Methoden und hochspezialisierte Algorithmen schürfen Daten-Broker aus allen Daten nichts weniger als statistische Faktoren." Wenn deshalb der Rohstoff für die Daten-Broker schlicht Daten und Datenhändler die Hauptkunden von Facebook und Google sind, was sind dann die Nutzer von Facebook und Google? Sie sind die „Rohstofflieferanten" in ihrer Eigenschaft als Nutzer, die mit all ihren Klicks, Chats und E-Mails zusammen mit den Bewegungsdaten ihrer Handys immer mehr Einstellungen, Neigungen und Eigenschaften preisgeben (Silberstein 2018, S. 14 ff.).

Als besonders erfinderisch in der Ausforschung des Privatlebens seiner User, um Letzteres über Daten-Broker zu monetarisieren, erwies sich zunehmend Mark Zuckerberg via Facebook. In diesem Netzwerk entwickelte sich der Unternehmensgewinn, wie kritische IT-Analytiker feststellten, immer mehr in Abhängigkeit von der Ahnungslosigkeit seiner Kunden wie auch der gesamten Öffentlichkeit. So wie die Harvard-Professorin Shoshana Zuboff (2020) es formulierte, gründete der Erfolg von Facebook „auf Abläufe durch einen Einwegspiegel, die auf unsere Unwissenheit abzielen und in einen Nebel aus Irreführungen, Beschönigungen und Verlogenheit gehüllt werden".

Diesem Geflecht aus Manipulation, Betrug und Nutzerausbeutung sind Sheera Frenkel und Cecilia Kang in ihrem aufsehenerregenden Buch „Inside Facebook" systematisch nachgegangen. Besonders bemerkenswert scheinen mir von ihren vielfältigen Enthüllungen die zitierten Eingeständnisse von Chris Hughes, eines langjährigen Begleiters und Freundes von Zuckerberg, der seine Mitwirkung bei Facebook so beurteilte: „Offenkundig hat sich mein ganzes Leben durch eines der größten Monopole verändert, die es heute in den

USA gibt", sagte Hughes. „Deshalb sah ich mich gezwungen, … mich mit der Tatsache auseinander zu setzen, dass Facebook ein Monopol geworden war – und dies auch beim Namen zu nennen …" (vgl. Frenkel 2021, S. 266).

Mit dieser Monopolbenennung, insbesondere nach gelungenen Übernahmedeals wie z. B. die Eingliederungen von Instagram und WhatsApp in das Facebook-Netzwerk, stand Hughes nicht allein. Vielmehr sahen dies auch einflussreiche Vertreter der US-Regulierungsbehörden so. Dennoch drangen sie mit ihrer Absicht, Facebook, sofern möglich, zu zerschlagen, nicht durch. Letztendlich resignierten sie vor der inzwischen gigantisch angewachsenen Finanzmacht von Facebook mit 55 Mrd. US-Dollar an Barreserven bis 2021. Damit war es für Zuckerberg ein Leichtes, eines der schlagkräftigsten Anwälte-Teams in der US-Geschichte für die Abwehr der US-Regulierungsbehörden zu rekrutieren. Wozu Frenkel und Kang als Resümee festhielten:

> „In Facebooks gesamter siebzehnjähriger Geschichte gingen die enormen Gewinne des sozialen Netzwerks immer wieder auf Kosten der Privatsphäre seiner Nutzer (sowie der Sicherheit und der Integrität demokratischer Systeme … Zuckerberg und Sandberg haben ein Geschäft hochgezogen, das sich zu einer unaufhaltsamen Profitmaschine entwickelt hat, die sich als zu mächtig für eine Aufspaltung erweisen könnte." (ebd., S. 356)

Als entscheidende Durchbruchfaktoren zur Monopoletablierung von Facebook, aber auch von Google erwiesen sich deren rücksichtslose Nutzung und Kombination von Netzwerkeffekten, Plattformökonomie und Killer-Akquisition. „Netzwerkeffekte" stellen sich insbesondere bei Kommunikationsneuheiten immer dann ein, wenn der Nutzen der Innovationsanwendung überproportional mit der Anzahl von deren Anwendern steigt. Je mehr Menschen z. B. einen

3 Menschenwürdiger Paradigmenwechsel ... 211

Telefonanschluss besitzen, desto mehr wert ist ein Telefonanschluss. Inzwischen gibt es so viele Telefonanschlüsse, dass nahezu jeder Bürger lebenslänglich zur Nutzung dieser Art von Kommunikationstechnik verurteilt ist. Das ist bei der Telefontechnik wie auch den übrigen, herkömmlichen Medien kein Problem, weil diese Medien selbst, d. h. als System, für alle Menschen zur freien Verfügung stehen. Wir zahlen zwar für den Anschluss bzw. Gebühren für die Telefon-Inanspruchnahme. Wir zahlen aber keine Lizenz oder Gebühren für das Kommunikationsmedium selbst, denn diese Medien gehören als System niemandem.

Es gab zwar in der Vergangenheit Lizensierungsversuche für Kommunikationsinnovationen. Aber es gelang niemandem, wichtige Innovationen als geistiges Eigentum dauerhaft so zu schützen, um dies für immer zu kontrollieren. Wenn das drohte, dann fanden Regierungen mit den Patentinhabern Regelungen, um diese Innovationen bzw. Medien zumindest systemisch frei verfügbar zu machen, weil es sich um Güter von allgemeinem Interesse handelte.

Durch die Plattformökonomie der IT-Riesen wurde erstmals in der modernen Zivilisationsgeschichte eine fundamental andere Situation geschaffen. Denn den IT-Riesen ist es bisher gelungen, auf dem allgemein zugänglichen Internet private, also durch sie allein und dies ungehindert kontrollierte, Plattform-Knotenpunkte zu etablieren. Diese knotenpunktbasierten Plattformen stellen nicht nur jeweils für sich ein gesondertes Medium dar. Vielmehr beherrschen die Plattformen wie z. B. die von Facebook und Google mit Instagram, YouTube und WhatsApp ganze Mediengattungen. Und diese Mediengattungen kontrollieren die Plattformen via Eigentumsrecht an ihnen über volle Durchgriffe auf deren Inhalte samt Sperrungen missliebiger Inhalte oder Nutzer (Andree 2023, S. 70 f.). Das Eigentumsrecht der genannten IT-Monopole erstreckt sich, wie bereits oben gesagt, nur über die Plattformen, die sie als

Knotenpunkte über das alte, freie Netz als unterliegende Infrastruktur errichtet haben (ebd., S. 71 ff.). Der Trick dabei: Durch die angebliche Gratisnutzung ihrer Plattformen, in Wirklichkeit aber, wie oben wiederholt erklärt, durch die Preisgabe des Privatlebens der Nutzer bezahlt, spülten Zuckerberg & Co. schnell mehr als eine Milliarde an Nutzern in ihre Plattformen. Wodurch diese eine immer unwiderstehlichere Attraktivität durch so manipulativ befeuerte Netzwerkeffekte erreichten.

Dies zum einen trug zum überraschend schnellen Entstehen der vorgenannten, monopolartigen Geldmaschinen bei. Zum anderen aber verdanken Microsoft, Facebook, Google & Co. die Ausweitung ihrer Monopolstellungen zusätzlich dem erfolgreichen Muster ihrer Übernahmen samt Absicherung digitaler Märkte in extrem aggressiver und sehr oft illegaler Form. Dafür nahmen sie auch spätere Strafzahlungen in Kauf, die ihnen die Regulierungsbehörden für ihre vielen Gesetzesbrüche immer wieder aufbrummten und die sie durchgängig aus ihrer Portokasse bedienen konnten. Entscheidend war für die genannten IT-Konzerne deshalb stets die rasche und zugleich vorsorgende Besetzung ganzer Märkte. Dafür nutzte man zusätzlich auch Regulierungslücken sowie die schneckenhafte Langsamkeit und Lethargie der Behörden aus, die von der Geschwindigkeit der digitalen Transformation bis heute völlig überfordert sind.

Für den Ausbau marktbeherrschender Stellungen und die Verteidigung bestimmter Nutzungskategorien beschritten alle inzwischen einflussreichsten IT-Konzerne weiterhin „in schwindelnder Weise erfolgreich … Killer-Akquisitionen" (ebd., S. 87 ff.). Das heißt, sie kauften einfach existierende oder die mittels neuartiger Technologien ihnen bedrohlich erscheinende, potenzielle Wettbewerber. Dabei liegen bisher nach den Recherchen von M. Andree das Google-Imperium inclusive Alphabet sowie Microsoft mit jeweils rund 250 Zukäufen vorn. Es folgen Facebook bzw. Meta sowie Amazon und Apple. So haben z. B. Facebook bzw. Meta insbesondere durch die Übernahmen von WhatsApp und Instagram ein Quasimonopol bei Messenger-Diensten und bei Social Media einen Marktanteil von 83 % erworben. Hinzu kommen bedeutsame Übernahmen in der Werbeindustrie.

Inwieweit und wodurch drohen IT-Monopolisten Pressefreiheit und kulturelle Demokratiefundamente zu zerstören?

Was bedeuten die zuletzt verdeutlichten IT-Monopolisierungen aktuell und inwieweit drohen sie die Überlebenschancen von Pressefreiheit und Demokratie elementar zu beeinträchtigen? Dazu lassen sich schnell eine Fülle verschiedener Gefährdungspotenziale anführen. Davon möchte ich aber lediglich auf die am zerstörerischsten wirkenden Prozesse und Faktoren eingehen, nämlich:

- das wirtschaftliche Ausbluten von Pressewesen und traditionellen Medien durch unlauteres Absaugen von deren Werbeeinnahmen seitens der IT-Monopole
- die Beschleunigung des Absterbens der nichtdigitalen Medienlandschaft
- die Befeuerung von Hate Speech, Fake News und Diffamierungskampagnen und die Verweigerung effektiver Filtermaßnahmen dagegen

Zusätzlich zu diesen Zerstörungen sollte sich jeder Leser vergegenwärtigen, dass die oben genannten IT-Riesen die Befeuerung der zuletzt genannten Prozesse durch einen gigantischen Lobbyismus-Apparat absichern und zugleich über diesen jede Form von Widerstand im Keim zu ersticken versuchen (ebd., S. 227 ff.).

Dass unser Pressewesen wirtschaftlich zunehmend auszubluten droht, darauf haben in den letzten zehn Jahren immer wieder aufmerksame und urteilsfähige Journalisten verwiesen. Sie heben dazu das geradezu epidemische Redaktionsschrumpfen und zusätzliche Verschwinden von immer mehr Lokalzeitungen sowie die Entlassungswellen auch bei der überregionalen Presse hervor, weil selbst diese immer mehr unter wirtschaftlichen Druck gerät. Letzteres schon deshalb, weil ihr das traditionelle Geschäftsmodell immer mehr wegbricht. Und das liegt im Wesentlichen an sinkenden Werbeeinnahmen, weil diese ihnen durch die oben beschriebenen Machenschaften und Strategien der IT-Monopole quasi weggesogen werden. Denn nur Letztere können, im Unterschied zum heutigen Pressewesen der Werbeindustrie, die für sie immer begehrteren Kundendaten liefern, um mit diesen personenabgestimmt und damit zielgenau werben zu können.

Die Werbeetats der westlichen Wirtschaft landen dadurch schon heute zu weit mehr als der Hälfte in den Silos der IT-Konzerne und fehlen damit dem aktuellen Pressewesen. Parallel zu diesem auf exponentieller Nutzung von Personendaten basierenden Umschichtungsprozess verlaufen inzwischen mit dem demografischen Wandel einhergehende Veränderungen des Mediennutzungsverhaltens. Dies bedeutet, vereinfacht ausgedrückt:

Die sich zu ihrer Information noch überwiegend nicht digitaler Medien, vor allem Printmedien, bedienenden Generationen sterben allmählich aus. Ein Zeitungs- und Magazinabonnement in Papierform leisten sich heute nahezu nur noch Oldies, die dafür von ihren Kindern und den übrigen Jüngeren eher mitleidig belächelt werden. Infolge der dadurch kontinuierlich sinkenden Papierauflagen versuchen Zeitungen und Zeitschriften notgedrungen,

3 Menschenwürdiger Paradigmenwechsel ...

diese Verluste über IT-Abonnements, natürlich zunehmend gebührenpflichtig, zu ersetzen. Nur gelingt ihnen dies dort keinesfalls in ertragsmäßiger Hinsicht. Im Internet können sie nämlich nicht, wie bei ihren Papierausgaben, mit deren besonderer Aufmerksamkeitswirkung für die dort geschalteten Werbeinsertionen punkten. Vielmehr geraten sie im IT-Bereich immer mehr ins Hintertreffen gegenüber der dort viel zielgerichteter über die IT-Giganten platzierten Werbung. Auswege durch Gebührenanhebungen sind für die IT-Publikationen angesichts der kostenlosen Konkurrenz der IT-Plattformen noch schwerer erfolgreich durchzusetzen als im Print-Bereich. So entsteht für die Ertragsspielräume des heutigen Pressewesens die Perspektive einer nicht endenden Schraubenbewegung nach unten.

Das von ihnen so befeuerte Pressesterben zählt keinesfalls zur einzigen Demokratiebedrohung durch Einwirkungen obiger IT-Monopole. Vielmehr tragen diese zudem ganz wesentlich zu einer nachhaltigen Schädigung der kulturellen Grundlagen bisher demokratisch gebliebener Gesellschaften bei. Und dies nicht zuletzt durch die Verstärkung und manipulative Verbreitung von Diffamierungskampagnen mit Hate Speech und Fake News. Deren entscheidende Verursachung ist stets die unersättliche Geld- und Machtgier der bereits vorgestellten Plattformbetreiber. Diese setzen zur Machtverstärkung auch Algorithmen ein, die das Verbleiben der User auf ihren Plattformen zwecks besserer Ausforschung derselben möglichst in die Länge zu ziehen. Das gelingt am besten über eine Priorisierung emotionaler Inhalte. Denn laut Studien erreichen emotionale Inhalte eine zehnmal höhere Reichweite als sachliche Inhalte. Und Hasstiraden, aber auch Lügen sind nun einmal emotionaler als Fakten.

Deshalb haben Erstere viel bessere Chancen auf Aufmerksamkeit als Fakten. Und genau das verhalf Populisten wie Donald Trump in den USA sowie der AfD in Deutschland zu deren verblüffenden Aufmerksamkeits- und Verbreitungserfolgen im Internet. Dasselbe gilt im Übrigen für deren hochemotionalen Diffamierungskampagnen.

Der kulturschädigende Einfluss der IT-Monopole betrifft aber nicht nur die Welt der Erwachsenen, sondern ganz besonders die der Heranwachsenden und zu allem Unglück sogar die von Kindern. Diesbezüglich werfen 33 US-Bundesstaaten Meta inzwischen per Sammelklage vor, dass diese gezielt jüngere Nutzer immer stärker auf die Bildschirme lockt und diese zudem dazu verleitet, mehr Zeit auf deren Plattformen Instagram und Facebook zu verbringen. Sie also quasi IT-süchtig zu machen. Das beeinträchtige nicht nur die Konzentrations- und Lernfähigkeit der Jugendlichen, sondern führe auch zu sonstigen psychischen Störungen bei diesen. Insbesondere von der Plattformwirkung des Süchtig-Machens wie auch der sonstigen Jugendschädigungen, so heißt es weiter in der Klageschrift, habe Meta seit langem gewusst. Sie habe aber die Gefahr derartiger Schädigungen stets ihren Profitinteressen untergeordnet.

Trotz mehrerer solcher Klagen und immer wieder drohender gesetzlicher Auflagenverschärfungen scheint ein freiwilliges Einlenken bzw. Abwenden der Plattformführer von den zuletzt skizzierten Manipulations- und Zersetzungsstrategien wenig wahrscheinlich. So ist auch die Facebook-Whistleblowerin Frances Haughen davon betroffen, wie wenig Facebook auch nach ihren oben zitierten Enthüllungen gegen plattformbedingte Schädigungen durch Desinformation, Hetze wie auch Verhaltensmanipulation zur Abstellung dieser Übel unternommen habe. Wenn dies ausnahmsweise einmal geschah, wie z. B. aufgrund des massiven öffentlichen Drucks vor den letzten US-Kongresswahlen, nämlich Letztere nicht noch einmal durch die Plattformen mittels Manipulatoren wie 2016 Cambridge Analytica oder Trolle des Kremls massiv beeinflussen bzw. gefährden zu lassen, so hielt die Wirkung lediglich bis kurz nach diesen Wahlen an. Denn, oh Wunder, das vorübergehende Weniger an Falschinformationen führte zu einem erkennbaren Rückgang der Nutzerzahlen. Es gab einfach weniger Interaktionen auf den Plattformen. Das aber wollte Zuckerberg keinesfalls länger als unbedingt notwendig zu Lasten seines Profits in Kauf nehmen. Deshalb ließ er kurz nach den auch durch sein Einlenken ohne massive IT-Unterwanderungen überstandenen US-Wahlen Facebook auf den alten Algorithmus, der wiederum wie vor den Wahlen polarisierende Inhalte förderte, umstellen. Das aber ermöglichte bereits am 6. Februar 2021 den radikalen Trump-Anhängern mit dem Slogan „Stop the Steal" via Facebook die Stimmung ihrer Anhänger bis zu deren Bereitschaft, das Kapitol zu stürmen, aufzuheizen.

Assoziative Plattformen sowie IT-Monopolentflechtungen könnten der Schlüssel zur Demokratisierung des Internets werden

Sicherlich werden viele Leser auch in Anbetracht der zuletzt umrissenen, himmelschreienden Fehlentwicklungen sich des Öfteren gefragt haben, warum „die Politik" es nicht nur hat so weit kommen lassen, sondern, noch viel schlimmer, offensichtlich eher unverdrossen weiter nach der Pfeife der IT-Monopole zu tanzen bereit ist. Mancher wird auch massivere oder zumindest deutlichere Proteste der Zivilgesellschaft vermissen, an die sich ja neben den oben zitierten Wissenschaftlern und Aktivisten auch renommierte Journalisten wie z. B. Markus Feldenkirchen mit seinem 2019 in „Der Spiegel" erschienenen Artikel „Pressedämmerung" gewandt haben. Immerhin lehnen darauf hin nicht nur in den USA, sondern auch in der BRD viele Bürger den derzeitigen IT-Status quo ab. Für Martin Andree zumindest stellt dieser Status quo eine existenzielle Demokratiebedrohung und dadurch das zweitwichtigste gesellschaftliche Problem nach der Klimakrise dar. Den bisherigen Status immerhin sollen nach einer von ihm veranlassten repräsentativen Erhebung 82 % der Bundesbürger als inakzeptabel betrachten (Andree 2023, S. 242 ff.). All das möge aber den verehrten Leser nicht dazu verleiten, auf Entwarnung umzuschalten. Im Gegenteil: Es besteht akutester Anlass für Besorgnisse hinsichtlich der großen Gefahr des politischen Nichthandelns. Dies auch aus Gründen einer Resignation verantwortlicher Akteure trotz wachsender Verzweiflung der sich wenigstens um ihre Kinder kümmernden Eltern. Dies in Anbetracht der massiven Verhaltensschädigungen, die die manipulativen Suchtverstärkungen der IT-Monopole bei ihren Kindern auslösen.

Für das inzwischen auffällige Nichthandeln von Politik und Aufsichtsbehörden in den USA und damit der Heimatregion der IT-Monopole, die ja bekanntlich global mit Ausnahme von China und Russland wirken, gibt es offensichtlich mehrere Verursachungen. Allem voran die Reformblockaden im US-Kongress durch die Radikalisierung der Republikaner und die in dieser Sache eher unentschlossen wirkenden Demokraten, welche wiederum ihrerseits in vielfältige Strömungen zerfallen. Für die chaosstiftenden Trumpisten jedenfalls stellen die geschilderten Machenschaften der IT-Monopole wie auch deren Machtanhäufungen keine Gefahr dar. Deshalb dürfte die Fraktionsführung der Republikaner auch kaum bereit sein, mit den Demokraten über weitreichende Presse- und Kartellrechtsreformgesetze den vorgenannten Übeln entschlossen entgegenzutreten. Die daraus folgende politische Paralysierung wirkt sich auch lähmend auf die US-Regulierungsbehörden aus. Welcher Ressortleiter wagt in einer so zerstrittenen und für ihn unkalkulierbaren Gemengelage auch nur Ansätze für eine

3 Menschenwürdiger Paradigmenwechsel ...

wirksame Einhegung, geschweige denn, sogar Zerschlagung der IT-Monopole gegen mit Milliarden von US-Dollar alimentierte Anwaltskanzleien zu riskieren? Stellen die IT-Monopole doch trotz obiger Verfehlungen für viele Amerikaner so etwas wie Leuchttürme für die technologische Überlegenheit der US-Wirtschaft dar.

So ruhen die Hoffnungen mancher US-Amerikaner und vor allem all derjenigen, die für den gesamten IT-Sektor einen Wandel des demokratiegefährdenden Status quo erhoffen, auf der wenn überhaupt noch dazu infrage kommenden EU. Immerhin verabschiedete die EU im Frühjahr 2022 ein Mega-Gesetz, das die großen Plattformen umfassend regulieren soll, den sogenannten Digital Service Act (DSA). Durch diesen müssen die Tech-Unternehmen ab jetzt zumindest illegale Inhalte zügig löschen, anderenfalls drohen hohe Strafen. Was jedoch in diesem Gesetz unverändert fehlt, das ist ein Verbot von personalisierter Werbung. 2020 hatte das EU-Parlament noch mehrheitlich dafür votiert.

Was diesem Parlamentsvotum jedoch bis heute folgte, war eine beispiellos subtile Lobby-Kampagne der IT-Monopole mit Fokus auf EU-Parlamentarier, aber auch Kommissionsangehörige und deren Zuarbeiter. So fand sich wegen der darin eingefügten Fehlinformationen bisher keine Abstimmungsmehrheit für obiges Votum, weder im Rat noch im EU-Parlament.

Angesichts des zuletzt geschilderten Scheiterns der EU-Einhegungsbemühungen gegenüber den US-amerikanischen IT-Monopolen mögen mir die Leser erlauben, an dieser Stelle auf einige grundlegende Neugestaltungsvorschläge für die IT-Plattformbereiche in Europa überzuleiten. Diese Neugestaltungsvorschläge habe ich unabhängig von deren kurz- bis mittelfristiger politischer Umsetzbarkeit von IT- und medienerfahrenen Fachleuten übernommen und weiterentwickelt. Zusammen laufen die Vorschläge, würden sie denn koordiniert und konsequent umgesetzt werden, auf eine Demokratisierung zumindest des europäischen Internets hinaus. Dies über die Kombination struktureller Änderungen und Gestaltungen des IT-Plattformbereichs, nämlich durch:

3. Entflechtungen der Tech-Monopole einerseits, bei
4. assoziativer Neugestaltung der demokratierelevanten Plattformen andererseits

Zu 1: Wer dem zuletzt geschilderten, unwürdigen Katz- und Mausspiel zwischen IT-Plattformmonopolen und EU-Regulierungsverantwortlichen, und dies stets auf Kosten der Nutzer und zu Lasten der psychischen Entwicklung von Heranwachsenden und sogar von Kindern, Einhalt gebieten will, der kommt nicht um eine weitreichende Entflechtung der Monopole herum. Zu dieser Schlussfolgerung kommt, neben bisher leider noch zu wenigen, der IT-Spezialist Martin Andree, der dafür zugleich einen Entflechtungsplan ausführte (Andree 2023, S. 259 ff.). Sein Plan sieht nicht zuletzt vor, dass auch und insbesondere die demokratierelevanten Plattformen nach Kategorien entflochten und danach in unterschiedlichen Gesellschaften weitergeführt werden. Ziel dieser Aktion seien zunächst sogenannte plattformübergreifende Netzwerkeffekte wie auch Synergien, mit denen die Monopole aktuell jedwede missliebige Konkurrenz nach Belieben ausschalten können, vollständig zu verhindern. Solcherart Entflechtungen sollten europaweit umfassen:

- Alle Social Media wie z. B. Facebook, Meta, Instagram, YouTube, Twitter (X), aber auch TikTok etc.
- Search-Konzerne wie z. B. Google
- Infrastrukturen wie z. B. Satelliteninternet, Cloud-Services, Telekommunikationsnetzwerke usw.

Soweit die zuletzt genannten Konzerne wie auch Funktionsanbieter eine marktbeherrschende Stellung in Kategorien erreicht haben, die eine zentrale Rolle bei der politischen Meinungsbildung spielen, sollten sie auf ihrer Unternehmensebene in jeweils zwei Ebenen aufgebrochen werden. Nämlich in den Funktionsbereich, der allein die Inhalte monetarisieren darf, sowie in eine andere Ebene, die die Verbreitungswege organisiert, verwaltet und abrechnet. Das würde es auch anders als bisher Influencern und Creatorn ermöglichen, jederzeit von einem Plattformanbieter ohne Verluste zu einem anderen zu wechseln. Im Übrigen sollte nach Andree für alle demokratierelevanten Kategorien eine Marktanteilsobergrenze von 30 % verfügt werden.

Zu 2: Freilich sind allein mit einer Aufspaltung der demokratierelevanten IT-Monopole nach dem obigen Konzept noch keinesfalls alle Probleme gelöst. Vielmehr bedarf es dazu auch noch der Assoziierung, so möchte ich es nennen, aller demokratierelevanten Aufspaltungskategorien. In Richtung einer Assoziierung haben bereits 2020 einige in Sachen Mediendemokratie erfahrene ARD-Verantwortliche unter dem Titel „European Public Sphere-Gestaltung der digitalen Souveränität Europas" (Klagermann und Ulrich 2020) eine Art Blaupause zu liefern versucht. Sie empfahlen dafür ein genossenschaftsähnliches Modell, in das sowohl Zivilgesellschaft als auch Wissenschaft und Wirtschaft integriert sind. Ihr Vorschlag stieß allerdings vor allem deshalb auf wenig Resonanz, weil sich ein neuartiges Gesellschaftsgebilde dieser Art erst einmal gegen die kapitalmäßig übermächtigen IT-Monopole durchsetzen muss. Und da helfen selbst einige Milliarden an EU- und sonstigen staatlichen Ingangsetzungshilfen relativ wenig. Was zugleich bedeutet: Ohne die oben skizzierte, vorherige europaweite Aufgliederung bzw. Zerschlagung der IT-Monopole bleibt jede Art demokratische Neugestaltung des Internets reine Illusion.

Sobald jedoch eine Aufgliederung des europaweiten Netzes nach den obigen Kriterien erfolgt ist, können die aufgegliederten Kategorien durchaus erfolgversprechend und freiheitsstiftend auf dafür neu zu gründenden Nachfolgeinstitutionen übertragen werden. Deren Führung darf aber niemals lediglich Einzelpersonen und das auch noch ohne dem Gemeinwohl dienenden Handlungsvorgaben und Ertragsteilungsregelungen anvertraut werden (= Auflagen zur Einhaltung bestimmter IT-Assoziierungsstandards). Für Schritt zwei bedarf es demnach gesonderter IT-Demokratisierungs- bzw. Assoziierungsgesetze bzw. solche vorbereitenden EU-Richtlinien, die für die IT-Entflechtungsübernahmen die Einhaltung folgender Standards sicherstellen:

(2a) Das Eigentum an den Übernahmeinstitutionen ist über Geschäftsanteile analog zum deutschen Genossenschaftsgesetz zu vermitteln. Davon müssen mindestens 50 von 100 der Stimmrechte auf (potenzielle) Nutzer entfallen. Die Nutzer müssen für die Stimmrechtsausübung ebenfalls analog zum deutschen Genossenschaftsrecht Vertreter wählen.

(2b) Der Vorstand dieser Nachfolgeinstitutionen muss aus mindestens drei durch keinerlei Weisungsabhängigkeiten gebundene, natürliche Personen bestehen. Gegenläufige Weisungsverträge sind nichtig. Stillschweigende Umgehungen werden mit hohen Strafen sanktioniert.

(2c) Vorstände sind nach ihrem besten Wissen und Gewissen der Nutzerförderung und sodann den Institutionseigentümern, aber auch dem Gemeinwohl verpflichtet.

All die zu Ziffer 2 genannten Schritte setzen den Vollzug der unter Ziffer 1 genannten Entflechtungen voraus. Für Letzteres bedarf es allerdings umfassender Neufassungen der Kartellgesetze in den einzelnen EU-Mitgliedsländern mit besonderen Regulierungsregelungen für den presserelevanten IT-Bereich. Diese müssen überhaupt erst einmal die Möglichkeit einer Aufgliederung des IT-Bereichs nach den oben ausgeführten Zerschlagungskriterien regeln. Dafür müssten z. B. die deutschen Kartellbehörden erst einmal lernen, den IT-Sektor in seinen verschiedenen Funktionen gerade auch hinsichtlich drohender oder tatsächlicher Marktbeherrschungen sowohl technisch als auch wirtschaftlich in ihren gegenseitigen Vernetzungen wirklich zu verstehen. Dieses Verständnis sollten sich allerdings parallel dazu oder schon zuvor die dafür überfällig zu bestellenden parlamentarischen Gutachter wegen der geschilderten akuten Freiheitsgefährdungen und permanenten Nutzerausbeutungen schnellstmöglich erarbeiten.

3.5 Handlungsanstiftungen durch Aktivierung zivilgesellschaftlicher Partizipations-, Initiativ- und Verantwortungspotenziale

Der im Vorabschnitt als überfällig herausgestellte Transformations- und Reformbedarf ist in weiten Bereichen auf gleichartige Verursachungen zurückzuführen. Nämlich auf die in Kap. 2 ausgeführten, schicksalhaften Wegverfehlungen auch und gerade der demokratischen Gesellschaften, nicht zuletzt durch die diese fehlleitenden Eliten. Die tieferen Gründe dafür liegen, wie ausgeführt, vornehmlich in schwerwiegenden Bildungsmängeln, religiöser Degeneration und materialistischem Kulturversagen. Insbesondere durch diese sich gegenseitig bedingenden Prozesse finden sich heute, wie bereits vor 100 Jahren für Steiners Dreigliederungsprojekt, nicht genügend wirklich freie Menschen, die bereit sind, Verantwortung für menschenwürdige Lösungen der jeweils drängenden Zeitprobleme zu übernehmen bzw. dafür initiativ zu werden.

Das gilt nicht nur für die sich aktuell in einem bürgerkriegsnahen, plutokratischen Zerreißprozess befindlichen USA und manche mittel- und südamerikanische Staaten. Vielmehr auch, wenngleich äußerlich noch nicht so zerfallsbedrohlich erscheinend, für viele europäische Länder. Aber selbst in der von vielen Ausländern im internationalen Vergleich noch als relativ stabil bewerteten BRD treten wirklich freie Menschen mit auffälliger Verantwortungs- und Initiativbereitschaft nur sehr selten in Erscheinung. Vor allem vermag ich solche Persönlichkeiten so gut wie gar nicht in der Rolle parlamentarischer Fraktions- wie auch Parteiführer zu erkennen.

So dürfte es auch die meisten Leser wenig verwundern, wenn bisher weder im Bundestag noch in den Landesparlamenten über die in diesem Kapitel ausgeführten Strategiekonzepte auch nur ansatzweise diskutiert, geschweige denn, ernsthaft verhandelt wurde. Zum Thema klimasolidarisches Grundeinkommen wurde bestenfalls über problemverdrängende Ersatz- oder symbolhafte Insellösungen, wie zuletzt das Bürgergeld oder die Kindergrundsicherung, gestritten. All dies geschah nach dem seit Jahren parteiübergreifenden Konsens „Bloß kein bedingungsloses Grundeinkommen". In Richtung auf das hier vorgestellte, noch viel anspruchsvollere klimasolidarische Grundeinkommen brachten es Parlamentarier allenfalls zu abstrakten Hinweisen, nämlich dass klimabezogene Transformationsmaßnahmen einer besseren sozialen Abfederung bedürfen, als sie bisher von der Ampelkoalition auf den Weg gebracht wurde. Von einer Zusammenschau zu Problemlösungen gegen die drohende Klimakatastrophe einerseits wie auch dem sozialpolitischen Auseinanderdriften der Gesellschaft andererseits sind jedenfalls die Mehrheit der Parlamentarier wie auch die Führung aller im Bundestag vertretenen Parteien immer noch meilenweit entfernt.

3 Menschenwürdiger Paradigmenwechsel ...

Leider sieht es mit Fortschritten zu den übrigen in den Vorabschnitten ausgeführten Problemlösungsvorschlägen nicht sehr viel besser aus. Im Gegenteil: Hier herrscht nicht nur eine bedrückende Tatenlosigkeit, sondern geradezu Problemignoranz vor. Wobei Letztere in Sachen der so überfälligen Geldwesen-Reform schon in Anbetracht mangelnder Wirtschaftskompetenz bei einer erdrückenden Parlamentariermehrheit nicht verwundern sollte. Dagegen mutet die Tatenlosigkeit, wenn nicht gar Gleichgültigkeit der Parlamente, aber auch der veröffentlichten Meinung gegenüber den bedrohlichen Machenschaften der IT-Monopole als ausgesprochen verantwortungslos an. Die systematischen Privatsphärenausforschungen von IT-Nutzern und insbesondere Heranwachsenden sowie deren unverantwortlichen Manipulationen haben immerhin verantwortungsbereite Journalisten veranlasst zu versuchen, Institutionen für die Förderung von Medienkompetenz für Jugendliche zu begründen. Nur hätten auf diesem Feld weit über solcherart lobenswerte Einzelinitiativen hinaus staatlicherseits neben umfassenden Verschärfungen des Kartellrechts auch die in den Vorabschnitten ausgeführten Gesetzesinitiativen auf den Weg gebracht werden müssen.

Worauf ist dieses sich auch über die Ampelkoalition fortsetzende Schlafwandler-Verhalten der Führungseliten primär zurückzuführen? Nun, in den letzten beiden Jahren am offensichtlichsten auf die zerstörerische Blockadehaltung der FDP gegenüber allen sozialverantwortlichen Abfederungen einer nachhaltigeren Umwelt- und Klimapolitik. Dadurch ist es Herrn Lindner als neoliberalem Bannerträger für den dargestellten Marktanbetungsmythos à la Hayek gelungen, die Umsetzungsziele und das Erscheinungsbild seiner Koalitionspartner, wenn nicht gar zu zerstören, so doch zumindest zu verzwergen. Insbesondere das bei Koalitionsbeginn noch vorhandene Charisma von Robert Habeck. Jedoch liegt die Ursache für diese Verzwergung nicht nur am Zerstörungswillen Lindners und der ihn unterstützenden Dogmatiker. Vielmehr trifft SPD und Die Grünen auch ein Mitverschulden. Nämlich ihre wie bei der FDP wenig gemeinwohlorientierte Grundmotivation. Die Basismotivation der Partei-Führungskreise reicht nicht über die jeweilige Sicherung und möglichst Ausweitung ihres kurzfristigen Machterhalts hinaus. Längerfristig ausgerichtete Strategien wie die zuletzt ausgeführten, und dies zum Wohle der Gesamtbevölkerung – alles Fehlanzeige! Das sehen nicht einmal die jeweiligen Parteistiftungen wie die Böll-, Naumann- und Friederich-Ebert-Stiftung als ihre Aufgaben an. Und so entsteht, was die Meisterung der oben geschilderten Zukunftsherausforderungen betrifft, ein bedrohliches Vakuum. Selbstredend trifft das für die Stiftungen der Oppositionsparteien wie z. B. die Konrad-Adenauer-Stiftung genauso zu.

Nun könnte mir so mancher Leser an dieser Stelle vorwerfen, dass dies alles doch ein Grabgesang auf das bundesrepublikanische Demokratiemodell sei. Das aber liegt mir absolut fern. Vielmehr stimme ich mit Jonas Schaible und vielen anderen Demokratieaktivisten darin überein, dass weder eine Ökodiktatur noch überhaupt jedwedes autoritäre System wie z. B. China und Russland mit seiner durchgängigen Freiheitsverachtung eine Alternative zu Demokratien wie der unsrigen sein können (Schaible 2023). Was deshalb für mich als engagiertem Demokraten als einzige Lösungsalternative verbleibt, das ist die Zivilgesellschaft. Nur über deren Stärkung, am wenigsten aber über das Kartell der zuletzt erwähnten Machterhalter, scheinen mir Anstiftungen zu Systemänderungen für systemische Inangriffnahmen längerfristig vorzudenkender Zukunftsherausforderungen noch möglich zu sein.

Wie notwendig solche zivilgesellschaftlichen Stärkungen derzeit sind und wahrscheinlich noch mehr in Zukunft sein werden, das sollten uns die politischen Handlungsdefizite lehren, die aus parteiegoistischen Blasenbildungen erwachsen. Dies geschieht stets mit der Tendenz zur Ruhigstellung bis zur Ausgrenzung von Minderheitsmeinungen. Dabei wirken Parteiführungen vorrangig darauf hin, das Parteiprofil durch mehr oder weniger situative Lösungsvorschläge zur Bewältigung aktueller Tagesprobleme zu schärfen. Anträge auf eher ganzheitliche, zukunftsweisende Problemlösungsstrategien seitens der wenigen, parteipolitisch überlebenden Vordenker erhalten so kaum Chancen. Letztere können sich deshalb eher über die Organisation von z. B. (Klima-)Protesten oder ihre Mitwirkung an Volksbegehren als über Parteien Gehör verschaffen.

Zu einem ähnlichen Ergebnis gelangt auch der Philosoph Urs Sommer in seinem jüngsten Buch „Eine Demokratie für das 21. Jahrhundert", in dem er sich mit vielen nachdenkenswerten Argumenten für ein wesentliches Mehr an direkt demokratischen Mitwirkungsmöglichkeiten einsetzt und deren Vorzüge bis zu Verbesserungen für die einzelnen Bürger herabbricht. Danach können für ihn direktdemokratische Verfahren und über diese „Politik (überhaupt) eine persönlichkeitsbildende Funktion (haben): Sie dient dann nicht nur der Gestaltung der gemeinsamen Wirklichkeit, sondern auch der Gestaltung meiner selbst: Indem ich im Handeln die gemeinsame Wirklichkeit mitgestalten kann, mache ich die Welt zu meiner eigenen Welt (selbst dann, wenn ich mit meinen Anliegen in den Abstimmungen stets Niederlagen kassiere)" (Sommer 2022, S. 92). Danach versucht Sommer diese Chancen mit den parteibedingten Politdefiziten zu kontrastieren:

> „Die Parteien wiederum werden der Individualität der Jetztmenschen nicht gerecht und sie verhindern den Zugang zur Partizipation eher, als dass sie ihn ermöglichen. Also wird auch da die Selbst-Ermündigung der Jetztmenschen Raum greifen müssen, mit einer direkt-partizipatorischen Demo-

kratie, die der Krücken traditioneller Parteien und traditioneller Medien nicht mehr bedarf. Man wird sich, bezogen auf bestimmte Anliegen, in Gruppen zusammenraufen. Solche Gruppen stehen für dezidierte Meinungen … wollen beispielsweise das Klima retten." (ebd., S. 110)

3.6 Auswege aus spiritueller Ahnungslosigkeit

Für die bisher vorgetragenen Problemlösungsanforderungen in Sachen menschenwürdiger Paradigmenwechsel habe ich versucht Orientierungs- und Erklärungsgrundlagen aus einer epochenübergreifenden Vogelperspektive zu vermitteln. Dabei habe ich mich auf mir wesentlich erscheinende historische Prozesse konzentriert. Zunächst auf die sogenannte Aufklärung und insbesondere die aus dieser hervorgehenden Großen Französischen Revolution samt deren 1848er-Folgerevolutionen und späteren Reformanstößen. Sodann und teilweise parallel habe ich die Restauration und sonstige, von finsteren Mächten inspirierte Gegenbewegungen dargestellt, durch deren Wirkung wesentliche Impulse der Großen Französischen Revolution bis heute als **unerfülltes Vermächtnis** verblieben sind. Die Schlüssigkeit und der Wahrheitsgehalt meiner derartigen Wertungen und Folgerungen sollte für alle Leser:innen anhand valider Literaturquellen vollständig überprüfbar sein. Aus solcherart Entwicklungssicht erkennbar werdende Gesellschaftsprobleme habe ich sodann Rettungsstrategien und diese insbesondere gegen ein Fortschreiten sozialer Erosionen, sich verstärkende Umwelt- und Klimakatastrophen sowie Demokratie- und Freiheitsgefährdungen in möglichst nachvollziehbarer Weise abzuleiten versucht. Ich bin mir dessen bewusst, dass die dafür aus meiner Sicht notwendigen epochenübergreifenden und komplexen Betrachtungen oftmals ungewöhnliche Herausforderungen für die Leser:innen darstellen. Das dürfte auch für die von mir vorgenommenen Verweise auf hinter all dem wirkende geistige Welten gelten. Derartiges findet man heute in Sachbüchern bekanntlich so gut wie gar nicht. Ich meine aber, dass wir ohne ein solchermaßen tiefgründiges Erkenntnisbemühen sehr leicht Opfer von Orientierungslosigkeit bis zur Selbstentfremdung werden. Was ja besonders eindrucksvoll anhand des selbstzerstörerischen Schlafwandlerverhaltens breiter Bevölkerungs- und Politikerkreise gegenüber der immer bedrohlicheren Klimakatastrophe erkennbar wird. Dieses Verhalten ist wiederum nur aus einer weitreichenden Realitätsverdrängung erklärbar. Letzteres wird nach meinem Urteil nicht selten durch eine frappierende spirituelle Ahnungslosigkeit befördert.

Erste Indizien für spirituelle Ahnungslosigkeiten zeigen sich bei sehr vielen Zeitgenossen:innen bereits in deren geradezu inflationärer Verwendung des Wortes Zufall. Sobald sie für bestimmte Ereignisse nicht sofort eindeutige, also physikalisch bzw. materiell nachweisbare Entstehungsverursachungen erkennen können, deuten sie diese in der Regel ohne weiteres Nachdenken als Zufallsereignisse bzw., noch einfacher ausgedrückt, als Zufalls – Punkt. Ob sich hinter den meisten solcher „Zufälle" eventuell nicht doch Fügungen, im Sinne von geistigem Antrieb, oder Gestaltungsabsichten bzw. solcherart Kräfte verbergen, das zu hinterfragen ist in den sich als „aufgeklärt" dünkenden Kreisen weitestgehend verpönt bzw. aus der Mode gekommen. Negative Ereignisse werden von diesen folgerichtig mit „Shit happens" abgetan. Positive und ebenfalls auf keinerlei Veranlassungen zurückzuführende Vorkommnisse werden mit dem Slogan „Glück gehabt" zur Kenntnis genommen. Eine insoweit als typisch materialistisch zu wertende Empfindungs- und Auffassungskultur ist nicht zuletzt ein unübersehbares Spiegelbild jenes Prozesses, der sich durch unaufhaltsam sich verbreitende entspiritualisierte Vorstellungswelten auszeichnet. Diese Welten sind weitgehend von jedweder Religion entleert. In ihnen ist der Glaube an Gott nicht mehr selbstverständlich, sondern bestenfalls eine von vielen Optionen.

Solche Prozesse erkennt neben vielen anderen auch der prominente kanadische Philosophieprofessor Charles Taylor. Aus dessen Sicht sind dies alles Ergebnisse einschneidender Wandlungsvorgänge seit Mitte der 60er-Jahre des vergangenen Jahrhunderts. Diese gehören für ihn zu einer Spätphase jenes Säkularisierungsprozesses, den er als prägend für die gesamte Moderne ansieht, die er wiederum insgesamt als „Säkulares Zeitalter" bezeichnet (Taylor 2020). Säkulare Antriebe dieses Zeitalters sieht Taylor interessanterweise vor allem in mittel- und westeuropäischen Strömungen der christlichen Religionen selbst. Für ihn sind deshalb auch Aufklärung und christliche verankerte Spiritualität kein Gegensatz. Vielmehr „befeuern und erfrischen sie sich" nach seiner Meinung gegenseitig. Heute allerdings seien viele seiner Zeitgenossen im „Niemandsland zwischen Glauben und Atheismus gefangen". Was zur Folge habe, dass immer mehr, vor allem junge Menschen, nach dem Sinn ihres Lebens suchen, wenn sie schon nicht grundsätzlich hinterfragen, ob es (doch) etwas Höheres gibt.

Zumindest Versuche einer Antwort auf obige Fragen und Probleme unternahmen sowohl Taylor als auch der von ihm beeindruckte, aber dennoch ihn oftmals kritisierende deutsche Philosoph Jürgen Habermas. Letzterer entwickelte eine Art Nützlichkeitsfunktion von Spiritualität wie auch Religiosität für das säkulare Zeitalter. Dazu findet man bei Habermas durchaus Widersprüchliches. Einerseits droht nach ihm die Moderne hinsichtlich ihrer, wie er es ausdrückt, moralischen Ressourcen leerzulaufen bzw. auszutrocknen, wenn sie sich nicht zumindest eine Ahnung von einer christlichen Hoffnung bewahrt. Andererseits wecken viele seiner umfangreichen Reflexionen in seinem neuesten

3 Menschenwürdiger Paradigmenwechsel ... 231

Kompendium „Auch eine Geschichte der Philosophie" (Habermas 2019) durchaus Zweifel an einem ernsthaften Bemühen seinerseits, diesen Hinweis mit Substanz anzureichern. Dort vertritt Habermas dezidiert die Meinung, die theologischen Gehalte der Jahrhunderte müssten sich der Probe stellen, „ins Säkulare einzuwandern", wenn sie ihren Anspruch auf Wissenschaftlichkeit rechtfertigen wollen. Für Christentum, Konfuzianismus und Buddhismus ist für ihn das Ergebnis offen. Für deren säkulare Wahrheitsrelevanz sei die Beweisbarkeit allerdings begrenzt, weil diesbezügliche Erkenntnisse und Interessen nicht zu trennen seien.

Ja, dem kann man auch ohne sein ursprünglich marxistisch geprägtes Philosophieverständnis durchaus folgen. Nur sehe ich in solchen für mich sehr dünn bzw. oberflächlich wirkenden Reflexionen eher eine weitere Bestätigung meiner in Kap. 2 dieses Buches vertretenen These, wonach wir inzwischen nicht nur in einem säkularen Zeitalter, sondern einer Phase der Philosophiedämmerung und leider auch der religiösen Degeneration leben. Und gegen all dies helfen „theologische Einwanderungen ins Säkulare" und dementsprechend noch weitere Profanisierungen von Religionen herzlich wenig. Im Gegenteil: Mit solchen außerhalb jedwedem eigenen Spiritualitätsempfinden losgetretenen Einforderungen befördern Habermas wie auch die ihn wegen seiner „Wissenschaftlichkeit" verehrenden Theologen[4] geradezu das, was bereits vor gut 100 Jahren Rudolf Steiner bezüglich der vordringenden materialistischen Gesinnung und daraus erwachsenden, bibelbezogenen Fehldeutungen der Mehrzahl katholischer Priester und Professoren kritisierte: Nämlich dass sie den Seelen ihrer Zuhörer wie auch Leser:innen eher „Steine an Stelle von Brot" vermitteln. Und durch ihre materialistischen Bibelinterpretationen eher noch weiter in eine spirituelle Ahnungslosigkeit herabstoßen.

---

[4] https://extheo.de/Record/17707302499.

Woran es vor allem liegt, dass gegen solcherart sich verbreitende Ahnungslosigkeiten selbst das gewaltige spirituelle Aufklärungspotenzial der von Rudolf Steiner gestifteten Anthroposophie keine unsere Gesamtkultur rettende Gegenbewegungen in Gang zu setzten vermochte, das habe ich im zweiten Kapitel dieses Buches zumindest ansatzweise zu erklären versucht. Dies neben den Ursachen unverkennbarer religiöser Degenerations- und kirchlicher Verfallsprozesse. Solche Erklärungen allein können selbstredend kaum hinreichende Impulse für ein beherztes Handeln zur wirksamen Begegnung der in diesem Kapitel herausgestellten apokalyptischen Herausforderungen geben. Um für Letztere besser gerüstet zu sein, bedarf es schon des eigenständigen Bemühens genügend großer Gruppierungen der Zivilgesellschaften, damit diese sich auch bis in spirituelle Dimensionen hinein für Auseinandersetzungen mit dem aktuellen Zeitgeschehen ertüchtigen.

Zur Erleichterung eines solchen Bemühens möchte ich deshalb versuchen, wenigstens einige Anregungen zu geben. Dies zunächst für den Versuch eines Blicks auf rote Fäden innerhalb unserer jeweils eigenen Biografie. Also eines Reflexionshinweises für die Leser:innen zur Erleichterung einer individuellen Selbstfindung. Um dann in einem weiteren Schritt den Blick wiederum nach außen zu richten mit dem Fokus auf eine auch spirituelle Deutung des bisher dargestellten Zeitgeschehens. Dies vor allem auch, um unsere Beeinflussungsmöglichkeiten für den diesbezüglich oben eingeforderten Paradigmenwechsel leichter verständlich zu machen.

Den roten Faden innerhalb der eigenen Biografie entdecken lernen

Die in vorstehender Zwischenüberschrift enthaltene These, wonach jeder Einzelne von uns bei konzentrierter und wiederholter Reflexion seines bisherigen Lebensgangs eine

3 Menschenwürdiger Paradigmenwechsel ...

oder mehrere diesen maßgeblich mitbestimmende Ereignisverkettung(en) nichtkausaler Art (hier roter Faden genannt) erkennen könne, mag manche Leserin und manchen Leser irritieren. Werden doch kausal nicht erklärbare Ereignisverkettungen, wie bereits ausgeführt, nahezu generell als Zufall gewertet bzw. bezeichnet. Wieso sollen denn nun auf einmal das Gegenteil für die eigene Biografie gelten? Können tatsächlich „Zufälle", für die es ja per Definitionen keine erkennbaren Verursachungszusammenhänge gibt, so etwas wie einen „roten Faden" ausmachen? Und: Gibt es dann überhaupt noch Zufälle, und wenn ja: Wie unterscheidet man denn „tatsächliche Zufälle" von solchen, die man geneigt sein könnte bzw. sollte, als eine besondere Art von Fügung mit mehr oder weniger großem Einfluss auf den eigenen Lebensgang zu deuten?

Mit roten Fäden im zuletzt angedeuteten Sinne meine ich die Lebensgänge einer Individualität prägenden Schicksalsereignisse bzw. auch Verkettungen solcher Schicksalsereignisse (Schicksalspfade). Von solcherart Schicksalspfaden erzählen bis heute eine Reihe von Mythologien, wie z. B. die vom Labyrinth des Minotaurus, laut der der besondere Faden der Ariadne der Königstochter zum Finden eines rettenden Ausweges aus dem Labyrinth verhilft. Und ähnlich bildhaft erzählen auch Mystiker, Märchenerzähler und aktuell sogar manche Theologen von einem solchen roten Faden, über dessen Finden und Verfolgen wir den richtigen Weg bzw. einen Ausweg aus dem oft verworrenen Knäuel der täglichen Wirrnisse und Herausforderungen finden können.

So etwa der Theologieprofessor Otto Betz, der behauptet, dass von jedem erwartet würde, dass er erkenne, welche Möglichkeiten mit seinem roten Schicksalsfaden verbunden seien. „Der Faden weist auf die ‚Reise' hin, die mit jedem Menschenleben verbunden ist. Der Mensch soll sich nicht als Spielball anonymer Mächte verstehen … (sondern) vielmehr (selbst) eingreifen und das Rohmaterial seiner Mitgift auf unverwechselbare Weise Gestalt werden lassen … (denn) was suchen wir eigentlich? ... unser wahres Selbst, das umfassende Große, den wahren Sinn unseres Daseins?" (www.herder.de) Die von Betz angebotene, sehr abstrakte Schicksalsdeutung auf Grundlage einer handgestrickten Traditionssicht über seine bibelentkoppelte, rein spekulative Theologieauffassung entspricht keinesfalls dem, was Rudolf Steiner aufgrund seiner anthroposophischen Forschung zu einer konkreteren Charakterisierung der angedeuteten Traditionen mitgeteilt hat. Denn nach Steiner hängt jedwedes individuelle Schicksal sowohl von geistigen Schicksalsmächten als auch von früheren wie auch jetzigen Entscheidungen ab.

Frühere Entscheidungen sind nach Steiner vorgeburtliche Entscheidungen, die jede Individualität zwischen Tod und neuer Geburt, also noch in einem rein geistigen Zustand mittels ihres höheren Ichs zusammen mit über ihr stehenden geistigen Wesen zur Ausgestaltung ihrer Folgeinkarnation gemeinsam getroffen hat. Und für diesen gemeinsam ausgestalteten Plan bilden Verfehlungen des Individuums in deren vorangegangener Inkarnation eine maßgebliche Ausgangsbasis, weil es diese Verfehlungen in seinem Folgeleben so weit wie möglich wieder ausgleichen will (= Karma-Bewältigung). Inwieweit dies dem jeweiligen Individuum durch Entscheidungen und Handlungen in seiner jetzigen Inkarnation gelingt, davon hängt wiederum dessen Karma in später folgenden Inkarnationen ab. Diese Gesetzmäßigkeiten von Reinkarnation und Karma, die ja einen ewigen (geistigen) Lebenskern und damit das von Fichte gesetzte und im ersten Teil dieses Buches hervorgehobene „Ich bin" mit dessen göttlichem Kern (= höheres Ich) voraussetzen, zählt zu einem der wesentlichen Elemente der Anthroposophie. Nach dieser kann man den roten, also eigenbiografischen Faden als Kernlinie der von den Schicksalsmächten begleiteten, individualitätsbestimmten Biografie jedes Individuums verstehen. So begleitet, aber

3 Menschenwürdiger Paradigmenwechsel ... 235

nicht geleitet bleibt jede Individualität völlig frei in ihren Entscheidungen, inwieweit sie dieser ihrer eigenen Lebenslaufplanung weiterhin folgen will oder aber nicht.

Derart präzise Vorstellungen von den spirituellen Hintergründen roter Schicksalsfäden haben neben vielleicht einigen Hunderttausend Anthroposophen nur noch praktizierende Buddhisten wie auch Angehörige sonstiger christlich wie auch islamisch esoterischer Strömungen und andere Zeitgenossen. Deshalb würde es mich keinesfalls verwundern, wenn ein nicht unerheblicher Anteil der geschätzten Leser den zuletzt umrissenen Auffassungen mit mehr oder weniger ausgeprägter Skepsis begegnet. Insbesondere für diese, aber selbstverständlich auch für alle übrigen Leser, möchte ich dennoch für eventuelle Versuche zu einer Näherung an eigene rote Schicksalsfäden Folgendes anregen.

Bitte versuchen Sie sich zunächst einmal an die wichtigsten Ereignisse und Entscheidungen zu erinnern, die ihrem Lebenslauf prägende Grundorientierungen gaben oder auch einen Wandel in diesem auslösten, bestärkten oder auch solchen Bemühungen entgegenwirkten. Dazu mögen Ihre Berufswahlentscheidungen, aber auch das Kennenlernen oder auch das Verlassen Ihrer Lebenspartner:innen gehören. Sofern und soweit all diese Ereignisse nicht kausal bedingt sind, so prüfen Sie einmal deren Wahrscheinlichkeitseintritt. Sofern es sich bei den als zufällig erscheinenden Ereignissen um die Verkettung mehrerer Folgeereignisse handelt, so prüfen sie doch zudem die Wahrscheinlichkeit dafür, dass sich gerade solcher Art Verkettungen ereignen konnten. Sie werden dann nicht selten feststellen können, dass viele dieser Wahrscheinlichkeiten sehr weit außerhalb des Normalverteilungsbereichs statistischer Zufallswahrscheinlichkeiten für die geprüften Ereignisse wie auch Ereignisketten liegen. Mit anderen Worten: Es spricht schon die Wahrscheinlichkeitsrechnung viel mehr dagegen als dafür, dass es sich zumindest bei außerhalb des Normalverteilungsbereichs liegenden Ereignissen bzw. Ereignisketten um Zufälle handelt. Wodurch sich zumindest so manche(r) den Fragen annähern mag: Handelt es sich bei diesen Ereignissen wohl doch sehr viel eher um Fügungen als um Zufälle? Und ferner: Welche von diesen eventuellen Fügungen bzw. Fügungsketten haben meinen Lebensgang bisher als roten Faden beeinflusst?

Aus der Froschperspektive herauskommen lernen

Die zuletzt skizzierten Reflexionen können je nach Intensität und Nachhaltigkeit dazu beitragen, dass wir unser Selbst im Sinne des von Fichte gesetzten „Ich bin" klarer erkennen und unsere Verantwortlichkeit für die gesamte Gesellschaftsentwicklung besser verstehen lernen. Dazu ist vorstehend insbesondere für die noch demokratischen Gesellschaften viel gesagt worden. Aber auch in autokratischen Staaten wie China, Russland, Iran und Nordkorea offenbart sich ein Individualisierungsprozess. Dies allerdings notgedrungen nur verdeckt sowie manipulativ durch die Herrschenden abgefälscht. Zuweilen wurde dieser, wie inzwischen in Russland, zu einem faschistoiden Todeskult pervertiert. Der in solchen Autokratien zum Ausdruck kommende Kampf zwischen wenigen Streitern für mehr Menschenwürde und Wahrhaftigkeit einerseits und den durch dämonisch getriebene, lügenhafte Kulturzerstörer manipulierten Mehrheiten andererseits erscheint innerhalb solcher totalen Herrschaftsbereiche nach den grundlegenden Erkenntnissen von Hannah Arendt für die guten Mächte aktuell schwer zu gewinnen. Welche Seite aber letztlich innerhalb dieser autokratischen Regime sowie zwischen diesen und dem demokratischen Block obsiegen,

3 Menschenwürdiger Paradigmenwechsel ...

davon hängt zusammen mit der solidarischen Bewältigung des Klimawandels letztlich unser zivilisatorisches Überleben ab. Genau deshalb ist die heute so verbreitete spirituelle Ahnungslosigkeit und dadurch bedingte ideelle Passivität für unser aller Zukunftsschicksal so gefährlich.

Geistige Mächte, auch wenn sie der Anstiftung des Bösen dienen, sind nun einmal bezüglich ihrer Anführer intelligenter und viel mächtiger als wir Menschen. Umso notwendiger ist für die sich den lichten Mächten gegenüber verantwortlich Fühlenden, gerade angesichts der aktuellen apokalyptischen Herausforderungen sowie in Anbetracht der offenbaren Ich-bin-Schwächen von uns allen, die Hilfe dieser Schicksalsmächte anzurufen. Nur mit deren Unterstützung lassen sich genügend Zeitgenossen aus dem aktuell dominierenden Schlafwandlertum aufwecken. Das aber gelingt niemals bei einem jedwedes tiefere Bewusstsein vernebelnden Verharren in spiritueller Ahnungslosigkeit. Wenigstens Anregungen zum Erwachen aus dieser Ahnungslosigkeit könnten schon Reflexionen der Bilder des durch den Erzengel Michael ausgefochtenen Kampfes mit dem Drachen (die bösen Mächte symbolisierend) vermitteln, denen man ja auch heute noch in nahezu jeder größeren europäischen Stadt als Denkmal oder als Plastik begegnet. Nur verbreiten heute leider die christlichen Religionsgemeinschaften, ganz im Gegensatz zum esoterischen Christentum der Anthroposophie, so gut wie keine Aufklärung zum aktuellen Kampf des Erzengel Michael und der ihn begleitenden geistigen Heerscharen mit den Mächten des Bösen. Dies bemerkenswerterweise trotz der Tatsache, dass die oben geschilderten, apokalyptischen Herausforderungen über dämonisierte Bewegungen doch so überdeutlich in ihrer Wirkung erkennbar werden.

4

Sediert der Klimaprotest?

Zu den besonders bedauerlichen Verlierern der zuletzt angedeuteten Kämpfe scheint sich gerade in jüngster Zeit der Klimaprotest zu entwickeln. Dies zum einen durch die verhängnisvolle Ausbreitung von Radikalisierungstendenzen innerhalb der Bewegungsgesamtheit. Zum anderen aber durch die seit dem 12. November 2023 offenkundig drohende politische Zerbröselung der bis zum Ausbruch der Pandemie so überaus erfolgreichen Fridays-for-Future-Bewegung. Zu beidem kommt hinzu das völlige Fehlen von Optimismus stiftenden Narrativen, wie z. B. die im Vorkapitel ausgeführte Einforderung von viel mehr sozialpolitisch konkret unterlegter Klimasolidarität.

4.1 Zersplitterungs- und Akzeptanzgefährdungen

Am 18. November 2023 widmete „Der Spiegel" zum wiederholten Mal den weltweiten Klimaprotesten mehrere Titelseiten. Dieses Mal ging es allerdings nicht wie stets vorher um aktuelle Protestereignisse. Vielmehr ausschließlich um die Frage, ob die global bisher erfolgreichste Protestbewegung gegen die Menschheitsversäumnisse in Sachen Klimawandel, nämlich die Bewegung Fridays for Future, von nun an zu zerfallen drohe. Und dies ausgerechnet durch Agitationen ihrer Gründerin, nämlich deren bis dahin unangefochtenen Ikone Greta Thunberg. Diese forderte unerwartet einen seitdem höchst umstrittenen Aufruf zu einer einseitigen Parteiergreifung durch Klimaaktivisten für die Palästinenser. Dies geschah vor der Weltöffentlichkeit erstmals am 12. November 2023 auf einer Kundgebung vor rund 85.000 Klimaprotestlern in Amsterdam. Dort sagte sie, die Klimaschutzbewegung „habe die Pflicht, auf die Stimmen jener zu hören, die unterdrückt sind und für Frieden und Gerechtigkeit kämpfen", womit sie, wie im Verlauf der Veranstaltung immer deutlicher wurde, ausschließlich die Palästinenser und Palästinenserinnen meinte.

Warum könnten solche Bekundungen Veranlassungen für eine Zersplitterung der Fridays-for-Future-Bewegung werden? Versuchen wir uns diesbezüglich nochmals in Erinnerung zu rufen, wodurch und warum Greta Thunberg so plötzlich zur Ikone einer durch sie so einflussreichen und weltweit bekannten Bewegung werden konnte. Dazu fasste „Der Spiegel" in der oben genannten Artikelserie kurz zusammen: „Der Sommer 2018 (dem Gründungsjahr der Bewegung) wurde heiß und trocken, die Wälder in Europa fingen Feuer. Bald schaute die Welt auf das Mädchen, das davor warnte, was noch alles passieren würde, wenn die Menschen so weiterleben, wie sie leben. Greta Thunberg wurde zu einer Art schlechtem Gewissen der Welt. Aber auch zur Hoffnungsträgerin (durch sie mutierte ihr persönlicher Aufruf Fridays for Future zum Synonym) für einen internationalen Bewusstseinswandel. Der Klimaschutz wurde zu einem der wichtigsten Themen. Und sie, die schwedische Schülerin, wurde zur Ikone, zur obersten Kämpferin für eine bessere Welt."

Und jetzt? Was genau geschah denn nun in Amsterdam und was wiederum bedeuten diese Ereignisse für die gesamte Klimaschutzbewegung? Dazu führt „Der Spiegel" in seinem zuletzt zitierten Artikel aus: „Während (Greta Thunbergs) Rede breitete sich vor (ihrer) Bühne Unruhe aus. Der Niederländer Erjahn Dam, der (vor dieser Bühne) stand, erzählte einen Tag später (dazu) dem Spiegel: ‚Einige Leute hatten die Demonstration verlassen ... ich fühlte mich (durch Greta Thunberg) missbraucht – und viele andere Teilnehmer auch'."

Ein paar Tage nach dem Vorfall kann keine Rede mehr davon sein, dass Greta Thunberg die Rangelei auf der Bühne klar gewonnen hätte. Ihr schlägt auch harte, berechtigte Kritik entgegen. Und, vor allem aus Deutschland, Fassungslosigkeit. Viele haben das Gefühl, sich im Idol getäuscht zu haben. Die Mehrheit ihrer deutschen Unterstützer erkennt nunmehr in Greta Thunberg eine einseitige Propagandistin. Nicht wenige fragen aber auch: Hat sich Greta Thunberg letztendlich in eine „Verräterin der Klimabewegung" verwandelt?

Der weltweiten Klimabewegung droht nunmehr eine Spaltung. So distanzierte sich wenig überraschend die deutsche Abteilung von Fridays for Future von der internationalen Sparte. Luisa Neubauer konstatierte dazu in einem Interview „einen großen Vertrauensverlust" Greta Thunbergs in der deutschen FFF-Abteilung.

Staatsräson für apartheitliche Unterdrückung und Vertreibung? Dass Greta Thunberg sich von derartigen Politikverirrungen auch von Teilen ihrer deutschen Mitstreiter nicht weiter beeindrucken lässt, das dürfte ihr im internationalen FFF-Verbund sogar eher ein Mehr an zusätzlichen Sympathien einbringen. Was aber keinesfalls uneingeschränkt der Fall ist und ihr in Zukunft immer mehr zu schaffen machen dürfte, das ist das *Wie* ihrer Palästinenserunterstützungen. Zum einen ihr eiskaltes Übergehen der am 7. Oktober verübten Grausamkeiten der Hamas gegenüber einer wehrlosen israelischen Zivilbevölkerung. Zum anderen aber, was weit schwerer wiegt, ihr erstmaliger offenkundiger Missbrauch der FFF-Bewegung für eigene politische Nebenziele als deren bis dahin unbestrittenes Gesicht. Eine Klimaschutzbewegung kann aber nur unter der Voraussetzung Wirksamkeit entfalten, dass sie sich allein und uneingeschränkt, und dies möglichst politisch neutral, für den Klimaschutz einsetzt. Nicht aber auch noch nebenher mit eher links gerichteten Ambitionen für davon völlig losgelöste politische Nebenkriegsschauplätze. Denn: Was hat ein sicherlich beklagenswertes Apartheitregime in einem, weltweit gesehen, winzigen Territorium wie Palästina mit dem globalen Klimawandel und erst recht dessen Verursachungen zu tun? Gar nichts!

Ob Greta Thunberg nach alldem noch einmal so etwas wie eine bewegungsintegrierende Identifikationsfigur werden kann und für ein so hohes Ziel von ihrem inzwischen eingeschlagenen politischen Radikalisierungskurs abweicht, ist allerdings höchst zweifelhaft. Solche Zweifel hegt neben vielen auch der vom „Spiegel" dazu befragte deutsche Schriftsteller Sven Hillenkamp, der schon lange in Stockholm lebt und selbst in der Klimabewegung aktiv ist. Er sieht es als eindeutig erwiesen an, dass Greta Thunberg sich „auf jeden Fall" radikalisiert habe. So bescheinigt Hillenkamp Teilen von Friday for Future „eine schrittweise Verwandlung in eine linksradikale, autonome Bewegung, nur ohne Gewalt". Hinter den Parolen, mit denen Thunberg inzwischen ihre Redebeiträge anreichere, gehe ihre große rhetorische Begabung nahezu unter (Spiegel Nr. 47/2023).

Greta Thunberg also ein geniales und bis vor wenigen Jahren noch ideologisch völlig unbelastetes Kind, das allerdings alsbald unter dem Einfluss verschiedener Mitstreiter:innen mehr und mehr zu einem sehr radikalen und vereinfachenden Gerechtigkeitsdogmatismus konvertiert? Nicht wenige bringen diese Art von Konversion in eine Verbindung mit ihrem Asperger-Syndrom. So habe laut „Spiegel" eine Psychiaterin vermutet, Greta habe das „Asperger-Syndrom mit perfektionistischem Anspruch". Derartige Diagnosen würden heute als „Autismus-Spektrum-Störung" eingeordnet, die mit Defiziten in der sozialen Kommunikation einhergehen sollen. Das mag manche Aspekte ihres konversionsähnlichen Wandels erklären. In jedem Fall bedeutet Letzteres für die Weltklimabewegung ein Fiasko. Nicht zuletzt auch für die schwedische Sektion der FFF-Bewegung. Denn gerade diese hatte noch im Monat vor den Hamas-Überfällen auf Israel eine bemerkenswerte Themenwoche zu *sozialer* und klimatischer Gerechtigkeit in Stockholm veranstaltet. In dieser hieß der tonangebende Slogan „social and climate justice", so als sei das Soziale noch wichtiger. Wozu Nachhaltigkeitsforscher David Fopp formuliert: „Beides ist untrennbar verbunden, weil der große gesellschaftliche Umbau nur dann funktionieren kann, wenn das Sozialpolitische mitgedacht wird ... es geht um eine ... gesellschaftliche Gesamtumstellung, bei der man die sozial Schwachen mitnehmen muss" (Süddeutsche Zeitung Nr. 214/2023).

Dieser Sektion geht es bemerkenswerterweise schon jetzt, ganz im Unterschied zu ihrer deutschen Schwestersektion, genau darum, was im dritten Kapitel dieses Buches unter dem Stichwort „Klimasolidarität" so vehement eingefordert wird. Und gerade eine so fortschrittlich denkende Sektion lässt sich zu der oben beklagten Radikalität ihres Idols verführen? Oder geschah dies auch vice versa? Zu der für den weltweiten Klimaprotest so schmerzhaften Verdunkelung von Greta Thunberg als deren Gesicht bzw. Identifikationsfigur kommen hinzu nicht unerhebliche Imageverschlechterungen. Verursacht wurden diese durch einige besonders radikale Aktionisten innerhalb von Klimabewegungen wie Extinction Rebellion oder Letzte Generation. Vor allem mit so brachialen Aktionen wie Flugplatzblockaden und der Verschandelung von Kunstwerken und Nationalsymbolen, wie z. B. den Farbattacken auf das Brandenburger Tor, wurden breite Teile der Bevölkerung nicht nur verschreckt, sondern gegen Klimaprotestler überhaupt aufgebracht.

4.2 Ermüdungs- und Abstumpfungseffekte

All die zuletzt umrissenen Rückschläge drohen die ohnehin schon erkennbaren Ermüdungstendenzen in Sachen Klimaprotest zu verstärken, die der FFF-Bewegung über die Lähmungswirkungen des Pandemieausbruchs hinaus zugesetzt haben. Ursächlich für Ermüdungserscheinungen sind zum einen menschlich überaus verständliche Abstumpfungsprozesse gegen die mit ähnlichen Slogans stets wiederholten Katastrophenbeschwörungen. Zum anderen aber auch die beinahe naturgesetzlich begrenzten Halbwertszeiten aller Bewegungen, die nahezu ausschließlich gegen etwas, wie eben auch die bisher bekannten Klimaprotestbewegungen, gerichtet sind. Hierzu stellt z. B. der Politikwissenschaftler Andert fest, dass alle Protestbewegungen, wissenschaftlich formuliert, in „Zyklen" verlaufen. Erst sind Aktivisten und Medien Feuer und Flamme für den Protest. Dann erlahmen Eifer und Medieninteresse gleichermaßen. Meist passiert das nach fünf oder sechs Jahren, sagt Andert.[1] Das mag manchem im Hinblick auf einen möglicherweise selbst für die FFF-Bewegung einschlägigen Zyklus zu denken geben. Denn diese Bewegung startete, wie oben ausgeführt, urplötzlich im Jahre 2018, und jetzt, während ich diese Sätze schreibe, befinden wir uns im Winter 2024. So könnte sich die FFF-Bewegung von jetzt an vor allem in Folge der von

---

[1] https://www.rbb24.de/politik/beitrag/2023/klimaprotest.

Greta Thunberg vollzogenen Radikalisierung samt ihres Vertrauensverrat nach den Gesetzmäßigkeiten eines solchen Zyklus durchaus wiederum sedieren. Erlöschen wird sie sicherlich schon deshalb nicht, weil die Klimakrise ganz einfach ein zivilisatorisches „Überlebensthema" ist. Wobei man in diesem Zusammenhang allerdings berücksichtigen sollte, dass die Klimakrise bereits Jahrzehnte dauert. Das Klimaproteste dagegen in der Zeit vor 2018 nahezu immer wieder sedierten und in bestimmten Perioden davor schon beinahe erloschen waren.

Von selbst entstehen demnach trotz der immer einschneidenderen und unübersehbaren Katastrophenereignissen noch keine breiten und zudem wirksamen Protestbewegungen. So mögen in der sich gerade jetzt kritisch zuspitzenden FFF-Lage die von den zuletzt beschriebenen Ereignissen am wenigsten belasteten Eliten der FFF-Bewegung und sonstigen Protestbewegungen fragen, welche neue Art von Impulsen zur Überwindung der obigen Spaltungs- und Ermüdungsprozesse sowie Sedierungsgefahren am ehesten beitragen könnten. Dazu meine ich auf zwei Defizitbereiche hinweisen zu sollen, die besondere Schwachpunkte auch der bisherigen FFF-Bewegung ausmachen. Nämlich ein Mangel an Betonung von Versäumnissen, wie sie im Epochenüberblick zum Jetzt zu erkennen sind, sowie das völlige Fehlen von hoffnungsstiftenden Appellen. Was gerade zum Ersteren notwendig war und ist, das erkennt man bekanntlich am besten, wenn man sich immer wieder fragt: Was können wir aus der Vergangenheit lernen (woher kommen wir?), wohin wollen wir gehen und wo befinden wir uns jetzt gerade? Insbesondere auf Letzteres sollten wir uns im Kontext mit den beiden entgegengesetzten Blickrichtungen aus einer Art Vogelperspektive zu konzentrieren versuchen. So lässt sich am ehesten feststellen, ob wir gerade im Begriff sind, in die richtige oder eben doch in die falsche Richtung aufzubrechen.

4.3 Keine Sedierungsabwendung ohne hoffnungsstiftende Narrative

Jedoch reicht es nicht, lediglich genau erkannte Richtungsverfehlungen in Sachen Klimaschutz zu benennen und dagegen zu protestieren. Vielmehr kommt es auch und gerade auf das Wie von diesbezüglichen Protesten an. Letztere müssen nämlich auch Einforderungen beinhalten, die eine ausreichend große Anzahl von (potenziellen) Protestierenden als hoffnungsversprechenden Beitrag zur Verbesserung sowohl ihrer als auch der gesamtgesellschaftlichen Situation empfinden. Und genau das kann nur über die Einforderung des in Kap. 3 dieses Buches vorgestellte klimasolidarische Grundeinkommen (KSG) erreicht werden. Das KSG ist ja im Gegensatz zu sogenannten sozialen Utopien sowohl konkret als auch sogar für Nichtfachleute nachvollziehbar. Vor allem ist es in einem politisch umsetzbaren Rahmen vollumfänglich finanzierbar. Es ermöglicht als strategisch unterlegte Blaupause eine solidarischere Gesellschaft über ein viel verteilungsgerechteres Wirtschaftssystem, als wir sie bisher in allen Demokratien kennen. Mittels KSG lassen sich vollumfänglich die Einforderungen der Berliner Professorin Jutta Allmendinger erfüllen, wonach „wir zwingend eine staatliche Steuerung von Partizipation und Teilhabe brauchen … es muss also darum gehen, gesellschaftliche Prozesse der Umverteilung und Kompensation zu implementieren …(denn) ohne gesellschaftlichen Zusammenhalt lassen sich Klimaziele nicht erreichen" (Allmendinger 2022, S. 269).

So müssen für eine erfolgversprechende Reaktivierung des Klimaprotestes viel mehr als bisher durch die FFF-Bewegung geschehen sozialpolitische Versäumnisse angeprangert und eine mutigere Transformation als einzig hoffnungsbegründender Ausweg aus der immer aussichtsloser erscheinenden Bedrohungslage eingefordert werden. Auf den

Kern heruntergebrochen sollte zumindest ein wichtiger Botschaftsaspekt an die Protestadressaten mitschwingen, nämlich: Empathischer auch mit den Armutsgefährdeten empfinden, in größeren Zusammenhängen zukunftsverantwortlicher denken und viel mutiger und weniger zögerlich als bisher handeln. Dafür sollten auch einprägsame Schlagwortverbindungen verwendet werden, wie z. B.

- Klimasolidarität statt Zivilisationsverfall
- Zusammenrücken statt sozial Ausgrenzen
- Macht den Klimaschutz sozialer

Derartige Schlagwortverbindungen machen über Protestmärsche natürlich nur dann einen Sinn bzw. ergeben allenfalls dann größere Effekte, wenn sie vorbereitend und kontinuierlich durch sie begründende Narrative unterfüttert werden. Die systematische Aufbereitung sowie gezielte Publizierung und stete Fortschreibung solcher Narrative sehe ich als eine der wesentlichen Voraussetzungen für einen nachhaltig wirksamen Klimaprotest an.

4.4 Nachhaltigere Protestadressierungen bedürfen charismatisch repräsentierter Impulserneuerungen

Die Zielrichtungen der zuletzt angeführten Schlagwortverbindungen widersprechen schon auf den ersten Blick jenen der „Critical Race Theorie" von Derrik Bell, der 1971 als erster schwarzer Professor an die Harvard Law School berufen wurde. Dessen Theorie lässt sich als Erklärungsmuster ja durchaus vielseitig verwenden. Ganz bestimmt aber nicht als Verursachungserklärung für die aktuell drohende Klimakatastrophe. Erst recht nicht mit ihrer simpelsten Erklärung weltweiter Ungleichheiten, die manche Theorieanhänger allein auf die Machtstruktur zurückführen, an deren Spitze sie überall reiche weiße Männer sehen, die ihre Privilegien verteidigen. Und für solche Theorievereinfacher ist oft auch Israel nicht mehr als ein Apartheitstaat, der mit großer Brutalität zur Verteidigung seiner kolonialen Bestrebungen People of Color unterdrückt. Solche vereinfachenden Bewegungsgefährdungen scheinen zumindest viele FFF-Angehörige innerhalb des deutschsprachigen Kulturkreises erkannt zu haben.

So sieht z. B. auch Luisa Neubauer „Beziehungen kaputt gehen" sowie die Notwendigkeit, „ganz neue Wege der internationalen Zusammenarbeit (für die weltweite Klimabewegung) zu finden … es geht (dabei) um viel Größeres als den Konflikt innerhalb von Fridays for Future" (Spiegel Nr. 47/2023). Noch allerdings scheint Luisa Neubauer die von ihr angesprochenen, neuen Wege, genauso wie anscheinend auch ihre meisten deutschen FFF-Mitstreiter, nicht gefunden zu haben. So lehnt sie vielfache Forderungen aus dieser Gruppe, den Namen „Fridays for Future" abzulegen, als „in diesem Augenblick reine Symbolpolitik" ab. Damit könnte sie zumindest dann recht haben, wenn ein wie auch immer lautender neuer Name nicht für eine inhaltliche Neuausrichtung der ehemaligen FFF-Bewegung steht. Und was können solche Neuausrichtungen anderes bedeuten, als den nicht nur im dritten Kapitel dieses Buches, sondern ebenfalls von der schwedischen FFF-Sektion durch den Nachhaltigkeitsforscher David Fopp ausgeführten Einforderungen zu folgen? Nämlich alle dort dargestellten, riesigen gesellschaftlichen Gesamtumstellungen bei Mitnahme der sozial Schwachen auf Grundlage der zuletzt umrissenen Narrative auf den Weg zu bringen.

Ein derartiger, bewegungsinterner Paradigmenwechsel kann aber nur unter einem veränderten Namen glaubhaft und mit der notwendigen Breitenwirkung wie auch der unumgänglichen Loslösung von Greta Thunberg Erfolg haben. Dieser neue Name könnte durchaus den zweiten Teil des alten Namens, nämlich „for Future", weiterverwenden. Davor sollte aber der neu gefasste Kern des einen Namenswechsel erst rechtfertigenden Paradigmenwechsels angedeutet werden. Zum Beispiel mit der „Climate Solidarity" (Klimasolidarität). Also würde der neue Name zusammengefasst „Climate Solidarity for Future" lauten. Luisa Neubauer könnte unter einem solchermaßen neu gefassten Namen eine erfolgversprechende, charismatische Repräsentantin für eine Bewegungserneuerung werden. Hilfreich wäre es, wenn sie dafür noch andere sowohl prominente wie auch charismatische Klimaaktivisten gewänne.

So wäre für mich aus der deutschsprachigen Aktivistenszene als weiteres Gesicht für einen gemeinschaftlichen, internationalen Bewegungsaufbruch die in Lausanne (CH) lehrende Professorin Julia Steigenberger besonders geeignet. Steigenberger forscht nicht nur, sondern kämpft auch unter Inkaufnahme persönlicher (Rechts-)Risiken in Sachen Klimawandel. In ihrem jüngsten Forschungsprojekt „Living Well Within Limits" untersuchte sie, wie universelles Menschliches innerhalb der planetaren Grenzen erreicht werden kann. Sie ist Hauptautorin für das Großprojekt „Social Challenges of Climate Change" an der Universität Lausanne.[2] Neben dieser ihrer Projektleitertätigkeit blockiert Steinberger als Aktivistin der von ihr maßgeblich repräsentierten Klimabewegung „Renovate Switzerland" in der Schweiz landesweit Straßen. „Getting into good trouble", so nennt sie mit den sie in dieser Bewegung begleitenden Aktivisten ihre Aktionen. Diese verlaufen nach einem fixen Muster. Sie tragen orangene Signalwesten, setzen sich hin, halten Plakate hoch und verursachen einen Stau. Sie warten stoisch, bis Polizisten sie von der Straße tragen und verhaften. Dann ist die Aktion zu Ende, und es beginnt wie stets zuvor das, was Steigenberger und die

---

[2] https://zoe-institut.de/person/prof-julia-steinberger.

sie begleitenden Aktivisten eigentlich wollen: Die Leute fangen an zu twittern, zu diskutieren und sich aufzuregen.[3] Bei nicht wenigen der Aufgeregten dürfte das zumindest einen punktuellen Ausbruch aus deren bisherigem Schlafwandlermodus in Sachen Klimakrise bewirken. Es ist diese Verbindung von unbestechlichem Realitätsbewusstsein, was die sich abzeichnende Klimakatastrophe für die Menschheit bedeuten kann, mit großem Handlungsmut gegenüber Karriererisiken aufgrund eigener Aktivistenaktionen, die mich bei Steigenberger besonders beeindruckt.

---

[3] https://www.nzz.ch/schweiz/julia-steinberger-renovate-switzerland.

5
Jenseits von Chaos und unumkehrbaren Kipppunkten

Die derzeitige Sedierung des Klimaprotests wäre für sich genommen noch ein beherrschbares Problem der aktuell (Stand Juni 2024) voraussehbaren Katastrophen- und Chaosentwicklungen. Weit bedrohlicher erscheint diese Sedierung allerdings im Kontext mit den dramatischen Herausforderungen, vor denen der prominente Professor Schellnhuber die Weltgemeinschaft und dementsprechend alle politisch verantwortlichen Entscheidungsträger gerade in Sachen Klimakatastrophe inzwischen sieht. So erklärt er bereits Ende Oktober 2023 dem „Spiegel": „Ich arbeite seit 40 Jahren in der Klimaforschung, aber solche Anomalien wie in den letzten Monaten haben wir noch nie registriert ... das Jahr 2023 wird den Blick auf die Welt verändern ...(das könnte zum) Zusammenbruch großer Ökosysteme (führen) ... in diesem Jahr (2023) wächst sich der Blutdruck (unseres Planeten) ... sozusagen zu Herzkrämpfen aus, das ist besorgniserregend ... nach den Bränden (dieses Jahres) auf Rhodos, Hawaii und in Kanada oder den heftigen Überschwemmungen weltweit ist unser Umweltvertrauen erschüttert" (Schellnhuber 2023). Sodann fordert er beinahe schon verzweifelt: „Wir müssen das (nicht mehr vermeidbare) Hinausschießen über die Pariser Leitplanke von zwei Grad so kurz und flach wie möglich halten … damit bestimmte Kipppunkte im Keim erstickt werden", um zugleich resignierend festzustellen: „Leider haben wir in den reichen Ländern satte Gesellschaftsmehrheiten, die in ihrem Lebensstil und ihren Annehmlichkeiten nicht gestört werden wollen, solange dem Menschen nicht direkt der Himmel auf den Kopf fällt".

Schellnhuber gehört zu den wenigen Umweltphysikern, die unmissverständlich eine klare, auch für den Laien verständliche Sprache zur Mitteilung dessen benutzen, was aus ihrer Sicht den tatsächlich aktuellen Bedrohungsstand durch die globale Klimaentwicklung betrifft. Damit unterscheiden sie sich von Klimaforschern wie z. B. dem Direktor des Hamburger Max-Planck-Instituts, Professor Jochem Marotzke, der trotz vieler Nachweise zu den seitens Schellnhuber im Klimadiskurs verankerten Kipppunkten davon nicht sehr viel hält. Dagegen hält Schellnhuber Nichtlinearitäten, Exzesse und Zusammenbrüche für die biologische Welt als geradezu prägend und ermahnt seine vielen Kollegen:innen innerhalb des IPPC, dass das Motto „Bloß keine Panik" mit der Folge von Verharmlosungen unangenehmer Realitäten in der Weltgeschichte schon öfter den Untergang ganzer Kulturen ermöglichte.

Um bessere Zukunftsperspektiven für eine eventuell doch noch mögliche Einhegung der Klimakatastrophe geht es auch der Energiemanagerin und Autorin Marie Luise-Wolff in ihrem jüngst erschienenen Buch „2,8 Grad-Endspiel für die Menschheit" (2023). Darin stützt sie sich zunächst auf die gegenüber früheren Jahren sehr viel kritischeren IPPC-Berichte von 2022 und Anfang 2023, wonach die durchschnittlichen Jahrestemperaturen weltweit bis zum Ende dieses Jahrhunderts aller Wahrscheinlichkeit nach, weil realistisch kaum noch zu verhindern, um 2,8 Grad bis 3,0 Grad Celsius ansteigen. Laut Schätzungen des IPPC werden dadurch 50 % bis 60 % der Weltbevölkerung bis Ende 2100 von Klimaschäden beeinträchtigt. Bei dem bis dahin erwartbaren Meeresspiegelanstieg um mindestens einen Meter würden hunderte Millionen ihre Behausung verlieren. Auf die allein daraus erwachsenden Migrationsausweitungen, Ernteausfälle und Hungersnöte samt kriegerischen Handlungen wird in den Berichten allerdings noch nicht weiter eingegangen. Erwähnt wird immerhin das bis dahin zu erwartende vollständige Abschmelzen des arktischen Meereises und das erheblich sich verstärkende Auftauen der Permafrostböden. Ob dies wiederum wegen der damit exponentiell steigenden Methangasfreisetzungen bereits bis zum Jahrhundertende zu unumkehrbaren Klimakipppunkten führen muss, darüber schweigt sich der IPPC derzeit ebenfalls noch aus. Allerdings sehen einzelne Klimaforscher solche Kipppunkte für das Abschmelzen bzw. Abgleiten des Grönlandeisschildes wie auch des endgültigen Auftauens der Permafrostböden als bereits erreicht an.

Unumkehrbare Klimakipppunkte bilden allerdings, genau das sollte dieses Buch eindringlich zeigen, nicht die einzigen akuten Gefährdungen für den Fortbestand unserer Zivilisation. Vielmehr gelten sie auch nach einer Studie der Vereinten Nationen für noch weitere sogenannte Risikokipppunkte, die alle mit dem Klimawandel vernetzt sind. Es sind dies neben der Plastikvermüllung der Weltmeere das eskalierende Artensterben und das durch Ausbeutung der Grundwasserspeicher vielerorts bedrohliche Absinken der Grundwasserpegel. All diese Gefährdungen ließen sich unbestreitbar zu einem erheblichen Teil rechtzeitig in den Griff kriegen, wenn, ja wenn eine Mehrheit der Führungselite sich jenseits ihrer Karriereverhaftung trauen würde, offen und ehrlich zumindest das zu sagen, was gemäß Kap. 3 dieses Buches dafür notwendig ist. Dies anstelle ihrer permanenten Phrasenkaschierung und Realitätsverdrängungen. Dabei wäre es gerade jetzt an der Zeit, vorrangig den seit langem überfälligen sozialen Ausgleich zu realisieren. Aber leider geschah solches bisher von Seiten der Politik nicht.

Anders hingegen jene Leuchttürme bzw. Vorbilder für wirklich freie Menschen, wie z. B. die polnische Regisseurin Agniezka Holland. Diese erwies sich als gegen die reaktionäre bis faschistoide Propaganda in ihrem Lande völlig immun. Dadurch lernte Holland sowohl in ihrem von der PIS drangsalierten Geburtsland Polen wie auch im übrigen Europa immer wieder Menschen kennen, „die frei sind, die einen Sinn für Wahrheit und Gerechtigkeit haben und auch Großzügigkeit. Das ist ein kleiner Prozentsatz der Menschen, aber sie sind die Hüter unseres Gewissens. Es ist erstaunlich, dass es solche Menschen noch gibt … in einer Welt, in der (die überwiegenden Mehrheitsmilieus) in ihrer Komfortzone bleiben wollen. In der etwa in Frankreich, wo ich lebe, bei der vergangenen Wahl das wichtigste Thema die Kaufkraft des Einzelnen … und nicht die Klimakrise war" (Holland 2023). Das alles in einem Lande, das vor gut 200 Jahren Keimzelle der Großen Französischen Revolution mit deren erstmaliger Universalien-Einforderung der Menschheitsgeschichte war.

Für die inzwischen unverkennbaren Universalienverblassungen sollte insoweit Verständnis angeregt werden, als dass reiner Materialismus, egomane wie auch gruppenbezogene Gier sowie gesellschaftsbezogene Unverantwortlichkeiten apokalyptische Folgen haben können. Es rückt ja nicht nur die Untergangswahrscheinlichkeit aufgrund immer absehbarerer Klimakipppunkte erkennbar näher. Vielmehr begegnen wir in jüngster Zeit geradezu einer Bündelung von chaotischen Prozessen, die sich uns wie krakenähnliche Fangarme entgegenstrecken und zu erdrücken drohen. Sei es der kriegerische Überfall Russlands auf die Ukraine, die Angriffsdrohungen Chinas gegenüber Taiwan, der Zerfall der Welthandelsgemeinschaften sowie expandierende Polarisierungen und radikale bis faschistoide Blasenbildungen innerhalb der noch demokratischen Gesellschaften. Das alles verbunden mit der Gefahr einer Art kulturellen Kernschmelze durch Bevölkerungsgleichschaltungen und manipulative Geschichtsverfälschungen, wie dies durch Putin in Russland und insbesondere Xi Jinping im autokratisch beherrschten China geschieht.

Von Letzterem berichtete jüngst neben vielen anderen Chinaexperten auch der chinesische Dissident Yang Liang der Süddeutschen Zeitung: Liang hebt hervor, dass die östlichen Autokratien sich „wie Orwell es in 1984 beschreibt entwickeln". Zum Beispiel lösche Xi in China „die Erinnerung der Menschen und schreibt die Geschichte einfach um. (Nach dem Motto) … wer die Vergangenheit beherrscht, beherrscht die Zukunft … Im Zeitalter des Internets passiert das in Höchstgeschwindigkeit".[1] In diesem Kontext gibt Liang seiner Verzweiflung Ausdruck über die Passivität des Westens diesem Geschehen gegenüber, auch wegen dessen geradezu überbordendem Egoismus. „Wir haben den … Zynismus (im Westen) gesehen, wie die Leute ihre Prinzipien … aufgaben. Tatsächlich hat die Gier (in demokratischen Gesellschaften) dazu beigetragen, der KP Chinas eine Bluttransfusion zu geben."

5.1 Realistisches Katstrophen- und menschenwürdiges Freiheitsbewusstsein

Der sich unverkennbar als Schlafwandlertum verbreitenden Passivität werden wir nicht ohne den im dritten Kapitel angemahnten Paradigmenwechsel abhelfen können. Dafür müssen sich jedoch viel mehr Menschen als bisher zu innerlich wirklich freien Individualitäten ertüchtigen. Derartiges

---

[1] Ynang Liang, SZ Nr. 143,24.06.23, Seite 46.

ist bekanntlich nur schwer und schon gar nicht von heute auf morgen zu erreichen. Denn Menschen ändern sich, wie eine mich weise anmutende Persönlichkeit einmal sagte, nur durch Liebe oder für sie leidvolle Katastrophen innerhalb kürzerer Zeit. Vielleicht aber hilft uns zumindest tendenziell die Beförderung eines realitätsoffeneren Katastrophenbewusstseins weiter.

Ein solches versuchte der UNO-Generalsekretär Antonio Guterres bei der Cop 27 im November 2022 zu aktivieren, wo er ausrief: „Wir sind auf dem Highway zur Klimahölle – mit dem Fuß auf dem Gaspedal". Dies war ein unwidersprochener und zugleich überfälliger Paukenschlag gegenüber der Weltöffentlichkeit, die die Gefährdungslage der längst eingetretenen Klimakatastrophe immer noch mit dem verniedlichenden und einlullenden Begriff „Klimawandel" permanent verharmlost.

Dazu schreibt die Energiemanagerin und Autorin Marie-Luise Wolff in ihrem jüngst erschienen Buch „2,8 Grad Endspiel":

> „Die Klimakatastrophe ereignet sich als schleichende Zustandsverschlechterung anhand vieler Einzelkatastrophen auf (jeweils unterschiedliche Einzelregionen) der Erde, die das Leben für immer größere Teile der Menschheit erst schwieriger und schließlich unmöglich machen … in den kommenden, entscheidenden Jahren wird es notwendig sein, immer genauer zu definieren, wo wir klimatisch stehen. Nicht nur einmal im Jahr, sondern viel, viel häufiger … wir alle müssen lernen, das Klima besser zu lesen. Überfällig ist also ein Mehr an Bewusstsein für und über die fortschreitende Klimakatastrophe." (Wolff 2023, S. 134 ff.)

Über die zuletzt angesprochenen Bewusstwerdungsnotwendigkeiten hinaus geht Wulff verdienstvollerweise in ihrer To-do-Liste in Sachen Katastropheneinhegung auch auf die unsere Demokratie so bedrohende Degeneration des Freiheitsbegriffs ein. Den wirkungsmächtigsten Stoßtrupp für

5 Jenseits von Chaos und unumkehrbaren ... 257

die Befeuerung dieses Degenerationsprozesses bilden ja laut Kap. 3 dieses Buches die weltweiten Gruppierungen der orthodoxen Neoliberalen. Deren militanten Kern bildet wiederum, wie ausgeführt, neben der von den USA ausstrahlenden „Mont Pelerin Society" auch die in der BRD ansässige Hayek-Gesellschaft. Die von dieser dominierte FDP wendet sich ja nicht nur gegen jede Art von Klimasolidarität, einschließlich Verbesserungen der weltweit so notleidenden Verteilungsgerechtigkeit. Sondern laut Wulff auch „gegen fast jede neue Regel, die ein angemessenes Klimakrisenmanagement erlaubt. Sie werten Menschenschutz gerne als reines Verbotsfieber ab. Es geht ihnen dabei nicht mehr um die ursprüngliche, (bei ihnen längst)... der Vergangenheit angehörende Tradition des klassischen Liberalismus. Danach endet die Freiheit des Einzelnen an der Freiheit der anderen. Diese (Tradition des ursprünglichen) Liberalismus stellte (noch) ein Freiheitsverständnis dar, das ohne den Begriff des Gleichklangs mit der Brüderlichkeit (laut französischer Revolution) und damit auch einem Begriff von Gemeinschaft bzw. Gesellschaft (bzw. Gesellschaftssolidarität) gar nicht vorstellbar war." (ebd., S. 136 f.)

Insoweit erkennt auch Wolff genau, dass nicht nur in Deutschland und in Europa sowie den USA und sonstigen westlichen Ländern die Demokratie vor allem von innen her bedroht wird. Und dies für die BRD nicht nur von der AfD und anderen radikalen Gruppierungen. Vielmehr auch und gerade durch die Führungskader der einen ideologisierten Fanatismus so wirkungsmächtig exekutierenden FDP, die sich ja trotz alledem von der sogenannten bürgerlichen Presse nahezu unwidersprochen als Rückgrat der Gesellschaftsmitte in Szene setzen darf. Erschreckend viele Journalisten „vergessen dabei, dass Freiheit (im klassischen Sinne der Aufklärung) immer als Freiheit für alle, nie als Freiheit für (nur) einige wenige (bzw. Wohlhabende), die es sich leisten können, gemeint war" (ebd., S. 137).

5.2 Jenseits von Marktversagen und Gesellschaftszerbröselungen Haltung entwickeln

Was mir über die zuletzt zitierten Weckrufe von M.-L. Wolff hinaus noch sehr bemerkenswert erscheint, ist deren ernüchternde Einschätzung von Möglichkeiten, über reine Marktmechanismen die Folgen der Klimakatastrophe noch rechtzeitig genug abzumildern. Dazu sagt sie nach ihrer fachkompetenten Analyse der CO_2-Reduzierungsmöglichkeiten über den auch in diesem Buch bereits gewürdigten Zertifikate-Handel: „Wenn überhaupt (in verhaltenssteuernder Höhe durchsetzbar), dann wirken (solche) Marktmechanismen viel zu langsam … im Rückblick steht der Klimawandel … für das größte und weitreichendste Marktversagen, das die Welt jemals gesehen hat". So jedenfalls fasste es auch der bekannte Ökonom und frühere Chef der Weltbank bei seinem Vortrag vor der Royal Economic Society (RES) zusammen. Da fühle ich mich an die Aussagen der von der UNO bereits 1983 ins Leben gerufenen Brundtland-Kommission erinnert, die schon 1987 erklärte, dass es kaum möglich sei, „ein Preisschild an Umweltkatastrophen zu heften". Wozu Volker Hauff seinerzeit als langjähriger SPD-Minister für Forschung und Entwicklung ergänzte: „Wenn Industrieländer – und zwar Regierungen und private Banksysteme – nicht sehr schnell ihre Buchhaltermentalität gegenüber Entwicklungsländern ablegen, sind ökonomische und ökologische Katastrophen unvermeidlich." Ein früher Ruf nach mehr globaler Klimasolidarität also, so wie sie in Kap. 3 dieses Buches als Heilungsstrategie für die BRD als europäisch-internationalem Impulsgeber ausgeführt wurde.

Leider muss man auf mittlere Sicht auch für die BRD befürchten, dass die zuletzt umrissenen Einforderungen nicht der Gefahrenlage entsprechend den Bürgern nahegebracht und regierungsverantwortlich kommuniziert werden. Vor allem drohen die bisherigen, ohnehin völlig unzureichenden Problemlösungsansätze von einem durch AfD, FDP und großen Teilen von CDU/CSU entweder befeuerten oder mitgetragenen krawallkonservativen Klamauk gegen ein sogenanntes „Regulierungsfieber" der Grünen zerredet zu werden. Dieser Klamauk erhält insbesondere im Kontext mit den jüngst vom Bundesverfassungsgericht für nichtig erklärten Bundeshaushalten sowie dem mit größter finanzwissenschaftlicher Inkompetenz geprägten Streit um die „Schwarze Null" aktuell viel neue Nahrung. Dazu vermag ich nur nochmals meiner Hoffnung Ausdruck zu verleihen, dass sich genügend einflussreiche Wirtschaftswissenschaftler und schließlich auch Politiker mit der massiven Kritik (s. auch Kap. 3 dieses Buches) an der diesbezüglichen finanzpolitischen Ignoranz mit deren „schwäbischem Hausfrauendenken" auseinandersetzen. Immerhin habe ich ja versucht, meine Kritik mit konstruktiven, systemüberwindenden Abhilfevorschlägen zu unterlegen. Derzeit jedoch erscheint es nicht unwahrscheinlich, dass aufgrund wahltaktischer Problemlösungs- und Diskursverweigerungen seitens FDP sowie CDU/CSU eine solidarische Klimapolitik für Deutschland weiterhin sabotiert wird. Dies mit der Folge sich verstärkender Verunsicherungen breiter Bevölkerungskreise und deren Abwendung von der Politik samt Rückzug ins Private oder aber einem Abdriften zur AfD bzw. zu dieser ähnelnden radikalen Blasenbildungen. Zumindest die Führer der zuletzt genannten Parteien scheinen daran keinerlei Mitverantwortung zu empfinden und die immer offensichtlicheren Zerbröselungen unserer Gesellschaft ihren parteipolitischen Egoismen opfern zu wollen. Leider entwickelten gegen diese Obstruktion bisher weder der Kanzler noch die Anführer von SPD und selbst von den Grünen ein überzeugend staatstragendes und zudem partizipatives Gegenkonzept.

Man kann unter dem Eindruck all der zuletzt umrissenen Prozesse und der für diese einschlägigen Verursachungen durchaus Sven Plöger zustimmen, der in seinem jüngst erschienenen Buch „Zieht euch warm an" trotz obiger Misere zu einem trotzigen Ankämpfen dagegen aufruft, und dies vor allem durch die Entwicklung einer eigenen „Haltung". Zu seinem speziellen Metier, nämlich dem Wetter und damit auch der Klimakatastrophe, macht er einen für deren bessere kommunikative Verständnisvermittlung berücksichtigenswerten Vorschlag: „Wir müssen die Probleme in kleine Bausteine zerlegen (und) uns auf (den durch uns jeweils individuell möglichen Problemlösungsbeitrag) konzentrieren … eine Haltung entwickeln … und mit allen Schalthebeln der Demokratie dafür sorgen, dass es endlich geeignete Rahmenbedingungen (für wirksamere Chaosabwendungen) gibt." (Plöger 2023, S. II)

Plöger ist bekanntlich keinesfalls der einzige, der die Entwicklung eigenständiger Haltung einfordert bzw. sich selbst darum bemüht. Nur so kann es trotz des geschilderten Ernstes der Lage und des allgemeinen Versagens der politischen Führungselite gerade auch in der BRD noch gelingen, eine Kurskorrektur durch verantwortungs- und initiativbereite Individualitäten über deren zivilgesellschaftliches Engagement zu erreichen. So wie es für jedwede kritische Situationen eine erfahrene Personalmanagerin ausdrückt: „Wie die Ernsthaftigkeit einer Lage erkannt und inwieweit die Krise angenommen wird, ist vor allem ein Ausdruck von innerer Haltung. Eine Haltung, die aus dem Inneren entsteht aber im Außen sichtbar ist." (www.hauser-one.com)

Wie äußerst wichtig das Erreichen einer solchen inneren Haltung gerade für ein zivilgesellschaftliches Wirken speziell in der BRD schon sehr bald werden kann, das betonte in seinem jüngsten Spiegel-Interview vom 22. Januar 2024 der bekannte Yale-Historiker Timothy Snyder. Mit Blick auf einen auch von ihm durchaus für möglich gehaltenen Sieg Trumps beim anstehenden Präsidentschaftswahlkampf sagt er in dem Interview: „Gehen die USA an Trump, wird Deutschland zum wichtigsten Land in der demokratischen

Welt". Ergänzend ermutigt er dessen Zivilgesellschaft: „Jeder trägt Verantwortung … alle jeweils ein bisschen. Man muss etwas tun, das kann eine Kleinigkeit sein. Man kann mit jemandem in einer Bar reden … wenn man sich nicht positiv einbringt in die Gesellschaft, dann wird man von der Negativspirale überwältigt, schon verloren zu haben."

5.3 Apokalypse-Bewusstsein jenseits globaler Chaotisierungen

Der weltbekannte Oxforder Historiker Christopher Clark wurde Mitte Dezember 2023 in einer Talkshow anlässlich von dessen Buchvorstellung zur 1848er-Revolution von Markus Lanz gefragt, inwieweit sich die heutige Situation von der damaligen Umbruchlage unterscheide. Die kurze Antwort von Clark lautete sinngemäß: „Die heutige Lage ist sehr viel gefährlicher … sie war in der bisherigen Menschheitsgeschichte wohl auch noch nie so gefährlich … dies insbesondere wegen der Klimakrise." Damit umreißt Clark auch aus meiner Sicht genau den entscheidenden Wendepunkt, an dem wir uns derzeit befinden. Nämlich der im historischen Rückblick erstmaligen Möglichkeit, dass eine Zivilisation in Folge von Bewusstseinsmängeln global untergeht. Genau dies kann sich im Falle weiterer Verschärfungen der inzwischen bereits eingetretenen Klimakatastrophe, und dies sogar mit hoher Wahrscheinlichkeit, durchaus ereignen. Wobei es dafür im Unterschied zu der uns seit nahezu 70 Jahren drohenden Zivilisationsauslöschung durch einen globalen Atomkrieg (= Armageddon) gar nicht irgendeiner menschlichen Entscheidung bzw. eines Handels wie den Druck auf einen Atomknopf bedarf. Vielmehr reicht für einen globalen Zivilisationsuntergang via sich kontinuierlich verstärkender Klimakatastrophen bereits ein Nichthandeln der verantwortlichen Führungselite, wie Fortführung des uns allen so vertrauten Modus des „Weiter so wie bisher" durchweg aus. Dies begleitet vom Verharren breiter Bevölkerungsschichte an deren Kleben an schlichten Konsumbegehrlichkeiten.

Es ist auch diese Naivität und Passivität vieler Mitbürger gegenüber den doch so offensichtlichen Bestrebungen Putins und anderer Autokraten an einer vollständigen Zerstörung jedweder demokratischen Zivilisation, was nur durch eine zusätzliche und viel entschiedenere Verteidigung und wirtschaftlich-militärische Unterstützung der Ukraine abgewendet werden kann.

Wer das alles mit wachem Bewusstsein auf sich wirken lässt, dem werden sich früher oder später Sinnfragen stellen. Zum Beispiel danach, warum sich unsere globalen Weiterentwicklungsperspektiven derart verfinstert haben und urplötzlich so vieles zusammenzubrechen droht. Was von apokalyptisch anmutenden Hinterfragungen nicht mehr sehr weit entfernt zu sein scheint. Unter Apokalypse werden in christlichen Kulturkreisen bekanntlich die prophetischen Offenbarungen des Jüngers Johannes verstanden, wie sie im letzten Teil des Neuen Testaments wiedergegeben werden. Nach den dort beschriebenen Öffnungen von sieben Siegeln, dem Blasen von sieben Posaunen und dem Kampf Satans gegen das Volk Gottes folgt schließlich das Weltgericht mit anschließender Entstehung einer neuen Welt Gottes (das himmlische Jerusalem). All dies sind äußerst kontrovers interpretierte und für viele erschreckende Menschheitsprüfungs- und Katastrophenberichte. Sie künden vom Untergang großer Teile der Menschheit, aber schließlich doch von einem Sieg des Guten über das Böse. Es möge der Leser darüber entscheiden, ob im Kontext mit der sich ständig verschärfenden Klimakatastrophe und deren kaum abschätzbaren Begleit- und Folgeerscheinungen eine menschheitsbedrohliche Erscheinungsform der in diesem Buch gewählte Begriff „apokalyptische Herausforderungen" angemessen ist. Zumindest könnte diese Art von Begriffsbildung dazu dienen, eine spirituell vertiefte Haltung gegenüber dem so verhängnisvoll verbreiteten Schlafwandlermodus zu entwickeln.

Epilog

Zu den tragenden Thesen dieses Buches zählt die hier wiedergegebene Sicht eines ständigen Kampfes zwischen Gut und Böse. Zu den prominentesten Bekennern für die Berechtigung einer solchen Sicht zählt bekanntlich der Dichterfürst J. W. Goethe, der in seinem Hauptwerk „Faust" ja eindrucksvolle künstlerische Bilder für das diesbezüglich aus einer Vogelperspektive angedeutete Kampfgeschehen vermittelt. Zudem hat uns Goethe z. B. in seinem Singspiel Lila sogar Anstöße zur Unterstützung dieses Kampfgeschehens gegeben. Heißt es doch dort: „Feiger Gedanken, bängliches Schwanken … wendet kein Elend, macht dich nicht frei … allen Gewalten zum Trutz sich verhalten, nimmer sich beugen, kräftig sich zeigen, rufet die Arme der Götter herbei".

Ähnlich wortgewaltige Weckrufe gegen Wankelmütigkeit, Zögerlichkeit und letztlich auch Mutlosigkeit gegenüber zeitnotwendigem Entscheidungs- und Handlungsbedarf findet man neben Friedrich Nietzsche auch bei vielen anderen bedeutenden Denkern und Dichtern, denen das Werben zu einem Aktivwerden für Menschheitsfortschritte und damit zugleich Unterstützungsbitten an die lichtvollen Mächte offensichtlich ein wesentliches Anliegen war. Sie alle unterscheiden sich wohltuend von den leider so unzähligen philiströsen Theologen, für die das Gute auch ohne menschliches Zutun siegen kann und denen unser Angewiesen-Sein auf die Unterstützung der Geister des Guten etwas völlig Unbekanntes zu sein scheint. Für solche Philister dürfte die Verkündung der Engel in „Faust II"[1] („wer immer strebend sich bemüht, dem können wir erlösend nahen") allenfalls dem Schein nach christlich begründbar zu sein. Dass eine Erlösung durch den Christus wenigstens ein Bemühen um konkrete Entscheidungen für das von ihm ausgehende Gute benötigt, bleibt in ihren Sonntagspredigten durchgehend unberücksichtigt. Genauso wie die in diesem Buch vorgedachten Wege zu einer christlicheren Wirtschaftsverfassung für solche theologischen Philister keine kirchlich relevanten Themen sind. Das zeigt neben vielem überdeutlich z. B. die spontane Ablehnung eines bedingungslosen Grundeinkommens (BGE) durch den Münchener Bischof Marx, der im BGE nach seinen Worten nichts anderes als „Brot und Spiele" sieht. Also keinen Königsweg zu einer solidarischeren und dadurch christlicheren Gesellschaft, sondern eher eine gefährliche Massenverführung zu einer Art spätrömischer Dekadenz.

Nun dürften sich manche Leser bei so viel Auffassungsgegensätzen fragen: Woran erkennt man dann aber jeweils das Böse und vor allem das Gute? Dazu allerdings geben weder die Bibel noch der Koran oder andere sogenannte heilige Schriften konkrete Hinweise im Sinne leicht handhabbarer Gebrauchsanweisungen. Vielmehr in ihrer jeweils deutungsabhängigen Mysteriensprache allenfalls einzelne

---

[1] V, Bergschluchten,…Einöde.

Orientierungsanker. So z. B. den christlich und zugleich philosophisch orientierten Lesern des Neuen Testaments durch das Selbstzeugnis des Christus: „Ich bin der Weg",[2] wodurch zumindest für diese einsichtig werden sollte, dass das Gute auch zeitbedingt im Sinne von sich historisch durch Weiterschreiten des Christus stets verwandelnd ist. Womit ich zugleich sagen möchte: Was heute gut ist, braucht in der Vergangenheit noch lange nicht gut gewesen zu sein. Das gilt natürlich auch vice versa. Was sich teilweise auch in der bekannten Behauptung ausdrückt: „Das Böse ist das Gute zur falschen Zeit". Somit kommt es zumindest für Christen sehr darauf an, Verständnis bzw. einen Blick dafür zu entwickeln, wo sich der Christus heute für die Menschheit im Unterschied zu seinem erstmaligen Erdenerscheinen tatsächlich befindet. Seit damals hat sich, wie bereits im ersten Buchkapitel ausgeführt, die Menschheit fundamental verwandelt. Letzteres werden zumindest für philosophische Fragestellungen offene Christen insbesondere auf dessen zeitbedingtes, geistiges Einwirken zurückführen. Für diese hat dadurch seit dem damaligen Christuserscheinen die Menschheit mit und durch diesen einen weiten Weg zurückgelegt.

Versucht man nun dieser Einsicht folgend dem Wesen des Guten weiter auf den Grund zu gehen, so wird man ein zutreffendes Urteil darüber erst dann treffen können, wenn man alle ansonsten noch wichtigen Zusammenhänge für unsere jeweilige Entscheidungs- und Handlungssituation mit berücksichtigt. Entscheidend bleibt dafür stets die Frage: Dient das zu Bewertende der menschheitlichen Weiterentwicklung im Sinne einer Freiwerdung wie auch der moralischen Vervollkommnung von Menschen bzw. von Gesellschaften, oder bewirkt es eher das Gegenteil?

Sieht man, wie in diesem Buch von Anfang an herausgestellt, als entscheidendes Charakteristikum bzw. als Er-

---

[2] Johannes 10,9: „Ich bin der Weg und die Wahrheit und das Leben …".

füllungsauftrag der Moderne den Prozess einer immer weiter voranschreitenden Individualisierung an, dann kann man die zuletzt gestellte Frage dahingehend präzisieren: Erhöht das jeweils zu Bewertende die Urteilsfähigkeit, den Entscheidungsspielraum und die Entscheidungswilligkeit von Menschen bzw. Gesellschaftsgruppen oder nicht? Denn ohne Steigerungen von Entscheidungswilligkeit samt Ausweitungen von Entscheidungsspielräumen laufen voranschreitende Individualisierungen ins Leere. Individualisierungen sind ja, wie oben bereits geschildert, lediglich eine Voraussetzung für Freiwerdungsprozesse. Erst über Verbesserungen individueller Urteilsfähigkeiten werden tatsächliche Menschheitsfortschritte ermöglicht. Was nach meinem Verständnis stets auch Stärkungen der Liebe zur Wahrheit erfordert (s. Steiner 1982).[3] Böse ist danach all das, was die zuletzt hinterfragten Erhöhungen beeinträchtigt oder sogar blockiert bzw. unterminiert. Und so sind es durchgängig auch böse bzw. finstere geistige Mächte, die Menschen zu Lügenhaftigkeit – wie aktuell deren überbordende Fake-News-Verbreitung der Trumps, Putins und so vieler anderer – verführen.

Nach genau solchen Bewertungskriterien wurden in diesem Buch sowohl die geistigen Hintergründe wie auch die maßgeblichen Akteure bzw. Antagonisten der wesentlichsten Weltanschauungskämpfe der Moderne in Beziehung zueinander gesetzt. Letztere geschehen bekanntlich durch Menschen, und so finster oftmals die von ihnen zu verantwortenden Machenschaften auch anmuten, so sind die Täter doch für mich von ihrer Grundveranlagung weder ausschließlich gut noch böse. Vielmehr sehe ich in jedem Menschen einen Kampfplatz bzw. Austragungsort von Kämpfen zwischen Gut und Böse. Letztlich hängt es von jedem(r) Einzelnen ab, wofür er (sie) sich insbesondere bei Verführungsattacken finsterer

---

[3] „die Wahrheit wird euch frei machen" (Johannes 8,32).

geistiger Mächte jeweils entscheidet. Dabei geraten Ideale sowie persönliche Interessen und vielfach auch Gier- und Suchtabhängigkeiten oftmals in Konflikt. Für deren Auflösung dürfte es für jede(n) Einzelne(n) wie auch Gesellschaften insgesamt hilfreich sein, wenn sich ein verstärktes Bewusstsein dafür verbreitet, welche geistige Strömung mit welchen Absichten gerade auf uns Einzelne einwirken. Anders gesagt: Wenn wir, wie oben dargestellt, Auswege aus der heute so verbreiteten spirituellen Ahnungslosigkeit finden.

Eine derartige Auswegfindung war natürlich schon immer geboten. Sie ist aber aktuell in Anbetracht der sich verschärfenden Herausforderungen und angesichts der zivilisationsbedrohenden Klimakatastrophe mit den vielerorts auflodernden Kämpfen zwischen Klimawandelleugnern bzw. -verdrängern einerseits und Transformationsaktivisten andererseits notwendiger denn je. Letzteres gilt zugleich für die zusätzlichen Auseinandersetzungen von Ersteren mit den dogmatisch-orthodoxen Neoliberalen. All das wiederum überlagert durch die Systemkämpfe zwischen den von Putin und Xi Jinping nebst den von iranischen Mullahs beherrschten Autokratien sowie einem durch Trump eventuell drohenden Bürgerkrieg in den USA. Dies alles zusammen bildet mit den gesellschaftlichen Zerfallsprozessen apokalyptische Herausforderungen, gegen die es gerade auf sich zivilgesellschaftlich einbringenden Freiheitsverfechter mit gefestigter innerer Haltung ankommt. Nur mit diesen können wir, in Anbetracht der schlafwandelnden Führungseliten westlicher Demokratien, die zu erfüllenden Menschheitsaufgaben heilsamen Problemlösungen zuführen.

Literatur

Acmoglu D (2023). „Unsere Zukunft wird dystopisch sein". Interview in DER SPIEGEL Nr. 35 vom 26.08.2023, Seite 69

Adorno T (2010). Philosophie und Gesellschaft. Fünf Essays. Stuttgart: Reclam.

Allmendinger J (2022). Deutschland im Klimastress. In: K. Wiegandt (Hrsg). 3 Grad Mehr. oekom, Seite 269

Andree M (2023). Big Tech muss weg, Frankfurt: Campus Verlag.

Arendt H. 2021 Elemente und Ursprünge totaler Herrschaft. München: Piper.

Aschmann B (2023). Der Wiener Kongress und die Restaurationszeit. https://www.bpb.de/themen/zeit-kulturgeschichte/revolution-1848-1849/. Zugegriffen am 28.04.2024

Ash TG (2023). Europa. München: Hanser.

Aust S, Geiges A (2023). XI JINPING. München: Piper.

Bakunin M (1999). Ausgewählte Schriften, Bd. 4. Berlin: Karin Kramer Verlag.

Barclay DE (1995). Anarchie und guter Wille. Friedrich Wilhelm IV. und die preußische Monarchie. Berlin: Siedler.

Bauer S-M (1991). Die Verfassungsgebende Versammlung in der Badischen Revolution von 1849. Darstellung und Dokumentation, Beiträge zur Geschichte des Parlamentarismus und der Politischen Parteien, Bd. 94, Düsseldorf.

Baumgart F (1990). Zwischen Reform und Reaktion, Preußische Schulpolitik 1806–1859. Darmstadt.

Beckers M (2021). Radikale Marktforschung – gefährlicher Irrtum von Hayek. DIE ZEIT Nr. 49, 2.Dezember 2021, Seite 62

Beheim-Schwarzbach M (2003). Novalis – Friedrich von Hardenberg. Dornach: Pforte Verlag.

Blum N (Hrsg). Volkstümliches Handbuch der Staatswissenschaften und Politik, Ein Staatslexikon für das Volk, Bd. I – 1848.

Blume T (2009). Montesquieu: Vom Geist der Gesetze – Analyse und Interpretation. Grim Verlag.

Bong J (2022). Die Flamme der Freiheit – Die deutsche Revolution 1848/49. Köln: Kiepenheuer & Witsch.

Brentano Franz: Über die Gründe der Entmutigung auf philosophischen Gebiete, Vortrag gehalten beim Antritte der phil. Professur an der Hochschule zu Wien am 22. April 1874, Wien, 1874, S. 4 f.

Brie M (2014). Robert Owen. Reformer, Visionär, Experimentator, in: Philosophische Gespräche, Heft 40, hrsg. von der Rosa-Luxemburg-Stiftung. S. 9 ff.

Bucur M (1990). Liberté, Égalité, Fraternité Sacralisation et contestation le decours politique roumain d'apre's 1848. Revue Romaine d'Histoire 28, Paris, S. 15 ff.

Bundeszentrale für politische Bildung (2024). Definition Amendment. kurz&knapp, das Politiklexikon. https://www.bpb.de/kurz-knapp/politlexikon/17062/amendment. Zugegriffen am 15.04.2024

Calson N. Business Insider, 13.05.2010, https://businessinsider.co/well-these-now-zuckerberg-ims-wont-help-facebooksprivacy-problems-2010-5?IR=T

Clark C (2008). Preußen. Aufstieg und Niedergang 1600 bis 1947. München: Pantheon.

Clark C (2013). Die Schlafwandler. Wie Europa in den Ersten Weltkrieg zog. München: DVA.

Deuerlein E (1962). Der Hitler-Putsch. Bayerische Dokumente zum 9. November 1923. Hrsg. E. Deuerlein. Quellen und Darstellungen zur Zeitgeschichte. Band 9. Deutsche Verlagsanstalt, Stuttgart 1962

Deutsche Parlaments-Chronik. Ein politisches Schulbuch fürs Volk. S. 90 ff.

Dillon P (2007). The last revolution, 1688 and the creation of the modern world. London.

Dünzl F (2006). Kleine Geschichte des trinitarischen Dogmas in der Alten Kirche. Freiburg: Herder.

Eckermann P (1848). Gespräch mit Goethe in den letzten Jahren seines Lebens. Leipzig.

Edenhofer O, Jakob M (2019). Klimapolitik, Ziele, Konflikte, Lösungen. München: C. H. Beck.

Fichte JG (1794). Einige Vorlesungen über die Bestimmung des Gelehrten. In: Sämtliche Werke, Hrsg.: I. H. Fichte, 1. Vorlesung, Bd. 6, S. 345.

Fichte JG (1794/95). Grundlage der gesamten Wissenschaftslehre. Johann Gottlieb Fichte: Sämtliche Werke, Hrsg.: I. H. Fichte, Bd. 1, S. 98.

Frenkel S (2021). Inside Facebook. Die hässliche Wahrheit. Frankfurt a. M.: Fischer Verlag.

Friedman M (2023). Schlaraffenland abgebrannt. Berlin, München: Piper.

Furet F, Richet D (1989). Die Französische Revolution. Frankfurt: Fischer Verlag.

Füst D (2021), Ein neuer Weg aus der Klimakrise: Mutig, machbar, marktkonform. Ökonom

Gauck J (2023). Erschütterungen. Was unsere Demokratie von außen und innen bedroht. München: Siedler.

Geiger R (2002). dialegstai. In: Christoph Horn, Christoph Rapp: Wörterbuch der antiken Philosophie. München, S. 103 ff.

Geiss I (o.J.). Die manipulierte Kriegsschuldfrage, Deutsche Reichspolitik in der Julikrise 1914, https://www.degruyter.com/document/doi/10.1524/mgzs.198334.2. Die manipulierte Kriegsschuldfrage

Gersmann G (2012). Liberté, Egaltité, Fraternité. In: den Boer P, Duchhardt H, Kreis G und Schmale W.: Band 2. et al. (Hrsg). Das Haus Europa. Oldenbourg: Wissenschaftsverlag, 2012.; S. 570–571. (https://doi.org/10.1524/9783486704211-061).

Gerwig A (1859). Geschichte des Kaspar Hauser, des badischen Thronerben. Ein Bild der deutschen Fürstenhöfe, 2. Auflage, Verlag Backofen und Bauer, Pittsburg/USA 1859.

Görtemaker M (1983). Deutschland im 19. Jahrhundert. Entwicklungslinien. Opladen.

Goethe JW v, Schiller F (2004). Xenien. Friederich Schiller: Sämtliche Werke, Hrsg. Peter Andre Alt, A. Meier und W. Riedel, Bd. 1, Wien, S. 267.

Habermas J (2019). Auch eine Geschichte der Philosophie, B. 2. Vernünftige Freiheit, Spuren und Diskurse über Glauben und Wissen. Frankfurt: Suhrkamp.

Hachtmann R (1995). Die sozialen Unterschichten der großstädtischen Revolution von 1848. Berlin, Wien und Paris im Vergleich. In: Ilja Mieck, Jürgen Voß, Horst Möller (Hrsg). Paris und Berlin in der Revolution 1848. Sigmaringen: Thorbecke, S. 122.

Hachtmann R (1997). Berlin 1848. Eine Politik- und Gesellschaftsgeschichte der Revolution. Bonn: Dietz.

Hank P, Struwe G (1998). Der konsequente Aktivist. Freiburg.

Haffner S (2018). Die Deutsche Revolution 1918/19. Reinbek b. Hamburg: Rowohlt.

Hegel GWF (1924). Vorlesungen über die Philosophie der Geschichte. Stuttgart: Reclam.

Hecker F (1848). Die Erhebung des Volkes in Baden für die deutsche Republik im Frühjahr 1848. Basel.

Henrich D (2004). Der Grund im Bewusstsein. Untersuchungen zu Hölderlins Denken. 2. Aufl. Stuttgart: Verlag Klett-Cotta.

Holland A (2023). Es gibt Menschen, die frei sind. SZ Nr. 203 vom 04.09.2023, Seite 11

Höppener T, Piepenbrock T (2023). Digitale Werbung und das Google-Ökosystem. Frankfurt: Deutscher Fachverlag.

Kant I (1784): Was ist Aufklärung? Aufsatz von 1784 im Rahmen diverser theologischer Streitschriften.

Kant I (1792). Schreiben an die ALZ vom 31. Juli 1792, veröffentlicht in der Allgemeinen Literaturzeitung von Jena am 22. August 1792.

Kaub J (2020). Hegels Welt. Berlin: Rowohlt.
Kelton S (2018). „Geld ist zum Schöpfen da". SZ vom 16.12.2018.
Kemfert C (2020). Ein klimagerechter Rettungsschirm (https://background.tagesspiegel.de/energie-klima/ein-klimagerechter-rettungsschirm)
Keynes JM (1945). The Arts Council of Great Britain.
Keynes JM (2007). Allgemeine Theorie der Beschäftigung, des Zinses und des Geldes. Berlin: Duncker & Humblot.
Klagermann H, Ulrich W (2020). https://www.acatech.de/european-public-sphere
Kooths S, Schnitzer M (2022). „Wer soll die Lasten der Energiekrise tragen?", DER SPIEGEL, NR. 52, 23.02.2022, Seite 66 f
Kroell R, Vonberg M (2018). Republik oder Tod! Lebenswege nach der Revolution. In: Südkurier, 21. April 2018, S. 24.
Kugler W. Zur Geschichte der Betriebsrätebewegung. Dreigliederung.
Kühn H (1978). Rudolf Steiners Kampf für die Gesellschaftsordnung der Zukunft. Dornach: Philosophisch-Anthroposophischer Verlag Dornach.
Langewiesche L (1998). Demokratiebewegung und Revolution 1847 bis 1849. Internationale Aspekte und europäische Verbindungen. Karlsruhe 1998.
Lepore J (2019). Diese Wahrheiten. Geschichte der Vereinigten Staaten von Amerika. München: C. H. Beck.
Lessing GE (2008). Erziehung des Menschengeschlechts. Uni Kiel, Literaturwissenschaft.
Luther M (1525). Wider die mörderischen und räuberischen Rotten der Bauern. Nürnberg: Bayerische Staatsbibliothek, Res/4 Th.u.104, 1313VI 9.
Luther M (2016). Von der Freiheit des Christenmenschen. In: Korsch D (Hrsg). Große Texte der Christenheit. Leipzig: Evangelische Verlagsanstalt.
Machtan L (2008). Die Abdankung. Wie Deutschlands gekrönte Häupter aus der Geschichte vielen. Berlin: Propyläen.
Machtan L (2018). Kaisersturz. Vom Scheitern im Herzen der Macht. Darmstadt: WBG Theiss.
Madame de Stael (1813). De l'Allemagne. London.

Marquis de Lafayette (1837). Memoiren, Korrespondenz und Manuskripte von General Lafayette, herausgegeben von seiner Familie, Vol. 1. New York: Saunders & Otley.

Marx K (1971). Das Kapital – Kritik der politischen Ökonomie. Erster Band. Berlin: Dietz Verlag.

Marx K (2004). Ökonomisch-philosophische Schriften, hrsg. von Barbara Zehnpfennig. Hamburg: Meiner.

Mather R (2014). The Peterloo Massacre. https://www.bl.uk/romantics-and -victorians/aricles/the-peterloo-massacre.

Mau S (2023). Wir Krisenmüden. DER SPIEGEL Nr. 27 vom 01.07.2023, S. 99f

Mayer T, Huber R (2014). Vollgeld. Wege aus der Finanzkrise. Tectum Verlag.

Menze C (1975). Die Bildungsreform Wilhelm von Humboldts. Hannover.

Merk J (o.J.). Baden in der Revolution 1848/49, S. 257. https://library.fes.de/gmk/pdf-files/gmh/1998-04a-252.pdf.

Middlekauff R (2005).: The Glorious Cause. The American Revolution 17963–1789. Revised and Expanded Edition. Oxford:, Oxford University Press., Oxford 2005, ISBN 978-0-19-5311588-2, S. 4–5 und S. 52.

Minkmar N (2022). Ben Rhodes, After the Fall, rezensiert von Nils Minkmar in SZ Nr.131vom 09.06.22, Seite 9

Neubauer L (2023). Ich will das nicht erklären. DER SPIEGEL Nr. 47 vom 18.11.2023, Seite 18f

Neumann F (2000). Anarchismus. In: Hollmann E (Hrsg). Politik-Lexikon. 3. Aufl. München.

Novalis (2008). Gesammelte Werke. Frankfurt am Main: Fischer.

Novalis (o.J.). Fichte Studien Nr. 567. In: Novalis Schriften, Bd. 2.

Novalis (o.J.). Das Allgemeine Brouillon, Nr. 820, Novalis Schriften, Bd. 3.

Plöger S (2023). Zieht euch warm an, es wird noch heißer. Westend Verlag.

Protokoll der deutschen Bundesversammlung 26. März 1848. In: Protokolle der deutschen Bundesversammlung vom Jahre 1848, S. 291.

Röhrs H (1986). Der Einfluss der Universitätsidee Humboldts auf die Universitäten in den USA. Zeitschrift für Pädagogik, Nr.6, Seite 850.

Roos M. Interview zum Thema „Volkswirtschaftslehre und ökologische Krisen" https://news.rub.de/wissenschaft/2020-08-27-interview-die-volkswirtschaftslehre

Rousseau J-J (2010). Du contrat social ou Principes du droit politique. Vom Gesellschaftsvertrag oder Grundsätze des Staatsrechts. Französisch/Deutsch in:. Stuttgart: Reclams Universal-Bibliothek. Band 19682. Philipp Reclam jun., Stuttgart 2010.

Schaible J (2023). Demokratie im Feuer. München: Spiegel Buchverlag.

Schellnhuber HJ, Die Kontrollinstrumente spielen verrückt. In: DER SPIEGEL Nr. 44 vom 28.10.2023, Seite 102f.

Schellnhuber HJ. In: DER SPIEGEL Nr. 29 vom 11.07.2020 https://www.spiege.de/wissenschaft/natur/hans-joachim-schellnhuber-wir-werden-viel-mehr-glück-brauchen-als-wir-verstand haben

Schiller F (1795). Über die ästhetische Erziehung des Menschen in einer Reihe von Briefen. 18. Brief, Bd. 5, S. 588 ff. Jena.

Schiller F (1962). Sämtliche Werke, Bd. 2. München.

Schiller F (1984). Wallenstein. Frankfurt: Insel.

Schloen B (2023). Zivilisationsrettung jetzt. Ein Manifest zum Klimasolidarischen Grundeinkommen. Heidelberg: Springer-Gabler.

Schmelzer A. Die Dreigliederungsbewegung 1919, Stuttgart 1991, Verlag Freies Geistesleben, Seite 205 f

Shakespeare W (1604).: Hamlet, Prinz von Dänemark, Monolog im 3. Aufzug, 1.Szene, in der. Übersetzung 1795 durch August Wilhelm Schlegel lautet dies: „Sein oder Nichtsein, das ist hier die Frage".

Sibylle Schüler, Frank Möller (Hrsg.) (o.J.) Als Demokrat in der Paulskirche, S. 73.

Silberstein S (2018). Das Internet muss weg. München: Knaus Verlag.

Smith A. Der Wohlstand der Nationen, 1776. In: W. Treue und K.-H. Mangold (Hrsg). Quellen zur Geschichte der industriellen Revolution. Musterschmidt, S. 163.

Snower D (2019). „Meine Frau sagt, welcher Unfug". In: DIE ZEIT 30.01.2019

Sommer H (2022). Francois Fénelon – Sanftmütiger Anarchist und Meister der Mystik. Aachen: Patrimonium-Verlag.

Sommer AU (2022). Eine Demokratie für das 21. Jahrhundert. Freiburg: Herder Verlag.

Steiner R (1982). Wie erlangt man Erkenntnisse der höheren Welten. Dornach: Rudolf Steiner Verlag.

Steiner R (1985). Die Rätsel der Philosophie in ihrer Geschichte als Umriss dargestellt. Dornach: Rudolf Steiner Verlag.

Straubhaar T (2021). Grundeinkommen jetzt. NZZ Libro, Seite 57ff.

Struve G. Geschichte der drei Volkserhebungen in Baden.

Sybel H v (1989). Die Begründung des Deutschen Reiches durch Wilhelm vornehmlich nach den preußischen Staatsakten. Bd. I. München.

Taylor C (2020). A secular Age (Ein Säkulares Zeitalter). Berlin: Suhrkamp.

Torke H-J (2005). Die russischen Zaren 1547–1917. München: Verlag C. H. Beck.

Tooze A (2018). Crashed. Wie die Finanzkrise die Welt verändert hat. München: Pantheon.

Tooze A (2021). Welt im Lockdown. Die globale Krise und ihre Folgen. München: Verlag C. H. Beck.

Tradowsky P (1984). Kaspar Hauser: Das Kind von Europa. Stuttgart: Urachhaus Verlag.

Tropf P (2020). Todesursache: Unfehlbarkeit, eine Kirche nimmt Abschied von dieser Welt. Bephistro Verlag.

Ulrich V (1998). Otto von Bismarck. Reinbek b. Hamburg: Rowohlt.

Valentin V (2018). Geschichte der deutschen Revolution 1848–1849, Bd. I. Köln.

Weber M (1973). Asketischer Materialismus und kapitalistischer Geist. In: Soziologie. Universalgeschichtliche Analysen. Politik. Hrsg. von Johannes Winkelmann. Kröner.

Wolff M-L (2023). 2,8 Grad-Endspiel für die Menschheit. Westend Verlag.

Wulff A (2022). Fabelhafte Rebellen. Die frühen Romantiker und die Erfindung des Ich. München: Bertelsmann.

Zuhoff S (2020). You are now remotely controlled. In: New York Times, 24. Jan. 2020.

GPSR Compliance
The European Union's (EU) General Product Safety Regulation (GPSR) is a set of rules that requires consumer products to be safe and our obligations to ensure this.

If you have any concerns about our products, you can contact us on

ProductSafety@springernature.com

In case Publisher is established outside the EU, the EU authorized representative is:

Springer Nature Customer Service Center GmbH
Europaplatz 3
69115 Heidelberg, Germany

www.ingramcontent.com/pod-product-compliance
Lightning Source LLC
LaVergne TN
LVHW020341260326
834688LV00045B/1477